망우리
비명록

망우인문학총서 02

망우리비명록
-한국 근현대가 여기 있다

발행일	2025년 12월 3일 1판 1쇄
지은이	김영식 한철수 조운찬 김금호
펴낸이	김일수
펴낸곳	파이돈
출판등록	제349-99-01330호
전자우편	phaidonbook@gmail.com
전 화	070-8983-7652
팩 스	0504-053-5433
ISBN	979-11-991047-8-5 (04990)
	979-11-985619-4-7 (세트)

ⓒ 망우리연구소, 2025

책값은 뒤표지에 있습니다.

망우인문학총서 02

망우리 비명록

한국
근현대가
여기
있다

김영식 한철수 조운찬 김금호

파이돈

〈망우인문학총서〉 간행에 부쳐

망우리공원(망우역사문화공원)은 한반도 역사상 가장 격동적이라 할 수 있는 우리 근대사를 전해주는 거대한 야외 박물관이다.

1933년에 열고 1973년에 닫은 망우리묘지 40년간에 들어온 인물들은 조선말, 일제강점기, 해방 정국과 6·25전쟁 그리고 폐허를 딛고 일어난 경제발전 초기의 역사를 우리에게 전해준다. 다양한 분야의 수많은 역사적 인물과 서민이 함께 존재하기에 우리는 그들의 비명碑銘을 통해 우리 근대사 전체를 조망할 수 있다. 또한 다채로운 무늬를 가진 삶의 모습이 가득한 곳이며 죽음을 통해 삶의 의미를 찾게 하는 현장이기에 이곳은 문·사·철을 한데 아우른 최고의 인문학공원이다.

묘지에서 역사문화공원으로 바뀐 요즘, 지자체는 공원의 인프라 정비에 계속 예산을 투입하고 있고 곳곳의 기관과 단체는 다양한 현장 프로그램을 통해 인문학 체험의 기회를 제공하고 있다. 실로 그동안 전화위복, 상전벽해로 표현할 수 있는 많은 변화가 있었다. 관련 서적이 지속적으로 출간되고 지자체 발주의 학술용역이 수차례 수행되는 등 인문학적 토대가 만들어졌기 때문이다.

그러나 망우리가 품은 문화유산은 매우 넓고 깊기에 앞으로도 갈 길은 멀다. 세계적인 인문학공원으로 발돋움하기 위한 문화 콘텐츠의 생성은 계속되어야 한다. 그 역할을 망우리연구소가 맡고자 하며 그 대표적인 사업이 〈망우인문학총서〉의 발간이다.

망우리에는 유의한 비명의 서민을 포함해 100명 이상의 역사 인물이 존재하는 것으로 밝혀졌다. 이 수치에는 한용운, 오세창, 방정환, 박인환, 이중섭 등 교과서에도 나오는 인물 외로도, 반드시 역사에 기록할 만한 업적을 남겼지만, 친일이나 좌익의 행적 혹은 고인을 기리는 제자나 유족이 없는 등 여러 사정으로 그 이름이 생소한 인물도 포함되어 있다. 인물의 유명·무명의 차이가 반드시 그 인물의 위대성이나 역사적 가치의 차이를 뜻하는 것이 아님을 알기에 우리는 아직 세상에 널리 알려지지 않은 망우리 인물의 이야기를 발굴하고 정리할 것이며, 아직 제대로 된 자료가 없는 유명 인사의 경우에는 다른 어느 곳보다 충실한 자료를 만들어 내고자 한다. 서울 동쪽의 지명 망우리로 대표되었던 이 지역의 역사와 스토리를 포함하여, 즐김으로써 근심을 잊는 낙이망우樂以忘憂의 철학도 전달할 것이다.

  우리는 망우인문학의 콘텐츠가 계속 솟아나는 샘이 되고자 한다. 〈망우인문학총서〉는 앞으로 십 년 이십 년 우리 세대에서 계속 나올 것이고 후대에도 계승하고자 한다. 관심 있는 분들의 많은 성원을 부탁드린다.

망우인문학총서 기획위원을 대표하여

김영식

추천의 글

지난 20세기 한국 근현대사의 모든 것이 여기 있다

땅은 인간의 삶을 위한 필수조건이자 마지막으로 돌아가는 곳이다. 1933년부터 1973년 사이에 서울 사람들이 죽으면 서울 동쪽 망우리 공동묘지에 많이 묻혔다. 이 책은 망우리 공동묘지를 직접 탐사하여 무덤 앞에 서 있는 비석들을 일일이 읽고 해설한 내용이다.

  종두법을 처음 도입해서 많은 생명을 구제한 지석영, 삼일운동 때 33인의 한 분으로 서예의 대가인 오세창, 『님의 침묵』의 시인이자 견결한 독립정신의 소유자 한용운, 해방 이후 혼란스러운 시국에서 암살당한 정치가 장덕수, 독재 정권 치하에서 진보 혁신의 정치운동을 하다가 처형당한 조봉암 등등 유명한 인물들이 이곳에 영면해 있다.

  우리들의 안타까운 감정을 불러일으키는 화가 이중섭도 여기 묻혔고, 유관순 열사도 이곳 어딘가에 묻혀있는 것 같다. 물론 민초들의 묘가 무수하고 더욱 고향을 북녘 하늘 아래 둔 사람들이 많은데 "고향에 모실 때까지 편히 계서요"라는 말을 새겨놓은 비석이 보인다. 또 어떤 비석에는 "갈 길이 바빠서 온 것은 아니지만 와 놓고 보니 한도 많다"라고 적혀 있다. 실로 지난 20세기 한국 근현대사의 모든 것이 여기 있다고 할 수 있겠다.

- 임형택(성균관대 명예교수)

나의 비명을 찾으러 망우리로 가자

나날의 삶이 힘겹거나 갈피를 잡을 수 없다고 느껴질 때면 망우리에 가 볼 일이다. 반세기 전 동결된 그곳 묘지에는 우리 아버지, 할아버지들의 낯선 흔적만 있지 않다. 필경 내가 쓰게 될 비명碑銘이 거기서 나를 기다리고 있다. 놀라운 일이다. 내가 얼마나 못난 남편이고 모자라는 아들인지, 동기간에 미처 배려하지 못한 것이 무엇인지 담박 알아챌 수 있다. 그리고 더 중요한 것은, 망우리 묘비들에 스치는 바람 소리를 듣고 온 뒤엔 더는 무미건조한 인간으로 살지 않으리라는 점이다. 자, 이제 볕이 좋은 날, 나의 비명을 찾으러 망우리로 가자.『망우리비명록』을 들고서.

- 김창희(언론인, 『가도 가도 왕십리』, 『오래된 서울』저자)

머리말

돌에 새긴 한국 근현대사

'망우인문학총서'의 제2권으로『망우리비명록-한국 근현대가 여기 있다』를 세상에 내보낸다.

본서의 저자들은 오랫동안 망우역사문화공원(이하 및 본문에서 '망우리공원', '망우리'로도 표기)의 비문을 기록하는 작업에 매진해 왔으며 2020년에는 지자체의 학술 용역으로 비문을 포함한 망우리의 데이터베이스를 정리해 제출한 적도 있다. 그러나 보고서는 일반 독자를 위한 대중성이 부족했고 책에서도 지면의 한계로 비문의 내용은 일부만 소개되었다. 이번에『망우리비명록』출간으로 말미암아 망우리의 주요 비문 전체를 별도로 모아 세상에 펴내고자 하는 우리의 오랜 염원이 비로소 열매를 맺었다.

지금 망우역사문화공원이라 불리는 과거의 서울시립 망우리공동묘지는 1933년에 열고 1973년에 닫았다. 그전에 가족묘지로 넓게 자리를 잡아 놓았다고 해도 새로운 묘는 일체 들어올 수 없었다. 따라서 이곳은 역사적 인물의 경우를 예로 들면, 1935년에 들어온 송촌 지석영이 가장 위의 선배이고 1973년에 들어온 조각가 권진규가 가장 아래의 후배가 된다. 그러므로 안타까운 조선 말기의 고난을 시작으로, 치욕과 투쟁의 일제강점기, 혼란스러운 해방 후의 좌우 갈등과 건국, 그리고 참혹한 6·25전쟁과 그 이후의 분단을 거쳐 폐허를 딛고 일어서기 시작한 경제 발전 초기까지의 다면적인 역사가 이곳에 집약되어 있다. 한반도 역사 이래 이처럼 격동적인 시기가 없었을 것이다. 이 시기가 액자처럼 잘려 간직된 망우리공원은 가히 우리 근현대사의 거대한 야외 박물관이라 할 수 있다.

망우리 비석의 가치

바로 그 시대의 역사가, 그 역사 속 각계각층 인물의 삶과 죽음의 이야기가 비석에 기록되어 있다. 근대의 새벽을 열어 '최초'라는 수식어가 붙는 각 분야 선구자의 비문에서 선진 대한민국의 뿌리를 보고, 애국지사의 비문에서 뜨거운 저항의 의지와 처절한 투쟁의 양상을 보며, 문화예술인의 비문에서는 삶과 더불어 작품의 세계까지 엿본다. 그러한 역사적 인물의 비문은 우리에게 그들의 업적과 정신을 상기시키며 우리 공동체의 정체성을 강화해 준다. 또한 역사에 이름을 남기지 않은 서민의 비문에는 격변의 시대를 온몸으로 겪으며 가족을 위해 헌신한, 바로 우리의 부모나 조부모의 이야기가 있다.

비문 속에는 그 시대 사람들의 마음이 담겨 있다. 역사적 인물의 비문에서는 동료의 우정과 후배의 존경이, 서민의 비문에는 가족의 사랑이 스며 있다. "다정하신 우리 아버지"라는 짧은 글(1968)이 있는가 하면, 비석 앞뒤에 부인을 기리는 내용을 가득히 적고 마지막에 자신을 "갈린 몸"이라고 쓴 남편의 글(1954)이 있고, 요절한 아들에게 "아버님 계신 곳에서 편히 쉬라"고 쓴 어머니의 글(1950)도 있으며, 분단으로 인한 실향과 이산가족의 아픔까지 곳곳에 기록되어 있다.

비문에는 고인의 삶이 가장 압축적으로 기록되어 있다. 고인이 영면에 든 뒤에 유족이나 지인은 비석을 세운다. 특히 역사에 이름을 남길 정도의 고인은 생전에 쌓은 그의 업적을 기리고 후세에 전하고자 하는 뜻에서 자세한 비문을 지어 새긴다. 전쟁이나 가난 등 사정이 여의치 못해 훗날에 세워지는 비석도 있지만, 대부분 곁에서 고인을 지켜본 당대의 사람이 글을 지어 가까운 시일 내에 세운다. 어떤 내용을 넣을 것인지 고민한 끝에 지어진 글이기에 비문은 다른 어느 글보다 정확한 것이며, 제한된 비면 안에 넣어야 하기에 어느 글보다 압축적으로 정제된 글이다. 그러므로 비문은 제1차 사료의 가치를 갖는다. 물론 비문의 성격상 고인을 욕되게 하는 사실을 외면하거나, 당시에는 알지 못했던 사실이 훗날 밝혀지는 한계도 있지만, 비문은 연구자가 가장 우선 확인해야 하는 사료의 위상을 갖는다. 실제로 인터넷 백과사전에 잘못 기재된 망우리 어느 인물의 정보가 비문을 근거로 수정된 적도 몇 번 있다.

비문은 삶과 죽음, 나를 돌아보게 하는 화두가 적힌 문학이자 철학의 범주에 속한다. 아무런 말을 하지 못했던 침묵의 비석(조봉암, 1961)이 있고, 일생을 길게 쓴 산문이 있는가 하면,

짧은 시로 고인을 기리는 글이 있다. "지금 그 사람 이름은 잊었지만 그 눈동자 입술은 내 가슴에 있네"라는 시인 박인환의 비문(1956)은 그의 시 〈세월이 가면〉의 한 구절이지만 묘역의 고인을 기리는 말로 적절하고, 시인 김상용의 비석(1956)에 새긴 그의 시 〈향수〉 중의 "돌을 베고 하늘을 보오"는 바로 그 자리에 있는 고인을 떠올리게 한다.

  비문은 또한 언어학적으로도 소중한 자료가 된다. 명온공주, 지석영, 설태희, 문일평, 노고산천골취장비처럼 한문으로만 적혀 번역이 필요한 일제강점기의 비문이 있는가 하면, 국한문 혼용의 비문도 있다. 해방 후에는 한글로만 적힌 비문이 늘어났다. 특히 기독교는 한글의 발전과 걸음을 함께했는데, 기독교인의 비문은 한글 전용의 대표적인 표본으로 남아 있다. 생과 몰은 '남(나다)'과 '잠(자다)'으로 쓰고 사망은 "하늘 문이 열리다"로 표현한 비문도 있다. 이렇듯 망우리 비문은 각 종교의 특징 및 사회언어학적 변천의 모습을 그대로 간직하고 있다.

그리고 비문에서 우리는 많은 근현대 서예가의 글씨를 볼 수 있다. 위창 오세창을 비롯하여 소전 손재형, 원곡 김기승, 죽하 김승렬, 일중 김충현, 여초 김응현, 월정 정주상, 시암 배길기, 학남 정환섭, 해공 신익희, 성천 유달영, 어천 최중길, 우인 송지영 등 당대 명필의 글씨가 곳곳에 있다. 우리 근현대의 거대한 서예 박물관이다.

이렇듯 망우리의 비석은 우리 근현대의 역사, 철학, 문학, 예술을 담은 문화의 총합체로서 아무리 짧아도 50년 이상의 세월을 견뎌와 국가등록문화유산의 기본 조건을 갖추고 있으니, 우리가 앞으로도 고이 보존하고 계승해야 할 소중한 문화유산이다.

비명碑銘을 왜 종이에 기록하는가

소설가 이봉구가 망우리를 배경으로 쓴 단편 〈선소리〉에는 "봄이 오고 봄이 가고 가을이 깊은 속에서 망우리는 무덤만 늘어가고 있는 것이었다"라는 구절이 나온다. 이 글이 쓰인 1958

년만 해도 망우리묘지는 달공꾼의 선소리가 끊일 날이 없을 정도로 무덤이 매일 늘어났다.

그러나 1973년 묘지가 가득 차고 더는 무덤을 쓸 수 없게 되면서 망우리공동묘지는 묘지로서는 쇠락의 길을 걷기 시작했다. 반세기가 지난 현재 망우리공원의 무덤 수는 만장 당시의 8분의 1 수준으로 줄어들었다. 게다가 묘지가 숲이 우거진 공원으로 바뀌면서 무덤을 찾아보기도 쉽지 않은 실정이다.

망우리 현장에 가서 숲속을 헤매며 비문을 찾아 읽는 번거로움을 덜어 주는 것이 본서의 기본적 역할이겠고 실제 어느 비석은 풍화되어 일부 글자가 보이지 않는 것도 있기에 비문을 기록으로 남길 필요가 있지만, 우리에게는 다른 또 하나의 간절한 마음이 있다.

도산 안창호나 시인 김영랑 등의 옛날 비석은 이미 오래전에 사라졌다. 혹은 땅에 묻혀 있어 우리로서는 찾을 엄두가 나지 않는다. 그 밖의 많은 비석이 사라졌고 지금도 우리가 모르는 사이에 비석은 하나둘 사라지고 있다.

현행 법률로 정해진 묘지 사용 기간으로 계산하면, 망우리의 묘는 2038년 이후에는 하나도 남지 않아야 한다. 법이 개정되지 않는다면, 묘와 더불어 비석도 모두 사라진다. 어느 역사 인물의 묘도 언제 어디로 이장되거나 사라질지 알 수 없는 일이며, 주목받지 못하는 서민의 묘는 비석과 함께 사라질 가능성이 더욱 크다. 실제로 어느 역사 인물의 유족은 외국에 있어 자기 생전에 묘를 정리할 생각을 하고 있고, 위에 소개한 아들에 대한 어머니의 글을 담은 비석은 몇 년 전 묘가 이장되며 땅에 묻혀버렸다. 이것은 서둘러 유족의 허락을 받고 다시 파내 세워 놓았지만, 여기 소개된 서민의 비문 중에는 이미 사라져 찾지 못한 것도 있다. 이렇듯 어떤 비석은 이장으로 멀리 떠나거나 땅에 묻힐 것이고, 어떤 비석은 그 자리에 방치되다가 태풍 등으로 쓰러지고 깨질 것이다. 현충원으로 이장된 애국지사 남파 박찬익의 비석은 쓰러져 동강이 난 채 한동안 방치되었다가 우리의 청원으로 2014년 다시 세워진 바가 있다.

'구비문학'의 구비口碑는 비석에 새긴 것처럼 오래도록 전해 내려온 말이라는 뜻이다. 종이보다 돌이 오래가기에 말을 돌에 새겨 전하는 것이지만, 망우리의 비석 자체가 하나둘 사라지는 지금, 우리는 비석에 새긴 글을 종이에 옮겨 그 시대의 이야기, 정신과 마음, 즉 한마디로 말해 우리 근현대의 풍경을 고이 간직하고자 한다. 돌만큼 종이나 디지털 자료가 오래 보존되는 세상이 되었다. 우리는 망우리 비문을 본서에 옮김으로써 종이로 만들어진 지비紙碑를 세운다.

망우리공원의 인문학길 '사잇길'을 걸어가면 묘비가 하나둘 눈에 들어온다. 산재한 수많은 비석의 글을 읽으며 걸어가는 사잇길은, 삶과 죽음의 사이, 그와 나의 사이, 어제와 오늘의 사이, 나아가 오늘과 내일의 사이를 걸어가는 길이다.

본서의 각 필자는 서두에 간단한 인물 소개를 하고 비문의 내용을 적되 어려운 단어의 풀이, 오기의 수정, 부가 설명 등은 주석으로 보완하고, 인물과 묘역에 관련된 해설을 덧붙였다. 네 명의 저자가 인물을 나눠서 저술했기에 글의 색깔에 다소 차이가 있다. 이 점 부디 너그러이 이해해 주시기를 바란다.

망우리 언덕에 우뚝 서 있는 비석은 차가운 겨울바람 속에서도 햇볕을 받아 은은하게 빛난다.

2025년 겨울

망우리비명록출간위원회

저자 김영식 한철수 조운찬 김금호

편집자 김일수

차례

추천의 글 008
머리말 010

1부

그와 나 사이를 걷다
- 애국 및 독립지사의 비석

1	강학린	027	12	오기만	105
2	김기만	032	13	오세창	109
3	김승민	038	14	오재영	115
4	김진성	044	15	유관순	119
5	문명훤	052	16	유상규	126
6	문일평	058	17	이병홍	131
7	박찬익	070	18	이영학	135
8	서광조	081	19	이탁	138
9	서동일	085	20	한용운	145
10	서병호	089	21	13도창의군탑	153
11	안창호	095			

2부

자네 소리 하게, 내 북을 치지
- 문학 및 예술인의 비석

1 강소천 159	8 방정환 196
2 계용묵 165	9 이인성 205
3 김말봉 170	10 이중섭 211
4 김상용 175	11 차중락 215
5 김영랑 180	12 최신복 220
6 김이석 187	13 최학송 225
7 박인환 191	14 함세덕 230

3부

모든 삶은 누군가에게 기억된다
- 한국 근대 개척자의 비석

1. 국채표 … 237
2. 김분옥 … 242
3. 김호직 … 248
4. 명온공주·김현근 … 253
5. 박승빈 … 268
6. 박은혜 … 273
7. 박현식 … 277
8. 박희도 … 283
9. 설태희 … 287
10. 아사카와 다쿠미 … 302
11. 안봉익 … 307
12. 오긍선 … 312
13. 이경숙 … 321
14. 이영준 … 325
15. 장덕수 … 330
16. 장형두 … 338
17. 조봉암 … 343
18. 지석영 … 349
19. 차숙경 … 356
20. 최병석 … 362
21. 경서노고산천골취장비 … 368

4부

그대 넋 우리와 함께 있으니
- 서민의 비석

1 강창룡, 안화춘 379	14 양천 허씨 421
2 권영욱 382	15 오순애 426
3 김규오 385	16 오옥희 428
4 김립분 388	17 원종재 432
5 김찬일 391	18 이귀희 434
6 김화선 394	19 임용규 437
7 류은경 399	20 정경성 440
8 박동훈 403	21 정윤옥 442
9 박은히 407	22 조재희 445
10 박춘근, 임광춘 410	23 최철우 448
11 박호열 412	24 해주 오씨 451
12 백윤진 415	25 현익 454
13 송원섭 418	

일러두기

1. 단행본 등의 저술작품은 『 』, 논문은 「 」, 신문 및 잡지는 《 》, 에세이 등의 단편 작품과 음악, 그림, 예술 작품명은 〈 〉로 표기했다.
2. 이 책의 1부는 김영식, 2부는 한철수, 3부는 조운찬 저자가 각각 집필했으나 그렇지 않은 글은 글 말미에 저자의 이름 마지막 글자를 대괄호([ ]) 안에 밝혀 구분했다. 4부는 모두 김금호 저자의 글이다.
3. 이 책에 소개된 묘역을 답사하는 데 도움을 주고자 책의 마지막 페이지에는 망우역사문화공원 묘역 위치도가 실려 있다.

1부

그와 나 사이를 걷다

- 애국 및 독립지사의 비석

애국지사는 독립운동을 한 분 중에서도 그 공로로 건국훈장, 건국포장, 대통령표창을 받은 사람을 뜻한다. 본서에서도 서훈을 받은 분을 애국지사, 독립운동의 행적은 있지만 서훈을 받지 못한 분은 독립지사라고 표기했다.

독립운동사에서 망우리공원이 차지하는 비중은 매우 크다. 1907년 결성되어 1908년 1월에 서울 진격 작전을 벌인 13도창의군을 기리는 탑이 있다. 3.1운동 33인의 3인(한용운, 오세창, 박희도)이 종교별로 있고, 그 외 3·1운동에 참여한 분을 헤아리면 애국지사를 포함해 20인 이상에 이른다. 또, 애국지사 9인의 묘가 국가등록문화유산이다. 현충원을 제외하고 아마 가장 많은 독립운동의 스토리를 전해주는 곳이 망우리공원이 아닐까 싶다.

애국지사인데 왜 현충원으로 이장하지 않았나 하는 의문을 가질 수 있다. 망우리공원에 찾아와서 보면 안다. 이곳은 배산임수의 명당이고, 너른 자리에 개성적인 묘와 비석의 모양을 갖추고 있다. 과거에는 관리가 어려워 국가는 현충원 이장을 권했지만, 지금은 현충원 외부의 애국지사 묘도 국가가 관리하는 체제로 바뀌었다.

이장되고 비석만 남은 경우도 많다. 도산 안창호를 비롯해 적잖은 애국지사가 현충원 등으로 이장되었지만, 다행히도 글이 가득한 비석을 대부분 그대로 자리에 남겨 두었다. 고인의 소중한 독립운동의 기록을 후세에 전하고자 하는 유족과 동지의 뜻이었을 것이다. 그 마음을 지금의 우리가 이어받아 여기에 꼼꼼히 기록한다.

강학린
(姜鶴麟, 1885~1941)

목사·애국지사, 애족장[1]

황해도 재령군 출생. 1917년 평양신학대학을 졸업하고 1918년 함경북도 성진군 욱정교회의 목사로 부임했다. 1919년 3·1운동 때 함경북도 성진에서 만세운동을 주도하고 옥고를 치렀다. 캐나다 선교사 겸 의사 그레이슨(구례선具禮善) 박사와 함께 성진의 보신남학교, 보신여학교를 설립하고 이사장을 맡았다. 1925년 함중노회를 창립하고 오랫동안 노회장을 맡았다.

---

[1] 우리나라의 건국훈장(建國勳章)은 대한민국의 건국에 공로가 뚜렷하거나 국가의 기초를 공고히 하는 데 이바지한 공적이 뚜렷한 사람에게 수여하는 대한민국의 훈장으로서 대한민국장, 대통령장, 독립장, 애국장, 애족장의 5등급이 있다. 그 아래로 건국포장과 대통령 표창을 받은 사람까지 애국지사에 포함된다.

비문

전면

愛國志士姜鶴麟牧使追念碑(애국지사강학린목사추념비)

후면

1885.6.1.생~1941.7.5.졸. 그의 일대기는 민족적 수난과 형극의 굴레 속에서 굴하지 않고 하늘나라를 선교하는 일에 있었다. 1917년 평양신학대학을 졸업하고 1918년 성진 욱정교회에 부임 엄억 길주 명천 삼수갑산 혜산 풍기 차호 용태 단천 이원 등지에 교회를 세우고 1925년 함중노회를 창립, 작고하기까지 노회장을 여러 차례 역임했다. 민족의 미래는 교육이 좌우하리라는 확신에서 캐나다 선교사 구례선 박사와 함께 교육사업을 일으켰다. 성진 보신남학교 성진 보신여학교를 함께 설립하고 이사장직을 다년간 맡았다. 1919.3·1. 독립만세운동 당시 동월 11. 성진 학성 등지 일대에서 5~6천 명을 동원하여 독립만세운동을 주동했으며 함흥 서울에서 재판을 받고 주모자로 동지들 14명과 함께 옥고를 치르시었다. 당시 상황은 사건 현장 목격자 구례선 선교사의 전도 수기와 운동 참가자 배민수 박사의 회고록 그리고 한국독립운동사 제2권 4장 5절 城津郡

(성진군)에 상세히 기록되어 있다. 1993.3·1절 건국훈장 애족장이 추서되었고 동년 6.1 국가유공증이 추서되었다. 평생 기도 속에서 절대자와의 대화를 통해 국권의 회복과 민족의 해방과 하늘나라의 실현을 열렬히 간구하는 신생의 길을 예비하고 계셨다. 그 신앙과 실천은 문중의 정신적 유산으로 응집되어 갔으며 오늘도 그리고 대대로 후손에게도 영원히 이어져 내려갈 것이다.

좌면

子 基俊 孫 龍卨 曾孫 義澈·修智·修澈 子 基哲 孫 赫 曾孫 麟·健·律
(자 기준 손 용설 증손 의철·수지·수철 자 기철 손 혁 증손 린·건·률)

우면

配匹(배필)

青松張氏 黃州人 遠鵬之女 鶴淳(청송장씨 황주인 원붕지녀 학순)(이하 생략)

해설

애국지사 서훈을 받고 2003년 현충원으로 이장되었으나 추념비가 남아 있다. 몇 년 전 앞으로 쓰러져 있는 것을 중랑구청이 바로 세웠다.

비석의 옆면에는 아들 기준, 기철, 덕은이 새겨져 있다. 장남 기준의 아들이 용설, 용설의 자식은 의철, 수지, 수철이다. 수지는 가수 강수지를 말한다. 즉 강학린은 강수지의 증조부이다.

강학린은 평양신학교를 졸업하고 1918년 성진읍 욱정旭町 교회에 부임하였다. 그는 평양신학교의 이사를 맡아 수시로 평양에 갔는데 3·1운동 전에 평양에 갔을 때 그곳 목사들로부터 민족대표로 나설 것을 권유받았으나 자신은 고향에서 동시에 운동을 벌이는 것으로 결심하고 성진으로 내려와 만세 시위를 지휘했다. 서대문형무소에서 1년 4개월의 옥고를 치르고 1920년 7월 10일 출옥했다.

강학린의 애국지사 서훈과 추념비 건립, 그리고 2003년 현충원 이장은 차남 기철이 맡았다. 기철은 1925년 출생, 해방 후 서울대 상대에 입학했으나 1947년 폐결핵으로 중퇴하고 1953년 국학대학 사학과에 편입하여 1955년 졸업했다. 한양공고 영어교사를 거쳐 국학대학 문화사 강사로 출강 중인 1960년 4·19 후에 교원노조를 설립하고 수석부위원장 및 위원장 직무대행을 맡았다. 지금 전교조의 원조 격이라 할 수 있다. 그러나 1961년 5·16 이후 반국가행위죄로 체포되어 7년의 옥고를 겪었다. 이후 민주화운동에 참여하는 한편, 아놀드 토인비 연구가로 번역서와 논문, 저서를 펴냈고 비교문명연구소장, 도산아카데미연구원 부원장을 역임했다.

아래에 강학린의 부인 장학순(1893~1947)의 묘가 있다. 비석 앞면에는 십자가 아래에 '청송 장張씨 학순鶴淳지묘'라고 새겨져 있고 뒷면 내용은 아래와 같다.

> 그리스도 안의 성도 장학순은 청송 장공 원붕의 무남독녀로 1893년 9월 20일에 황해도 황주에서 태어났으며 18세에 재령 태생 평양신학교 출신 강학린 목사와 결혼, 성직자의 반려로 가문의 새 전통을 받들었다. 한국의 전형적 여인모母상 그대로 인내 속에 온갖 고생과 희생을 몸소 겪으면서 남편을 섬기고 8자녀를 양육하는 내조에서 보람을 찾았다. 남편 강학린 목사는 평생 예수 그리스도 전교와 교회 개척에 헌신했으며 성진 보신남학교와 여학교의 설립 운영 등 교육사업에도 공헌했다. 평양신학교 이사직을 역임했으며 함중 노회장직을 전후 17회 연임했다. 민족의 수난에 대처하여 3·1 독립운동이 전개되었을 때 성진에서 이 운동을 주도했으며 주모자의 옥고도 치르셨던 큰 어른이었다.

김기만
(金基萬, 1892~1956)

독립지사

독립지사. 상해임시정부 요원과 흥사단 계열의 동우회 회원으로 활동했다는 것 이외에 생애의 자세한 기록은 보이지 않는다. 평안남도 용강 출신으로 중국으로 유학 갔다가 상해임시정부에 참여해 도산 안창호 선생 등과 교유했다. 1919년 7월 평안남도에 임시정부 연통제 특파원으로 파견됐으며 1922년에는 임시정부 독립단 단원으로 용강군에 잠입하기도 했다. 해방 후에는 흥사단 활동에 참여했다.

비문

전면

淸州金公基萬之墓(청주김공기만지묘)

후면

公之號明山, 考元性妣順興安氏之長男. 壬辰三月二日, 生於平南龍岡. 配豊川任氏, 四男三女. 自幼時憂國愛族之心特異, 遠遊中國上海, 參與大韓民國臨時政府. 島山安昌先生等愛國諸士; 常圖建國. 追復還國 愛國 國債消化, 盡力興士團運動. 篤信耶蘇, 中天不厭賢, 長逝丙申十二月二十七日 서울敦岩洞自宅. 嗚呼哀哉.

弟基英 謹誌.

檀紀四二九〇年丁酉三月

(번역문)

공의 호는 명산이다. 아버지 원성(元性)과 어머니 순흥(順興) 안씨의 장남으로 임진년(1892) 3월2일 평남 용강에서 태어났다. 부인 풍천 임씨와의 사이에 4남 3녀를 두었다. 공은 어려서부터 나라를 걱정하고 민족을 사랑하는 마음이 남달랐다. 멀리 중국 상해로 건너가 대한민국임시정부에 참여했다. 도산 안창호 선생 등 애국지사들과 함께 나라를 세우는 일을 끊임없이 도모했다. 광복 후 고국에 돌아와서는 애국 국채를 판매했으며 흥사단 운동에도 힘을 쏟았다. 기독교를 독실히 믿었으니 하늘도 어진 사람은 싫어하지 않을 것이다.

병신년(1956) 12월 27일 서울 돈암동 자택에서 돌아가셨다.

아! 슬프도다.

동생 기영이 삼가 적는다.

단기 4290년(1957) 정유년 3월

옆면

嗣子 潤錫 淳錫 淵錫 五錫(아들 윤석 순석 연석 오석)

孫 東源(손자 동원)

侄 敬錫 泰錫 珍錫 寬錫(조카 경석 태석 진석 관석)

해설

1933년 시립묘지로 개장한 망우리공동묘지는 40년간 운영되어 묘소들이 들어차면서 1973년 3월 폐장되었다. 이후 망우리 묘지공원으로 이름이 바뀌고 1990년 이후에는 공원화 작업이 본격 진행됐다. 묘지 순환로 4.7 킬로미터를 '사색의 길'로 조성하고, 독립지사와 문화예술인 등 유명 인사의 무덤 입구에는 연보비를 설치했다.

　연보비는 고인의 글을 앞에 적고 연보판을 뒤에 붙인 돌이다. 1997~8년 2년에 걸쳐 15개가 설치되었고 2022년 유관순의 연보비가 추가되어 현재 16개가 있다(문명훤, 문일평, 박인환,

방정환, 서광조, 서동일, 서병호, 오긍선, 오세창, 오재영, 유관순, 유상규, 장덕수, 조봉암, 지석영, 한용운).

국가유산청은 2012년 한용운 묘소를 등록문화유산으로 지정했다. 2017년에는 다시 오세창, 문일평, 방정환, 오기만, 서광조, 서동일, 오재영, 유상규 등 애국지사 8명의 묘역이 등록문화유산으로 지정되었다. 이들은 모두 국가유공자로 서훈을 받은 분들이다. 이들 외에 망우리공원에는 애국지사들이 더 있다. 이태원공동묘지에 묻혔다가 1936년 망우리로 이장된 유관순 열사가 대표적인 인물이다. 또한 사회주의 항일운동에 참여하고 해방 후 진보당을 이끈 조봉암도 빠뜨릴 수 없다. 3·1운동에 참여한 뒤 상해 임정에서 활동한 이병홍 역시 기억해야 할 독립지사이다.

그런가 하면 망우리공원에는 묘소가 늦게 확인되어 선양작업이 지연되고 있는 독립지사들도 있다. 이영학과 김기만이 대표적인 사례이다. 이영학은 일제강점기 고향인 평북 선천에서 애국계몽운동을 주도했으며, 1937년 수양동우회 사건으로 옥고를 치른 독립운동가이다. 이영학의 묘소는 오랫동안 풀과 잡목으로 뒤덮여 알려지지 않다가 2018년에 그 존재가 확인되었다.

김기만의 묘소는 이영학보다 더 늦어 2021년에 '발견'되었다. 묘소의 위치가 순환로 가까이에 있으면서도 눈에 띄지 않은 것은 묘소나 비석이 너무 평범했기 때문이다. 묘소는 순환로에서 우림시장으로 향하는 길을 100여 미터 따라 내려가다 오른쪽에 있다. 봉분 오른쪽에 세워진 비석은 높이 70센티미터, 폭 25센티미터의 오석으로 만들어졌으며, 전면에는 본관과 함께 김기만이라는 이름이 쓰여 있다.

중요한 것은 뒷면의 음기陰記이다. 평남 용강 출신으로 상해로 건너가 안창호 선생 등과 함께 독립운동에 참여했으며, 광복 후에는 흥사단 운동에 열심이었다는 게 골자인데, 비문을 쓴 이는 동생 김기영이다. 《동아일보》 1922년 2월 19일 자에 "임정 독립단 단원 김기만이 용강에 잠입, 활동했다"는 기사가 있는 것을 보면, 동생이 쓴 내용은 사실로 보인다. 그러나 현재까지 김기만에 대해 밝혀진 것은 이것이 거의 전부다. 비문의 옆면에는 자손들의 이름이 죽 열거돼 있는데, 후손들이 자료를 수집하여 김기만의 행적을 밝혀내고 전문 연구자들의 도움을 받아 보훈처에 독립운동 공훈 심사를 요청했으면 하는 바람이다.

김기만의 묘소가 발견된 지 4년이 지났지만, 망우리공원 탐방 안내 자료에 그의 활동 내역, 묘소의 위치 등은 보이지 않는다. 공원 관리 주체인 중랑구청은 찾아가는 길, 인물 안내판

등을 설치해 독립지사 김기만을 기억하고 알리는 데 적극 나서야 할 것이다. [찬]

3

김승민
(金升旼, 1872~1931)

애국지사, 애국장

함남 함주 출신. 1906년 항일의병과 내통했다는 죄로 2년간 복역하고 1909년 헤이그밀사사건에 연좌되어 다시 6개월간 복역한 뒤 만주로 망명했다. 1920년 광복단을 조직하고 1922년 7월까지 6차에 걸쳐 국내와 만주 일대에서 무력항쟁을 전개했다. 1925년 대동회 회장으로 활약하다 체포되어 1년간 옥고를 치렀다. 1990년 애국장이 추서되고 1994년 현충원으로 이장, 비석이 남아 있다.

비문

전면

桂山金升旼先生追慕碑(계산김승민선생추모비)

金升旼(김승민) 선생의 字(자)는 星極(성극)이요 號(호)는 桂山(계산). 檀紀四二〇五(단기 4205년[1872], 고종 9년) 壬申十二月十日日(임신 12월 11일) 咸州郡 連浦面(함주군 연포면)에서 誕生(탄생). 小時(소시)부터 勉學(면학). 그 뒤 周遊天下(주유천하)하며 山川(산천)을 즐기다가 二十四五歲(24, 5세)서부터는 永興郡 所在(영흥군 소재) 道安菴(안도암)에서 悟道一昧(오도일매, 도를 깨우침에 집중) 한때 三南(삼남)에서 이 庵子(암자)에 모인 弟子(제자)만도 數十名(수십명)을 헤아렸음. 光武十年(광무 10년) 五月(5월) 正三品(정3품) 通政大夫(통정대부) 祕書監丞(비서감승)에 任命(임명)되어 皇帝(황제)로부터 師傅(사전, 사부)의 待接(대접)을 받았음. 同年(동년) 皇帝(황제)의 密旨事件(밀지사건, 일인들이 말하는 김승문(金升文) 사건)으로 말미암아 南大門(남대문) 日人(일인) 監獄(감옥)에서 一年半(1년반) 服役(복역). 同事件(동사건)의 綻露(탄로)로 光武皇帝(광무황제)는 마침내 讓位(양위). 그 뒤 海蔘威(해삼위, 블라디보스토크)로 密航途中(밀항 도중) 日憲兵(일헌병)에 被逮(피체). 다시 咸興獄(함흥옥)에서 六個月(6개월) 服役(복역). 出獄後(출옥후) 滿洲(만주)로 亡命(망명). 爾後(이후) 三十年間(30년간) 北滿一帶(북만일대)를 轉轉(전전)하여 獨立軍(독립군) 百餘名과 더불어 光復團長(광복단장) 或(혹)은 大同會長(대동회장)으로서 武力抗日鬪爭(무력항일투쟁)에 專念(전념) 한편으로는 移民(이민)의 勸奬(권장) 後進敎育(후진교육)의 啓發(계발). 獨立軍(독립군)의 養成等(양성등)에 心血(심혈)을 기울이던 中(중), 四二六四年(4264년[1931]) 九月頃(9월경) 安圖(안도)에서 凶徒(흉도)의 狙擊(저격)으로 殉國(순국). 四三〇一年(4301년[1968]) 獨立有功者(독립유공자)로서 大統領(대통령)으로부터 表彰狀(표창장)이 追敍(추서)됨. 左袝(좌부) 成載文 女史(성재문 여사)는 四二〇七年(4207년[1874]) 甲戌 九月 十二日生(갑술 구월 십이일생). 일찌기 夫君(부군)인 先生(선생)의 뒤를 따라 渡滿(도만) '獨立軍(독립군)의 어머니'로서 筆舌(필설)에 絶(절)하는 苦難(고난)을 겪으며 先生(선생)의 獨立運動(독립운동)에 協調(협조) 그 業績(업적) 두드러진 바 있었음. 四二九二年(4292년[1959]) 陰八月十四日(음 8월 14일) 先生(선생)의 安否(안부)에 執念(집념)하며 故國(고국)의 품에 안겨 長逝(장서). 두 분의 빛나는 獨立運動事績(독립운동사적)을 기리 새겨 두기 위하여 이에 追慕碑(추모비)를 建立(건립)하며 삼가 두 분의 冥福(명복)을 비는 바임.

건국기원(建國紀願) 四三〇一年(4301[1968]) 八月(8월) 日(일)

  在滿光復同志 代表(재만광복동지대표)

  後學(후학) 李顯翼(이현익) 撰識(찬지)

  鶴南(학남) 鄭桓燮(정환섭) 敬書(경서)

해설

중랑전망대 맞은편 산 방향 오솔길 따라 50m 직진 후 좌측 갈림길 끝에 있다. 중랑전망대보다 위에 있어 당연히 전망이 더 좋다. 자리도 넓어 작은 쉼터를 만들어도 좋을 듯하다.

2016년 겨울, 망우리공원을 찾은 한국내셔널트러스트의 김금호 사무국장은 소설가 최학송 묘 뒤편에서 서울 쪽 전망이 매우 좋은 장소를 발견했는데, 그곳에는 큰 비석이 하나 흙 속에 반쯤 묻혀 있었다. 앞면의 이름을 적은 한문 글씨가 보통 솜씨가 아니었고 뒷면에는 "대통령이…"라는 심상치 않은 글이 보였다.

검색해 보니 그는 독립운동사 초기에 활약한 독립지사 계산 김승민이었다. 비문 내용 중에 특이한 것은, 어려서부터 면학하여 전국의 산천을 돌아다니고 24, 25세부터 산속의 암자에서 도를 깨우쳐 전국에서 모인 제자가 수십 명이라 했고, 누구의 추천으로 고종 황제가 불러 비서감승(비서실장)의 벼슬을 내리고 독립운동의 밀지를 내려주었다는 내용이다. 고종이 물러난 것은 헤이그밀사사건 때문이었다. 고종 양위 후에 김승민이 다시 피체된(붙잡힌) 사실을 들어 그 관련성을 말하고 있으나 단지 혐의 때문에 체포되었을 가능성도 있다.

1990년에 애국장의 서훈을 받았고 1994년 대전현충원으로 이장되었는데, 이때 땅속에 묻은 비석이 세월이 지나 모습을 드러냈다. 이장된 자리이지만 애국지사의 소중한 비석이므로 곧바로 서울시설공단에 비석의 복원을 부탁해 몇 달 후 비석이 다시 세워졌다.

　2022년, 손녀 김송자 씨가 인터넷을 통해 이 사실을 알고 한국내셔널트러스트 사무실로 찾아왔다. 망우리위원회 회원이 모여 이야기를 들었다. 그에 따르면, 당시 가족은 만주 용정에 거주하여 조부의 산소는 그곳에 모셨다. 지금의 유족은 둘째 부인의 자손이다. 해방 후 큰할머니 후손들은 대부분 만주와 남북에 흩어졌고 둘째 부인 성재문 여사와 고모, 아버지는 서울 종로에 정착했다. 1959년 조모가 사망하자, 망우리공원에 조부의 영혼을 모시는 의미로 허묘를 만들고 조모와 합장했다. 1968년 조부가 건국포장이 추서되어 지금의 비석을 세웠다. 1990년 건국훈장 애국장이 다시 추서되고 1994년 현충원으로 이장했다.

　묘비의 글을 지은 이현익(1896~1970)은 함경남도 단천 출신으로 1905년 만주로 이주, 광정단의 외교부장으로 김승민의 휘하에서 활동했던 애국지사다. 묘비의 글자를 쓴 학남 정환섭(1926~2010)은 충남 홍성 출생으로 소전 손재형에게 배웠다.

서울대 미대를 졸업하고 한국미술협회장, 국전 초대작가 심사위원장 등을 역임했다.

김진성
(金振聲, 1892~1968)
애국지사, 애국장

평남 덕천 출생. 일제강점기 대한민국 임시정부의 군자금 모금 활동을 전개한 독립운동가이다. 다른 이름은 소아素我, 김필보金弼堡이다. 1919년 하얼빈의 러시아군 사령관 호리랏트와 연락하여 블라디보스토크를 중심으로 동지들과 한인 8백여 명을 모집하여 동청철도수비대에 편입시켜 활동케 했다. 광양 부호들에게 군자금 7천 원을 받아 양기탁 등에 전달하고 전주의 부호 친구에게 현금 9천600원을 받아 상경 은신 중 체포되어 7년의 옥고를 치렀다. 해방 후 유동열 통위부장을 도와 국군창설에 공헌했다. 1990년 건국훈장 애국장. 현충원 이장. 허묘와 비석이 남아 있다.

전면

獨立志士金公振聲之墓(독립지사김공진성지묘)

후면

公(공)의 諱(휘)는 弼堡(필보)요 字(자)는 振聲(진성)이요 호는 素我(소아)요 貫(관)은 慶州(경주)니 敬順王侯(경순왕후) 高麗(고려) 太祖(태조) 時(시)에 諱(휘) 祿光公(녹광공)이 廣州軍(광주군)에 封(봉)하여 仍貫(잉관)하니 그 后孫(후손)인 秀海公(수해공)은 高麗末(고려말) 副提學(부제학)을 지내시다가 李太祖(이태조) 開國(개국)에 除(제)하여 轉地(전지) 平南(평남) 德川(덕천)으로 落鄉世居(낙향세거)했다. 諱(휘) 天五濆士英亨律(천오지사영형률)은 公(공)의 高曾祖禰(고증조예, 고종·증조·할아버지·아버지)로 三韓世閥(삼한세벌)이며 公(공)은 一八九二年(1892년) 壬辰(임진) 七月(7월) 十五日(15일) 平南(평남) 德川(덕천)에서 出生(출생)하시다. 一九一九年(1919년) 三月(3월) 己未(기미)에 在(재) 하루빈 露軍(로군) 司令官(사령관) 호리랏트 大將(대장)과 連絡(연락) 海蔘威(해삼위)를 中心(중심)으로 柳東悅(유동열) 신영삼(申榮三) 等(등)과 같이 韓人(한인) 八百餘名(8백여명)을 募集(모집) 東淸鐵道(동청철도) 守備隊(수비대)에 編入(편입)시켰고 또 上海(상해) 臨政(임정)과 連絡(연락)을 取(취)하다가 倭憲(왜헌)에 被逮(피체) 京城(경성)으로 押送

(압송)되었으나 柳東悅(유동열) 양기탁(梁起鐸) 氏(씨)의 釋放(석방) 運動(운동)으로 三(삼)個月(개월)餘(여) 獄苦(옥고) 後(후) 釋放(석방)되어 繼續(계속) 全南(전남) 光陽(광양)地方(지방)의 富豪(부호)들에게 軍資(군자) 七千圓(7천원)을 募金(모금)하여 양기탁(梁起鐸) 氏(씨) 等(등)에 傳達(전달)하고 其外(기외)에 一萬三千圓(1만 3천원)의 募金(모금) 傳達(전달)과 一千(일천) 餘(여) 枚(매)의 傳單(전단)을 만들어 美國(미국) 議員團(의원단) 來韓(내한) 時(시)에 撒布(살포)했으며 또 全州(전주) 高山(고산)의 富豪(부호) 親舊(친구)인 高甲俊(고갑준) 氏(씨) 집에 夜間(야간) 潛入(잠입)하여 軍資金(군자금) 九千(구천)六百(육백)圓(원)을 强要(강요)하여 上京(상경) 隱身(은신) 中(중) 逮捕(체포)되어 懲役(징역) 十年(십년) 刑(형)을 받고는 七年(칠년) 服役(복역) 後(후) 假出獄(가출옥) 釋放(석방)한 뒤에도 所謂(소위) 要視察(요시찰) 人物(인물)로 指目(지목)되어 國內外(국내외)의 抗日鬪爭(항일투쟁) 事件(사건)이 發生(발생)할 때마다 倭警(왜경)에 拘束(구속)되기를 數十(수십) 次(차)였다. 解放(해방) 後(후) 臨政(임정) 要人(요인)이 還國(환국)하자 옛 同志(동지) 柳東悅(유동열) 氏(씨)가

좌면

統衛部長(통위부장)으로 當選(당선)됨에 그를 補佐(보좌)하여 國

軍創設(국군창설)에 多大(대대)한 功(공)을 세웠으며 六·二五事變(6·25사변) 以後(이후)는 過去(과거) 拷問(고문) 餘毒(여독)으로 行步(행보)조차 不能(불능)하여 恒常(항상) 病席(병석)에서 呻吟(신음)하시다가 一九六八年(1968년) 一月(일월) 一日(일일) 享年(향년) 七十四才(74세)로 逝去(서거)했다. 政府(정부)에서 公(공)의 功績(공적)을 致賀(치하)하고 一九六八年(1968년) 三月(3월) 一日(1일)에 建國功勞(건국공로) 大統領表彰(대통령표창)을 追敍(추서)했고 同(동) 七七年(77년) 十一月(11월) 三日(3일) 再審(재심)에서 다시 建國褒章(건국포장)이 追敍(추서)되었다. 公(공)의 一生(일생)은 實(실)로 建國(건국)을 위한 荊棘(형극)의 一路(일로)였다. 配(배) 溫陽(온양) 方氏(방씨)는 一八八七年(1887년) 十一月(11월) 八日(8일) 生(생)에 一九二八年(1928년) 一月(1월) 二一日(21일) 卒(졸)하시고, 配(배) 金海(김해) 金氏(김씨)는 一八九六年(1896년) 三月(3월) 二七日(27일) 生(생)에 一九六九年(1969년) 五月(5월) 二七日(27일)에 卒(졸)하니 同月(동월) 二九日(29일)에 夫君(부군)과 合窆(합폄)했다. 이 세분은 膝下(슬하)에 三男二女(3남2녀)를 두었으니 長男(장남) 鏞華(용화)는 精密工業界(정밀공업계)의 先驅的(선구적) 業績(업적)을 남겼고, 次男(차남) 成培(성배)는 豫備役(예비역) 陸軍(육군) 准將(준장)이며 三男(삼남) 經華(경화)는 企業家(기업가)며 壻(서)는 金容世(김용세)와 金士道(김사도)로 士道(사도)는 前(전) 監査院(감

사원) 事務總長(사무총장)이다. 孫子(손자) 宗洙(종수)는 相勳俊憲(상훈준헌)이며 孫壻(손서)는 許和平(허화평) 豫備役(예비역) 陸軍(육군) 准將(준장)과 金大允(김대윤)이다. 其餘(기여) 孫曾(손증)은 多不書錄(다불서록)하노라. 이제 子(자) 三兄弟(3형제)는 先考(선고)의 冥福(명복)을 祈願(기원)하고 거룩한 救國衷情(구국충정)을 後裔(후예)에게 길이 傳承(전승)케 하고자 痛天哭地(통천곡지)의 孝誠(효성)으로 이 碑(비)가 세워지노라.

우면

西紀 一九八七年 丁卯 三月 日(서기 1987년 정묘 3월 일)
鏞華 成培 經華 奉建(용화 성배 경화 봉건)
儒學博士 梁大淵 謹撰(유학박사 양대연 근찬)
國展審査委員 金濟雲 謹書(국전심사위원 김제운 근서)

해설

김진성의 묘터는 전신주 41번 서일대 방향으로 가다 보면 '오거리쉼터' 아래 위치하며, 부근에 면목동 양지마을 산신 터와 국채표의 묘가 있다. 묘역 둘레에는 향나무가 20여 그루가 있다.

김진성의 본관은 경주. 호는 필보이고 아호는 소아이다. 신라 경순왕의 후예이고, 중시조 녹광공은 고려 태조가 광주군에 봉했다. 녹광공의 후손인 수해공은 고려말 부제학을 지내다가 이성계가 조선을 개국하자 평남 덕천으로 낙향해 뿌리를 내리고, 고려 시대부터 명문가로 이어졌다.

소아는 1892년 7월 15일 평남 덕천군에서 태어났다. 기미년(1919) 3월 하얼빈의 러시아군 사령관 호리랏트를 교섭하여, 해삼위(블라디보스토크)를 중심으로 유동열, 신영삼 등과 한인 8백여 명을 모집해 만주 횡단 철도 회사인 동청철도 수비대에 편입시켰으나 실제로 독립군을 양성했다. 이때 신영삼, 조맹선 등과 함께 대한독립단을 조직했기에 이를 뒷받침한다.

소아는 상해 임시정부와 은밀히 연락하다 일본 헌병에 잡혀 서울로 압송됐다. 유동열과 양기탁의 석방 운동으로 3개월 만에 풀려났다. 1920년 전남 광양으로 내려가 부호들을 설득해 군자금 7천 원을 모아 양기탁 등에게 전달했으며, 그 외에도 1만 3천 원을 더 모아 다시 전달했다. 전단 1,000여 매를 인쇄해 미국의원단이 한국을 방문할 때 배포했다.

이어 전주 고산의 부호이자 친구인 고갑준의 집을 야밤에 잠입하여 군자금 9천6백 원을 빼앗아 상경해 은신하던 중 체포되어 징역 10년 형을 선고받고, 7년을 복역하다가 임시 출옥했다. 이후 소아는 요시찰 인물로 지목되어 국내외 항일투쟁 사건이 발생할 때마다 왜경에 구속되기를 수십 차례 반복했다.

해방 후 임정 요인들이 돌아왔다. 이 시기 옛 동지였던 유동열이 통위부장[2]으로 당선되자 그를 보좌하여 국군창설에 큰 공을 세웠다. 6·25사변 이후에는 과거 고문의 후유증으로 병석에 누워 신음하다가 자택인 서울 마포구 아현동에서 1968년 1월 1일 향년 74세로 일기를 마쳤다. 국가에서는 1968년 대통령표창, 1977년 건국포장, 1990년 애국장이 추서되었다.

부인 온양 방씨는 1897년 11월 8일에 태어나 1928년 1월 21일 죽었다. 두 번째 부인 김해 김씨는 1896년 3월 27일에 태어나고 1969년 5월 27일에 죽어 그해 29일에 부군과 합장했다. 소아는 두 부인 사이에서 3남 2녀를 낳았고, 장남 용화는 정밀공업계에 종사했다. 차남 성배는 육군 예비역 준장을 지냈고 삼남 경화는 기업가였다. 사위는 김용세와 김사도가 있는데 김사도는 전前 감사원 사무총장이다. 손녀사위는 허화평 예비역 준장과 김대윤이다.

---

[2] 통위부는 국방부의 전신으로 1945년 11월 13일 미군정 당국은 군정법을 공포하여 국방사령부를 설치하고, 국방력의 조직·편성·훈련 등 제반 업무에 착수했다. 초대 부장은 아고(Argo, R.W.) 미 육군 대령이었다. 국내경비부라고도 한다.

비석은 소아의 아들 3형제와 손자의 이름으로 1987년 3월에 세웠으며, 글은 유학박사 양대연이 지었고, 글씨는 국전심사위원 김제운의 작품이다. [수]

문명훤
(文明煊, 1892~1958)

애국지사, 애족장

평남 맹산 출생. 맹산의 3·1운동 시위를 주동하고 상해로 망명하여 임시정부 서기로 일하다 미국 유학을 떠났다. 더뷰크대학에서 화학을 전공하고 귀국하여 문명화학공업사를 경영했다. 1937년 수양동우회 사건으로 체포되어 옥고를 치렀다. 해방 후에는 한글 연구에 힘썼고 자서전『간난의 정복자』를 남겼다. 1990년 건국훈장 애족장이 추서되고 2006년 현충원으로 이장되었으나 비석과 연보비가 남아 있다.

비문

전면
남평문공명훤의 묘

후면

'고등 한국말의 본' 저서 중에서

한문자 사용과 왜 생활습속 등 노예문화의 깡대기가 일소되고 자주 문화가 수립되어야 곧 민족 문화가 순화되어야 민족성이 강고하여져서 민족적 정지와 자부가 앙양되는 동시에 국제적으로는 화동협진하는 기풍이 촉진되어서 사대 숭외 등 비굴의 누습이 이 민족에게서 사라지는 것이다. 1984년 6월 대한민국 정부 알선으로 이 비를 세우며

아들 요식 대동 장손 명유 가려 뽑고 요한 대성 혜촌 김학수 쓰다.

좌면

약전

1892년 11월 30일 평안남도 맹산군 주란에서 출생

1919년 3월 기미년 만세 때 평남 북창에서 지도

1920년 4월 임시정부 내무부 서기로 임명

1920년 8월 불란서로 망명과 일 황태자 암살 기도

1921년 7월 미국으로 망명

1923년 2월 흥사단 입단, 십년간 간부직

1931년 6월 일리노이주 놀스웨스턴 대학원 졸(리학석사)

1933년 3월 상기 대학 리학박사 후보로 연구 중 일시 귀국

1937년 6월 28일 일제에 검거(수양동우회 안도산 사건)

1941년 11월 17일 서대문형무소 출감 4년 5개월 복역

1958년 10월 23일 후암동 자택에서 하늘나라로

1978년 8월 15일 4남 대성이 아버님 유고 자서전을 출간

우면

예수께서 가라사대 나는 부활이고 생명이니 나를 믿는 자는 죽어도 살겠고 무릇 살아서 나를 믿는 자는 영원히 죽지 아니 하리라
요한복음 11장 25, 26절 말씀

연보비

知期(지기) 문명훤 선생

(1892~1958 독립운동가)

말에는 본이 있고, 글에는 법이 있다. 말과 글이 같은 민족의 사회에는 말의 본이 글의 법이오, 글의 본이 곧 말의 법이다.
- '고등 한국말의 본' 중에서

해설

문명훤은 애국지사로 현충원으로 이장되었는데 묘터에는 오래된 작은 비석과 1984년에 세운 큰 비석이 있다. 큰 비석의 글은 한글을 연구한 고인의 뜻에 따라 한글로 적혀 있다.

비석의 연보에 "1920년 8월에 불란서로 망명과 일황태자 암살 기도"라고 새겨져 있다. 꽤 큰 기사가 될 법도 한데, 다른 사료에는 잘 보이지 않는다. 일본 자료를 살펴보니, 일본 황태자(후의 히로히토 천황) 일행은 프랑스에 1921년 5월 31일 입국하여 6월 9일 떠났다. 일정이 맞지 않는다. 그리고 사후에 아들이 간행한 그의 자서전 『간난艱難의 정복자』(1973, 어린이문화관)을 읽어보니, 당시 신문을 통해 일본 황태자 입국 소식을 알게 된 한국 청년들은 러시아에서 온 아무개를 거사자로 정하고 자금을 모아 파리로 파견한 후, 거사 후의 피신 방법까지 준비하고 대기하였으나 정보 부족이었는지 거사자는 황태자의 얼굴도 못보고 돌아왔다고 한다. 준비만 하고 실행되지 못한 거사(?)였다.

프랑스에서 미국으로 유학할 때의 일화도 흥미롭다. 르아브르 항구에 정박 중인 미국 상선에 부탁하여 선원으로 취직, 1921년 7월 20일 미국으로 떠났다. 텍사스주 갤버스턴 항구에

도착했을 때 비자가 없어 하선하지 못하자 한밤중에 몰래 배에서 밧줄을 타고 내려와 밀입국하였다. 근처 농장에서 일하다가 샌프란시스코로 가서 노동으로 학자금을 벌어 30세의 나이에 갈릴레오 하이스쿨 3학년에 편입하였다.

1924년 6월 고등학교를 졸업하고 다시 하우스보이로 일하며 학비를 모아 1925년 9월 아이오와주의 더뷰크대학Dubuque에 들어가 화학 전공, 수학 부전공으로 1929년 6월에 졸업하였다. 이어서 노스웨스턴대학 석사과정에 들어갔으나 도중에 학비가 떨어져 행상으로 미국 동부 각 도시를 돌아다니다가 더 이상의 공부보다는 고국을 위해 활동하자고 결심하여 1931년 4월 귀국했다. 1931년 4월 5일의 《동아일보》 기사는 문명훤이 "뜌북 대학을 졸업하고 1년 동안 응용화학을 연구하고서 금의환향했다"고 보도했다.

이후 평양 신양리에서 문명화학공업사를 설립하고 숭실대 교수 최능진(홍사단원)과 연구에 몰두하여 1932년부터 페인트, 니스, 구두약을 제조·판매하고 1933년에는 휴대용 거울을 발명하여 판매하는 등의 사업을 벌였다.

한편 1931년 수양동우회에 가입하여 민족주의 사상을 고취하는 등의 활동을 하다가 1937년 150여 명의 회원과 함께 체포되어 4년의 옥고를 치르고 1941년 석방되었다. 해방 후 미군정청 적산관리처에서 근무했으나 직원들의 부정에 환멸을 느끼고 1년 만에 사직했다.

이후 정부에 대해 한글에 관한 제언을 하는 등 한글 연구에 힘써 수기 프린트판인 『국어의 참두루미』(1948), 『제글 제문화』(1958)를 남기고 1958년 후암동 자택에서 별세하였다.

6

문일평
(文一平, 1888~1939)

역사학자·애국지사, 독립장

대한제국기와 일제강점기에 활동한 민족사학자이자 독립운동가이다. 언론인, 교육자로도 활약했다. 호는 호암湖巖. 평안북도 의주 출신으로 일본 와세다 대학을 중퇴했다. 《조선일보》 편집고문 등으로 활약했으며, 한국사 연구에도 힘써 많은 논문을 발표했다. 민족주의 사학을 주창했지만, 실증사학이나 사회경제사학의 방법론까지도 모두 흡수했다. 조선학운동을 이끌어 실학자 정약용을 대중에게 알리는 데에도 기여했다. 삼일운동에 참여했으며 신간회와 물산장려운동을 이끌어 1995년 건국훈장 독립장을 받았다.

정인보의 문일평 묘기

文湖巖墓記

文湖巖一平, 義州人. 其先徙自南平. 父諱天斗, 母李氏. 湖巖長身高準, 少鬚疎眉, 目微蒼色而額光. 少嗜學, 十八東渡江戶, 則塾書已略遍. 屬時艱, 稍稍聞同道諸先輩風以志氣自厲, 業未竟, 歸教大成校. 癸丑, 普游滬, 湖巖在焉. 是時湖巖甫二十六, 普少五, 相慕愛, 旣而先後歸. 六七年之間, 普家居, 而湖巖備更險阻. 家本饒也, 徒以不忍人急, 且疎於幹, 至是, 窮甚. 歷教中東中央松都培材諸校, 以寄餬. 然貞履潔操不衰. 舊好文藝, 漸棄之. 專治吾舊史. 間就中外日報, 最後, 朝鮮日報, 延爲顧問. 所述, 皆浚抒史科, 精深謹嚴, 隱隱皐濆之雲物, 繞之, 而湖巖意常欿然, 見人無不問, 淺者或不知爲名人. 獨喜從朋好輸寫, 遇義利邪正, 數數以手斂膝, 目左右視, 愭愭若不可犯. 嘗得胃瘍疾幾殆茂, 自前歲, 稍平, 間日, 輒來視普. 今年陽曆四月三, 日加未, 或走告, 日湖巖以今曉没矣. 普立起如家, 子東彪東或, 袒而在次, 普入哭, 聞衆婦

人失聲於內, 則湖巖之配金氏, 知普故善湖巖, 而其長女彩, 及小芸小英, 皆聞普至, 而益慟其父也. 傷哉.

葬在楊州忘憂里. 側近衆塚, 不可以無識, 故粗列, 以授東彪, 若其生平志事之詳, 普當卒傳之. 湖巖沒時, 年五十二. 孫男炳宇, 尚幼. 友人鄭寅普記, 金承烈書丹.

(번역문)

호암 문일평은 평안도 의주 사람이다. 그의 선조는 전라도 나주의 남평에서 이사를 갔다. 아버지의 이름은 천두(天斗)이고 어머니는 이씨이다. 호암은 큰 키에 콧날이 우뚝했으며 수염은 적고 눈썹은 성글었다. 눈은 약간 푸른색이었고 이마는 빛이 났다. 그는 어릴 때부터 배움을 좋아하여 18세에 동쪽 바다 건너 동경으로 가서는 그곳 학숙(學塾)의 책을 두루 섭렵했다. 그는 당시 어려운 상황 속에서 동료와 선배들의 풍모를 접하며 굳은 의지와 기개로써 자신을 단련시켰다. 그러나 학업을 마치지 못하고 귀국하여 대성학교에서 교편을 잡았다.

계축년(1913) 내가 상해를 방문했는데, 호암이 그곳에 있었다. 이때 호암은 나이 26세였고 나는 그보다 5살이 적었다. 우리는 서로 존경하고 사랑했다. 이후 두 사람은 차례로 귀국하여 나는 6~7년 동안 집에 머물렀으나, 호암은 온갖 어려움과 험한

일을 겪었다.

호암의 집은 본래 부유했다. 그러나 다른 사람의 어려움을 차마 외면하지 못하고 일 처리가 서툴러 점차 빈곤해졌다. 그래서 중동학교, 중앙학교, 송도학교, 배재학당 등 여러 학교에서 교편을 잡으며 생계를 이어갔으나 곧은 행실과 깨끗한 지조는 조금도 변함이 없었다. 그는 본래 문학과 예술을 좋아했으나 점점 손을 떼고 오로지 우리 역사를 파고들었다. 그 사이에 《중외일보》에 취직했으며 말년에는 《조선일보》에 초빙되어 고문을 맡았다.

호암의 저서는 모두 사료를 깊게 풀어낸 것으로 내용이 깊고 엄정하여 깊은 늪과 큰 강에 구름이 은은하게 감도는 것 같았다. 그럼에도 호암은 항상 부족하다고 생각하여 사람을 만나면 묻지 않은 적이 없었다. 그래서 지식이 얕은 자는 그가 명망 있는 인물인 줄을 알아채지 못했다. 그는 친구들과 글을 쓰며 교류하는 것을 좋아했으며, 의리와 정의를 논할 때는 손으로 무릎을 치고 좌우를 보며 분노를 참지 못하는 모습을 보였다.

언제부터인가 위장병을 앓아 병세가 위태로운 적도 있었다. 지난해부터 조금씩 회복이 되어 간혹 나를 찾아왔다. 올해 양력 4월 3일, 오후 2시께 어떤 사람이 달려와 말하기를, "호암이 오늘 새벽에 별세했다"라고 했다. 나는 곧바로 일어나 그 집으로 갔다. 아들 동표(東彪), 동욱(東彧)이 상복을 입고 빈소에 있었다. 나는 들어가 곡을 했다. 안채에서 여러 부인이 목이 메어 곡을 하는 소리가 들렸는데 호암의 부인 김씨는 내가 호암과 친한 사이라는 것을 알고 있었기 때문이다. 장녀 채(彩)와 소운(小芸), 소영(小英)은 모두 내가 왔다는 소식을 듣고 더욱 아버지를 위해 통곡했다. 슬프도다.

경기도 양주의 망우리에 그를 장사 지냈다. 그런데 그의 묘소 근처에 무덤들이 많아 표지가 없어서는 안 될 것 같았다. 그래서 대략 써서 동표에게 준다. 호암이 평생 뜻을 둔 일의 상세한 이야기는 내가 언젠가는 완성하여 전할 것이다. 호암이 서거한 해의 나이는 52세다. 손자로 병우(炳宇)가 있는데, 아직 어리다. 친구 정인보(鄭寅普)가 비문을 짓고 김승렬(金承烈)이 글씨를 썼다.

이규태가 쓴 호암 문일평 선생 묘비문

선생의 본관은 남평 문씨. 족보에 적힌 이름은 명회, 자는 일평, 호는 호암인데 호암(虎巖)으로도 쓰고 호암(湖岩)으로도 썼다. 불우한 세대를 짧게 살면서 큰 뜻을 세웠기로 그 그늘을 오늘에 길게 드리우고 여기 고이 잠들고 계시다.

1888년 5월 15일 평안도 의주에서 한학자 천두 공과 해주 이씨 사이에 태어나 조국이 광복되기 전인 1939년 서울 내자동 백송이 자라던 담 너머 집에서 숨을 돌리니 나이 52세로 긴 뜻을 담기에는 너무 짧은 생애였다. 얼굴에 비해 눈이 큰 편이었으며 항상 한복에 두루마기 차림이었다. 담배는 안 하시고 술만 드시면 일제의 압제에 분을 터트려 화를 못 가누곤 하셨다. 이웃에 어려운 사람이 도움을 청하면 벽시계를 떼어 전당 잡혀주고 쌀자루를 갖고 오라 시켜 뒤주 바닥을 긁어 퍼주었으며, 어렵게 사 온 장작을 날라다 주고 냉돌에서 자기 일쑤였다. 일제의 불의에 대항할 때는 호암(虎巖)으로 노호했고, 민족을 연명시키는 국학의 밭을 가꿀 때는 호암(湖岩)으로 자적(自適)하셨다.

3·1운동이 일어나던 해 3월 12일 32세의 선생은 조선 13도 대표자 명의로 된 '애원서'를 보신각 앞에서 낭독 시위를 주도하다가 왜경에 붙들려가 그해 11월 16일 경성지방법원에서 8개월의 징역형을 받고 옥고를 치르셨다. 이미 그 이전인 1912년 중국 상해로 건너가 임시정부 대통령 박은식 국무총리 신규식 김규식 신채호 조소앙 홍명희 등과 동제사(同濟社)라는 비밀결사를 만들어 활동했고, 1927년에는 국내 독립운동의 통합전선인 신간회의 발기인이 되어 중앙위원과 간사를 역임하셨다. 이 광복운동과 언론 및 문필 보국의 보훈으로 박정희 대통령은 서재필 선생과 더불어 선생을 녹훈했고, 1995년 광복절에

는 김영삼 대통령으로부터 헌법 규정에 따른 건국훈장 독립장을 수여받으셨다.

18세에 상투를 자르고 일본으로 건너가 정칙(正則)학교 명치학원 와세다 대학에서 수학하면서 안재홍 정인보 이광수 김성수 송진우 장덕수 등과 뜻을 나누었고, 압제 속에서 민족을 존명시키는 것은 국학을 살려 후세들을 기르는 일로 작심을 하고, 고국에 돌아와 물려받은 천석 전답을 팔아 백낙준 씨의 장인과 더불어 고향 의주에다 양실(養實)학교를 세워 손수 역사를 가르치셨다. 이어 평양의 대성학교 개성의 송도고보 서울의 경신학교 중앙고보 배재고보 중동고보 등에서 역사를 가르쳐 민족의식을 고취했다. 그 무렵 선생에게 배운 사학자 홍이섭은 "세상을 보는 눈, 앞으로 살아가는 데 필요한 심지, 역사 공부를 해야겠다는 의욕을 심어주신 분이 바로 호암 선생이었다"고 회고한 것으로 미루어 당시 학생층에 끼친 영향력이 대단했음을 알 수가 있다.

한편으로《조선일보》와《동아일보》그리고 30년대의 잡지《개벽》《학생계》《청년》《동명》《별건곤》《신생》《삼천리》《조광》《신동아》등의 잡지에 논설 역사 풍속 자연 등 선생의 국학 탐구의 글이 실리지 않은 달이 거의 없었다시피 하여 말살당해 가는 민족의 자질 보존에 발악을 했다 하리 만큼 기력을 쏟으셨다. 그간에 쓴 글은 총 150편으로 그중 '호암전집' 4권으로 출판되어 후학의 길잡이가 돼 있다.

벽초 홍명희는 자기 연배에서 조선사를 논하고 쓸 만한 사람이 꼭 두 사람 있는데 천분이 탁월한 신채호와 연구가 독실한 문일평이라 했다. 선생은 《중외일보》의 논설기자로 재직하셨으며 타계하시기까지 7년 동안 《조선일보》 편집고문으로 붓을 놓지 않았는데, 절필은 돌아가시기 보름 전에 쓰시고 3월 11일자 《조선일보》에 실린 '눌재집(訥齋集) 독후감'이다.

평생 선생이 계몽해온 것이 '조선심'이요 이를 지탱하고자 골몰해 온 것이 '조선학'이다. 역사만이 아니라 자연 예술 풍속 생업 의식주 감정 심정 등 조선심이 스며 있는 것이면 그 모두가 선생이 탐구하고 쓰는 대상이 되었다. 선생은 한국의 존재가치를 추구하고 알알이 구슬처럼 닦아내는 한국학의 선구자로 국제화가 진행될수록 선견적 업적이 길이 각광을 받을 것이다.

호암의 조선심이 《삼국사기》나 《고려사》에 박혀 있다는 말인가. 그가 사랑했던 압록강에 묻혀 있다는 말인가. 삼각산 바위에 새겨져 있다는 말인가. 부음을 듣고 통곡했던 벽초의 조사로 이 명을 마무린다. 유명을 달리하신 지 58년 만에 아들딸 손자손녀들이 흠모의 정을 이 돌 그릇에 소복이 담아 받치오니 길이길이 명목의 거름이게 하옵소서.

서기 1997년 8월 후학 이규태(李圭泰) 근찬

연보비

湖巖(호암) 문일평 선생

(1888~1939 독립운동가, 민족사학자)

조선 독립은 민족이 요구하는 정의 인도로서 대세 필연의 공리요 철칙이다. – '哀願書(애원서) 중에서'

해설

망우리공원에 문일평 관련 비문으로 위당 정인보가 쓴 묘기, 후배 언론인 이규태가 쓴 묘비문, 그리고 연보비 등 3개가 있다.

정인보는 문일평이 사망하자 직접 조문을 갔을 뿐 아니라 '문호암 묘기'라는 묘비문을 써서 사망 당시의 상황, 장례 과정, 유족의 반응을 자세히 기술했다.

정인보가 이처럼 문일평의 죽음을 기록한 것은 두 사람의 오랜 인연 때문으로 보인다. 두 사람은 일제의 조선 강제합병 직후인 1913년 상해에서 만나 교유했다. 앞서 1912년 상해로 건너간 문일평은 신규식이 주도한 독립운동 단체 동제사同濟社에서 활동하고 있었고, 한 해 뒤 정인보도 상해로 가 역시 동제사에 가입했다. 두 사람은 그곳에서 조선 독립과 교포의 문화적 계몽을 위한 활동을 펼쳤다. 그러나 상해에서의 교유는 오래가지 못했다. 정인보가 부인의 갑작스런 죽음으로 귀국하고 뒤이어 문일평도 고국으로 돌아와야 했기 때문이다.

두 사람은 해외 독립운동의 동지일 뿐만 아니라 교육자와 역사학자의 길을 갔던 학문의 동지였다. 귀국하여 문일평이 중동학교, 중앙학교, 송도학교 등에서 교편을 잡으면서 《조선일보》에 역사 논설을 기고했다면, 정인보는 연희전문 교수, 《동아일보》 논설위원으로서 조선 문화와 역사 연구를 이어갔다. 두 사람은 우리 민족정신을 각각 '조선심'(문일평), '조선얼'(정인보)로 정의하고, 이를 중심으로 1930년대 조선학 운동을 주도했다. 이러한 독립운동과 역사 연구의 업적을 인정받아 두 사람에게는 1990년대 나란히 건국훈장 독립장이 추서되었다.

정인보가 문일평의 묘비문을 쓰게 된 것은 이러한 역사학의 동지로서의 연대감이 작용한 것으로 보인다. 정인보가 쓴 '문호함 묘기'는 짧은 글이지만, 문일평의 사적을 압축해서 보여주고 있다. 중요한 인물들의 생애와 업적을 기록하고 후대에 전하는 것을 사명으로 여긴 역사가로서의 책임의식을 드러낸 것이라 할 수 있다.

'문호암 묘기'는 정인보가 1939년 문일평 서거 직후에 쓴 것으로 비문을 새긴 돌을 자연 상태의 바윗돌에 끼워 넣었다. 네모나게 다듬어 세우는 전통 비석과 달라 묘표墓表 또는 표석表石이라고 불린다. 망우리공원에 이처럼 자연석의 질감을 살려 세운 묘표는 방정환 묘비, 이태원묘지 무연분묘합장비 등이 있다. 모두 1930년대에 세웠다는 점에서 이 시기에 유행한 양식이 아닌가 싶다.

이규태의 묘비문은 옥개석을 올린 현대식 비석에 쓰여 있다. 전면에는 '호암 문일평 선생지묘'湖巖文一平先生之墓라고 쓰여 있고, 후면에 묘비문이 음기로 새겨져 있다. 측면에 후손들의 이름이 죽 열거돼 있다. 이 비는 1997년에 세워졌다.

분단 이후 문일평은 제대로 조명받지 못했다. 한국전쟁 시기 부인, 장남, 장녀 등 가족들이 월북하면서 문일평에 대한 역사적 평가도 유보되었다. 그러다가 1995년 문일평에게 건국훈장 독립장이 수여되면서 역사적인 복권이 이뤄졌다.

이 비석은 나라의 문일평에 대한 서훈을 기념하는 의미가 있다. 또한 정인보의 묘비문이 한문으로 쓰여 알아보기 어려운 점을 감안해 한글로 문일평의 업적을 널리 알리자는 뜻도 담겨 있다. 묘비문을 쓴 이규태는 문일평의 언론인 후배다. 그는 문일평이 일했던 《조선일보》에서 50년 넘게 근무하며 논설실장, 주필, 논설고문을 역임했다. 이규태는 《조선일보》에 1983년 3월부터 2006년 2월까지 23년간 '이규태 코너'를 연재해 한국 신문사상 최장기 연재 칼럼이라는 기록을 세웠다.

묘비문은 문일평의 가계, 독립운동 활동, 교육자와 언론인의 길, 한국학 연구 성과 등을 열거하며 그를 기리고 있다. 끝에 유명을 달리한 지 58년 만에 아들딸 손자손녀들이 명복을 빈다고 적어, 가족의 이름으로 쓴 비문임을 밝히고 있다. 정인보의 '문일평 묘기'가 역사 기록을 위해 작성된 것이라면, 이규태의 묘비문은 가족의 흠모하는 마음을 담은 추도문이라고 할 수 있다.

연보비는 묘 입구 길가에 세워져 있다. 전면에 새겨진 "조선 독립은 민족이 요구하는 정의 인도로서 대세 필연의 공리요 철칙이다"라는 구절은 문일평이 삼일운동 때 독립을 요구하며 작성한 '애원서'에서 따왔다. [찬]

박찬익
(朴贊翊, 1884~1949)

애국지사, 독립장

 남파 박찬익은 경기 파주에서 태어났다. 관립상공학교 재학 중 일본인 교사와 다툰 뒤 퇴학당했다. 이후 신민회에 가입해 활동하다가 만주로 망명해 독립투쟁에 나섰다. 대종교에 입교해 포교와 교육에 힘썼고, 중국 관헌의 도움으로 한국인 학교를 세워 애국사상을 고취했다. 일제 탄압을 피해 상해로 옮겨 신규식과 동제사를 창설, 대한독립선언서 발표에 참여했다.

 상해임시정부가 수립되자 임시의정원 의원으로 활동했다. 그는 임시정부에서 외무부 외사국장 겸 외무차장 대리 등을 맡으며 중국 정부와의 교섭, 임시정부의 국제적 승인, 광복군 창설 지원, 임시정부 요인과 가족의 생계 문제 등을 해결했다.

 해방 이후에는 귀국을 미룬 채 주화대표단 단장을 맡아 3년간 중국에 머무르면서 동포들의 신변 보호와 안전한 귀국을 위해 중국 정부와 외교업무를 처리했다. 남파 박찬익 전기 『추춧돌』[3]을 쓴 박영만은 남파를 '삼불고三不顧'의 인물'로 평했다. 가족, 명예, 금전을 돌보지 않고 독립운동에 전부를 바쳤다는 뜻이다. 1963년 건국훈장 독립장이 추서되었다.

비문[4]

1949년 세운 비석(조완구 찬)

南坡潘南朴公贊翊之墓(남파반남박공찬익지묘)

남파(南坡) 박공(朴公)이 40년을 조국 광복(祖國光復)에 헌신(獻身)하다가 작년(昨年) 춘(春)에 병구(病軀)를 끌고 고국(故國)에 돌아와 연여(年餘)를 경(經)한 금년(今年) 2월 20일에 필경(畢竟) 환원(還元)하니 그 장의(葬儀)를 응당(應當) 사회(社會)의 공거(公擧)

---

3 2024년 『남파 박찬익』(파이돈출판사)이라는 제목으로 재출간되었다.
4 박찬익의 두 개의 비석에 쓰인 한자에는 한글이 병기되어 있지 않다. 이 책에서는 독자의 편의를 위해 한글로 바꾸고 괄호에 한자를 넣었다.

로 할 것이나 공(公)의 심각(深刻)한 의념(意念)이 다만 평생(平生)에 경봉(敬奉)하는 대종교(大倧敎) 의식(儀式)으로 무성입토(無聲入土)를 절원(切願)하야 누누(屢屢)히 동지(同志)들에게 전촉(專囑)함으로 그의 의원(意願)을 준수(遵守)함이 애국지사(愛國志士)에 대한 경의(敬意)라 하야 동지(同志)들이 간소(簡素)하게 보통(普通) 공동묘지(共同墓地)에 공(公)의 유원(遺願)대로 형해(形骸)를 봉장(奉藏)했다.

금(今)에 그 묘도(墓道)의 입석(立石)을 제(際)하야 그 음(陰)의 기(記)로 약술(略述)하건대 공(公)의 휘(諱)는 찬익(贊翊)이오 남파(南坡)는 그 호(號)이다. 중국(中國) 각지(各地)에 있어 운동(運動)할 때 편익(便益)을 위(爲)하여 성(姓)은 복(濮), 명(名)은 순(純), 자(字)는 정일(精一)이라 했으나 박(朴) 자(字)의 성(姓)은 중국(中國)에 없어 으레히 한인(韓人)으로 지해(知解)케 된 까닭이다. 그 고극(苦棘)을 맛본 자라야 아는 것이다.

개천(開天) 4341년(1884) 갑신 정월 초2일에 경기 파주(坡州)에서 생(生)하다. 그는 중락(中落)된 명가(名家)이다. 다각(多角)의 빈곤(貧困)이 유태(幼胎)를 충격(衝擊)하야 발발(勃發)의 영자(英姿)가 소기파대(所期頗大)했으나 시형(時形)은 국가(國家)의 대겁(大劫)이 박급(迫急)하니 공(公)은 이에 조국(祖國)의 희생물(犧牲物)로 자임(自任)하고 행동(行動)을 개시(開始)하니 기유경술간

(己酉庚戌間) 공업전습소(工業傳習所)의 배일선봉(排日先鋒)이오 조국정신(祖國精神)의 앙양심수(昂揚深樹)로 대종교(大倧敎)를 신봉(信奉)하며 동지(同志)들과 연메(連袂)하고 북간도(北間島)로 진출(進出)하여 6년 광음(光陰)을 전교건학(傳敎建學)과 교포호정(僑胞護定)에 노력하여 북만개척자(北滿開拓者)의 일인(一人)이오. 소위 중일(中日) 21조 체결된 을묘(乙卯) 이후로는 길림(吉林) 봉천(奉天) 상해(上海) 북평(北平) 아령(俄領) 등지로 국사(國事)에 분주(奔走)하고 기미(己未) 삼일운동(三一運動) 이후로는 서북간도(西北間島)의 운동에 종사(從事)하고 경신(庚申)에 상해(上海)에서 대한민국임시정부(大韓民國臨時政府) 외사국장(外事局長)에 임(任)하야 대중교섭(對中交涉)의 요충(要衝)을 당(當)하고 이어 광동비상정부(廣東非常政府)의 임정대표(臨政代表)로 2년간 상주(常住)하고 임술(壬戌) 예관(睨觀) 신규식(申圭植) 공(公)이 순국(殉國)한 후(後)는 운남(雲南) 북평(北平) 만주(滿洲) 등지로 내왕하며 교육소개(敎育紹介) 교포보호(僑胞保護) 대종교 압박해제(大倧敎壓迫解除)와 선양(宣揚)에 치력(致力)하고 기사(己巳) 이후는 상해(上海)에 장주(長住)하여 임정(臨政)의 교섭사무(交涉事務)를 무임담당(無任擔當)하고 한국독립당(韓國獨立黨)의 창립당원(創立黨員)으로 광복진영(光復陣營) 중견(中堅)의 일원(一員)이 되고 임신(壬申) 이후(以後)는 백범(白凡) 공(公)의 대중제무(對中諸務)를 담획(擔劃)하

여 낙양군교(洛陽軍校) 한생반(韓生班) 창설(創設)을 성취(成就)하고 을묘(己卯) 춘(春)부터 중경(重慶)에 장주(長住)하여 임시정부(臨時政府) 법무부장(法務部長)으로 취임(就任)하고 대중교섭(對外交涉)을 전력(專力)하여 아(我) 광복사업(光復事業)에 막대(莫大)한 공헌(貢獻)이 있었으며 경진(庚辰)에 국무위원(國務委員)에 선임(選任)되어 6년간(六年間) 계속(繼續)하고 을유(乙酉)에 주화대표단장(駐華代表團長)으로 3년(三年)을 남북각지(南北各地)로 분치(奔馳)하면서 교포(僑胞)에 대한 구조귀환(救助歸還) 등 극무(劇務)를 주간(主幹)하다가 불기(不起)의 병(病)에 이(罹)하야 무자(戊子) 4월(四月) 하순(下旬)에 귀국(歸國) 요양(療養)했으나 약석(藥石) 무효(無效)로 장서(長逝)하야서 서울 시외(市外) 망우리(忘憂里) 묘지(墓地)에 장(藏)하니 이는 공(公)의 일생(一生) 소경력(所經歷)의 대자(大者)를 거실(擧實) 서술(敍述)한 것이다. 공(公)은 영오(穎悟)한 재품(才稟)과 종핵(綜核)한 작사(作事)의 유여(有餘)한 일인(一人)이다.

득년(得年:향년)이 육십륙(六十六)이오 삼자이녀(三子二女)가 유(有)하니 자(子)는 원준(元俊) 시준(始俊) 영준(英俊)이오. 손(孫)은 천경(天慶) 천권(天權) 천인(天寅) 천일(天一)이오 손녀는 삼인(三人)이오. 부인(夫人) 심씨(沈氏)는 북간도(北間島) 만주(滿洲) 상해(上海) 등지(等地)로 구고(舅姑)와 자녀(子女)를 봉솔(奉率)하고 인간

(人間)의 갖은 고초(苦楚)는 빼임없이 당(當)하면서 그 부군(夫君)을 대신(代身)하야 자부(子父)의 의무(義務)를 진(盡)한 무명(無名)의 여혁명가(女革命家)이다.

 개천(開天) 四五〇六年 유월(六月) 일(日) 동지(同志) 조완구(趙琬九) 찬(撰)

 단기(檀紀) 四二八二年 기축(己丑) 7월 31일 경립(敬立)

1964년 세운 국한혼용비(조지훈 찬)

南坡潘南朴公贊翊之墓(남파반남박공찬익지묘)

한마음 지키기에 생애를 온전히 바치어 성패와 영욕에 아랑곳없이 심혈을 다 기울이고 가는 것이 지사의 천고일철(千古一轍)이다. 이역풍상(異域風霜) 40년을 광복운동에 구치(驅馳)하다가 해방된 조국에 병구(病軀)를 이끌고 돌아와 말없이 눈감은 이가 계시니 남파 박찬익 선생이 그분이시다. 선생은 반남인(潘南人)이니 이름은 찬익(贊翊)이요, 자(字)는 정일(精一)이며 남파(南坡)는 그 아호(雅號)이다. 단기(檀紀) 4217년 갑신 정월 초 2일에 경기(京畿) 파주(坡州)에서 나시니 발랄(勃發)한 의표(儀表)와 재기(才器)가 향당(鄕黨)의 촉망(囑望)을 지녔으나 때는 이미 국운(國運)이 단석(旦夕)으로 기우는 때였다. 경술국치(庚戌國恥) 후 선생은 큰 뜻을 품으시고 대종교(大倧敎)에 입교(入敎)하여 동지(同

志)로 더불어 북간도(北間島)에 망명(亡命)하시니 이로부터 40년을 길림(吉林) 북평(北平) 상해(上海) 아령(俄領) 등지의 우리 광복운동에 선생의 발길이 이르지 않은 곳이 없었다.

기미독립운동을 서북간도에서 참획(參劃)하시고 이듬해 경신(庚申)에는 상해(上海)에 이르러 대한민국임시정부(大韓民國臨時政府) 외사국장(外事局長)에 임(任)하여 대중국교섭(對中國交涉)의 요충(要衝)에 당했으며 이어서 광동비상정부(廣東非常政府)의 우리 임정(臨政)의 대표로 2년간 상임(常任)했고 4255년 임술(壬戌)에는 예관(睨觀) 신규식(申圭植) 공(公)이 순국(殉國)한 뒤를 이어 교포(僑胞)의 교육과 보호, 대종교(大倧敎)의 압박 해제와 그 선양(宣揚)에 치력(致力)했다. 4262년 을사(乙巳) 이후는 상해에 장주(長住)하니 임정의 대중교섭사무(對中交涉事務)에 선생의 덕망(德望)과 수완(手腕)의 보람이 컸음은 임정동지(臨政同志) 제공(諸公)이 역력(歷歷)히 증거하는 바요. 선생의 중국명(中國名) 복순(濮純), 호 정일(精一)은 널리 중국 조야(朝野)에 신망(信望)을 얻은 바 되었다. 백범 김구 주석을 보좌(補佐)하여 낙양군관학교 한생반(韓生班)의 창설을 성취한 것도 선생의 공(功)이었다. 4272년 을묘 봄에 중경(重慶)에서 임정의 법무부장이 되시고 이듬해 경진(庚辰)에는 국무위원(國務委員)에 선임되어 6년간을 그 임(任)에 당했으며 을유(乙酉) 해방(解放)으로 임정이 환국한 뒤에도 선생은 주화대표단장(駐華代表團長)으로 중국에 잔류하여 3년간을 남북화(南北華) 각지를 분치(奔馳)하며 교포의 구호와 귀환알선사무(歸還斡旋事務)를 주관(主管)했다.

극무(劇務) 과로(過勞)의 나머지 불기(不起)의 중환(重患)을 얻어 4281년 무자(戊子) 4월에 귀국(歸國) 요양(療養)했으나 약석(藥石)의 효(效) 없이 장서(長逝)하시니 향년이 66이요 서울 시외(市外) 망우리묘지에 묻힌 바 되었다. 부인(夫人) 심씨(沈氏)는 부군(夫君)을 따라 남북(南北) 만주(滿洲)와 상해(上海) 중경(重慶)을 전전(轉轉)하며 위로 부고(舅姑)를 받들고 아래로 자녀(子女)를 거느려 국사(國事)에 몸을 바친 부군(夫君)을 대신하여 아들과 아버지의 구실까지 겸해서 갖는 고초(苦楚)를 겪으니 선생의 공적(功績) 뒤에 부인의 덕(德)이 큰 것을 세상이 일컫는 바 되었다. 3남 2녀를 끼치시니 아들은 원준(元俊) 시준(始俊) 영준(英俊)이요 딸은 덕원(德元) 복원(福元)이며 손자 천경(天慶) 천권(天權) 천일(天一) 천기(天驥)가 있다.

 금년은 선생이 돌아가신 지 열일곱 해 되는 해이다. 선생의 자(子) 영준(英俊)의 뜻을 듣고 선생 일대의 자취를 간추리노니 깊이 감추고 팔지 않음이여 지사(志士)의 뜻이로다. 한 조각 붉은 마음이사 백일(白日)이 비치리라.

 조지훈(趙芝薰) 찬(撰) 최중길(崔重吉) 서(書)

4297(1964)년 8월 일 불초자(不肖子) 원준(元俊) 시준(始俊) 영준(英俊) 경립(敬立)

해설

독립운동가 박찬익의 유해는 1993년 망우리에서 국립묘지 서울 현충원으로 이장했다. 그러나 망우리공원에는 박찬익의 예전 묘와 비석이 그대로 남아 있다. 물론 허묘虛墓이다. 그러나 현충원보다 망우리공원에서 박찬익을 더 생생하게 만날 수 있다. 그의 생애와 업적을 기록한 비석이 두 개나 있기 때문이다.

두 개의 비석은 봉분 앞에 나란히 서 있다. 오른쪽에 있는 비석은 박찬익이 타계한 지 5개월 뒤인 1949년 7월에 건립되었다. 빗돌은 검은 돌을 홀 모양으로 깎아 만들었으며 특별한 장식이 없다. 앞면에는 묘주의 이름을 적었고, 옆면과 뒷면에는 박찬익의 일대기를 빽빽이 기록했다. 글을 쓴 이는 박찬익과 함께 임시정부와 대종교에서 활동했던 독립운동 동지 조완구이다.

비석이 세워진 지 70년이 넘다 보니 비문 글자가 지워진 게 많다. 게다가 무성입토無聲入土(조용히 장례를 치름), 영자英姿(뛰어난 자질), 소기파대所期頗大(기대하는 바가 매우 큼), 앙앙심수昂揚深

樹(키가 크고 뿌리 깊은 나무), 교포호정僑胞護定(교포를 보호하고 안정시킴), 분치奔馳(바쁘게 치달림), 극무劇務(힘든 격무)와 같은 고어 투의 한자어가 많아 글을 읽어내기가 쉽지 않다.

유족들은 비문의 이러한 점을 안타깝게 여겨 국문학자이자 시인인 조지훈에게 비문을 청탁하여 새 비석을 세웠으니, 1964년 세운 비이다. 옥개석을 씌운 이 비의 내용은 1949년의 구비舊碑와 큰 차이가 없다. 남파 박찬익과 함께 독립운동을 한 조완구가 쓴 비문이 신뢰할 만한 내용을 담고 있기 때문일 것이다. 다만 비문의 양을 절반 정도로 줄이고, 읽기 쉽게 윤문을 했다. 그러나 지금에 보면 천고일철千古一轍(시대를 초월한 원칙), 병구病軀(병든 몸)와 같은 한자어는 여전히 어렵게 느껴진다.

비석 말미에 박찬익 선생의 부인 심씨의 활동을 소개하고, 유족으로 선생의 딸들의 이름을 적시한 점은 구비에는 없는 내용이다. "깊이 감추고 팔지 않음이여 지사志士의 뜻이로다. 한 조각 붉은 마음이사 백일白日이 비치리라." 맨 끝에 나오는 이 대목은 조지훈 시인이 박찬익에게 바치는 조사弔詞이다. 조사의 앞 구절은 『사기』 「노자열전」에 나오는 "훌륭한 상인은 물건을 깊이 감추어 마치 텅 빈 것처럼 보이게 한다(良賈深藏若虛)"를 현대적으로 풀어낸 것으로 보인다. 조지훈의 조사는 큰 업적을 남기고도 조용히 묻히기를 바랐던 동지 박찬익의 뜻을

'무성입토無聲入土'라고 쓴 조완구의 필법과 절묘하게 부합한다.

조지훈은 청록파 시인의 한 사람으로 시 〈승무〉, 산문 〈지조론〉 등으로 유명하다. 1964년 비석의 글씨를 쓴 최중길은 국전심사위원을 역임한 당대의 유명 서예가였다. 박찬익 비문에서 조지훈의 빼어난 글솜씨를 만나는 일도 망우리공원을 찾는 즐거움의 하나다. [찬]

서광조
(徐光朝, 1897~1964)

애국지사, 애족장

전남 목포 출신. 기독교인. 1918년 미국 하와이 박용만과 연결된 조선국민회 활동 과정에서 체포되어 1년 7개월의 옥고를 치렀다. 부친 서상봉(일명 서기현)은 목포 3·1운동을 주도했다. 1920년부터 계몽 강연 활동을 했고 일본에 유학했다. 해방 후 군정 반대 운동 및 정당인으로 활동했다.

비문

전면

경아 서광조의 묘

후면

1964년 7월 24일 가심

아들   재완
딸   남진 귀진 정진 숙진
사위   임동석 노병호 변철현

연보비

서광조 선생

(1897~1972 독립운동가)

우리 한국은 한국인으로서 중국은 중국인으로서 자치의 자유를 향유할 희망을 가지고 있다. 따라서 우리는 장래 이 목적을 달성하기 위하여 금일에 동지의 결속을 도모하여 그 준비를 해야 한다. – '조선국민회 설립 취지' 중에서

해설

비석의 뒷면에는 1964년 7월 24일 가셨다고 새겨져 있다. 그

런데 묘소 입구의 연보비와 보훈처 공훈록에는 1972년 사망으로 되어 있다. 비석의 글을 확실히 믿지 못했는지 2019년 새로 세워진 문화유산청의 등록문화유산 안내판에도 "비석과 공적조서 및 연보비 표기가 각기 달라 비석 뒷면의 기재를 근거로 했다"라는 내용을 적어 놓아 몰년의 확정을 여전히 뒤로 미루고 있다.

조선국민회는 1917년 3월 23일 평양의 숭실학교 재학생 및 졸업생, 교사가 중심이 되어 결성된 청년학생의 항일비밀결사단체다. 주도적 역할을 한 숭실학교 졸업생 장일환은 1914년 9월 하와이에서 한인사회 독립운동의 중심인물인 박용만과 협의하여 국내에 청년단체를 조직하여 국내외 협력의 국권회복 운동을 전개하기로 결의하고 1915년 4월 비밀리에 귀국하여 서광조(22, 목포) 및 1909년 하와이에서 귀국한 전 국민회 회원 강석봉(28, 목포, 전남 사회주의 운동가)과 함께 동지로서 맹약했다.

그 후 배민수(22, 숭실중학생) 및 김형직(24, 서당교사, 김일성 부친) 등이 가담하여 1917년 3월 23일 장일환 외 9명은 장일환을 회장으로 선출하고 단체명을 '조선국민회'로 칭했다.

서광조는 전라도 구역장 강석봉과 주역으로 활동했다. 그러나 1918년 2월 조직이 발각되어 25명이 피체, 장일환 등 중

요인물 12명이 기소되고 서광조는 1918년 3월 16일 평양지방법원에서 보안법 위반으로 징역 8월형을 받아 옥고를 치렀다.

해방 후, 1950년 4월 24일 열린 전남보도협회 정기총회에서 위원장으로 재선되었고 1963년 2월 군정에 반대하는 윤보선, 김병로 등이 만든 민정당의 전남도당 준비위원으로 참여하고 3월 심사분과위원장에 선출되었다. 그러나 동년 3월 22일 광주시에서 발생한 군정 연장 반대 데모로 서광조는 군사재판에 회부되었다. 1990년이 되어서야 애족장이 서훈된 이유를 미루어 짐작할 수 있다.

서동일
(徐東日, 1893~1966)

애국지사, 애족장

경북 경산 출생. 일제강점기 의열단 출신 독립운동가이다. 중국에서 활동하다가 상해 한국국민당 밀사로 군자금 모집을 위해 국내로 들어왔다가 체포되어 징역 3년을 복역했다. 해방 후 한국민주당 발기인으로 참여했다.

비문[5]

전면

최옥경(一八九一~一九五○)

---

5 부인 최옥경의 묘에 합장해 서동일 선생의 묘비는 없다.

후면

사자[6] 서원섭 형섭

녀 원자

연보비

서동일 선생

(1893~1966 독립운동가)

다물(多勿)이란 옛 땅을 회복한다는 뜻으로 용감(勇敢), 전진(前進), 쾌단(快斷) 등의 뜻과 함께 불언실행(不言實行)을 의미한다.
– '다물단'의 의미

해설

다물단은 배천택, 서동일, 김창숙 등 영남 출신 인사들이 중국 북경의 독립운동 세력과 연계하여 활동한 단체다. 대구역사문화대전의 자료를 옮기면 다음과 같다.

---

6   嗣子: 대(代)를 이을 아들의 의미

다물이란 고려 말로 '옛 땅을 찾는다'는 의미이다. 다른 뜻으로 '입을 다물고 실행한다'는 의미도 담겨 있다. 강령은 자수 自修, 자양 自養, 자작 自作, 자급 自給이었다. 북경에서 이석영의 아들 이규준, 이성춘과 이회영의 장남 이규학 등이 의열단의 유자명과 상의하여 1923년 결성했다. 의열단의 선언문을 기초한 인물은 단재 신채호였다. 창단 시의 단장은 황해관이었고, 50여 명으로 출발해 1926년에는 200여 명에 달했으며 1929년경에 해체되었다. 주요 활동은 일제의 밀정을 처단하는 일과 독립운동 자금을 모집하는 일이었다. 서동일은 1924년 1월~2월에 걸쳐 경상북도 경산과 청도 일대에서 1,400여 원의 독립운동 자금을 모집하여 북경으로 돌아갔다. 이후 서동일은 남형우에게 다물단의 군자금 모집 특파원 신임장과 군자금 모집 선언서, 다액 제공자 표창 기장 등을 받아서 지니고 국내에 들어와 독립군 자금을 모금하다가 일본 관헌에 체포되었다.

춘파 서동일의 묘는 필자가 혼자 몇 번이나 찾아봐도 보이지 않았다. 결국 관리사무소에 문의한 바, 춘파의 묘비는 그의 이름이 아니라 부인 이름인 최옥경으로 되어 있다고 한다.

관리사무소에 따르면, 원래 이 묘는 부인의 묘였는데, 1995년 춘파를 이곳으로 이장하여 합장시켰다고 한다. 묘지가 1973년 만장되어 더는 묘나 합장조차 허용되지 않았지만,

1990년에 독립유공자로 인정받아 특별히 예외적으로 허용되었을 것이라는 추측이다. 하지만 유족의 형편이 어려운지 부인 이름의 비석만 있었다.

비석 뒷면에는 자식들의 이름이 페인트로 적혀 있고, 앞면에는 부인 최옥경(1891~1950)이라 되어 있다. 비석 하나 제대로 세우지 못한 것이 사실이라면 매우 안타까운 일인데, 다행히 2017년 10월 문화재청(현 문화유산청)은 서동일 선생을 포함한 망우리의 독립지사 8인을 등록문화재(현 등록문화유산)로 지정했다. 묘역에 안내판도 세워지고 지자체의 관리도 이루어지고 있다.

서병호
(徐丙浩, 1885~1972)

종교인·애국지사, 애국장

황해 장연 출생. 아호는 송암(松嵒)이다. 경신학교를 졸업하고 교사로 지내다 1913년 중국으로 망명하여 금릉대학을 졸업했다. 1919년 신한청년당 당수, 임시정부 의정원 내무의원, 대한적십자사 이사장을 지냈고 1923년 남화학원을 설립하여 교육에도 힘썼다. 해방 후 새문안교회 사무장, 경신학교 이사장을 지내고 1960년 경신고 교장으로 정년퇴직했다. 정부는 1990년 건국훈장 애국장을 추서했다. 2008년 현충원으로 이장되고 큰 비석이 남아 있다.

비문

전면

松嵒徐丙浩長老之墓(송암서병호장로지묘)

配 金具禮執事(배 김구례집사)

후면

松嵒(송암) 徐丙浩(서병호) 장로님은 1885년 7월 초이레 황해도 송천에서 達城(달성) 徐景祚(서경조) 목사 차남으로 태어나시어 송천교회에서 개척선교사로 언더운 목사에게 세례를 받으시니 한국 최초의 유아 수세자가 되시다. 1906년 서울 경신학교의 유일한 제1회 출신으로 활약하시다. 1914년에는 중국 상해로 망명하셔서 남경 금릉대학을 졸업하신 후 대한민국 임시정부 의정원 의원 신한청년당 당수로 파리 만국평화회의에 한국 대표를 파견하는 일을 추진하신 것을 비롯하여 독립운동에 공이 크시다. 1945년 조국 광복 후는 모교 교장이 되시어 학교재건과 영재 교육에 심혈을 기울이시는 한편 사회복지사업에도 뜻을 두시어 온갖 정성을 다하시다. 1957년 선친과 언더운 목사와 함께 설립하신 새문안교회에서 장로로 임직되시며, 1968년 원로 장로로 모심을 받기까지 오로지 민족과 교회를 위하여 충성을 다하시다. 님의 호 松嵒(송암)의 뜻하는바 믿음의 반석 위에 굳게 선 소나무의 푸르름 마냥 나라와 겨레와 민족과 교회를 위하여 평생 신앙의 본이 되시며 사시다가, 1972년 6월 7일 향년 87세로 주님 곁에 가시다.

1972년 7월 21일 새문안교회 당회장 강신명 올리다.

金具禮(김구례) 집사님은 황해도 송천에서 1882년 1월 2일 光山(광산) 金應琪(김응기)의 장녀로 태어나 1898년 결혼하신 후 친척간에 화목과 효부로 알려져 있으며, 1920년 중국 망명 생활 중 독립운동가들에게 희생적 봉사로 평생을 바쳐 지내시다 광복 후 귀국하셔서 1953년 11월 26일 주님 곁에 가시다.

좌면

나는 부활이요 생명이니 나를 믿는 자는 죽어도 살겠고 무릇 살아서 나를 믿는 자는 죽지 아니하리라. 요한복음 十一장 二十五-二十六절(요한복음 11장 25~26절)

우면

嗣子(아들) 載賢(재현)

女(딸) 玉潤(옥윤)

子婦(며느리) 金明鎭(김명진)

孫子(손자) 元錫(원석) 京錫(경석) 萬錫(만석) 昌錫(창석) 鉉錫(현석)

外孫子(외손자) 金春峯(김춘봉) 春坤(춘곤)

外孫女(외손녀) 惠珍(혜진)

연보비

松嵒(송암) 서병호 선생

(1885~1972 독립운동가)

내가 있기 위해서는 나라가 있어야 하고 나라가 있기 위해서는 내가 있어야 하니 나라와 나와의 관계를 절실히 깨닫는 국민이 되자. – '좌우명' 중에서

해설

송암 서병호 장로의 묘는 순환로를 따라 왼쪽 오세창 연보비를 지나 서병호 연보비 좌측 언덕 위 중간에 위치하며 커다란 하얀 비석이 서 있다. 서병호와 부인의 합장묘였으나 2008년 11월 19일 국립대전현충원으로 이장해 비석만 남았다. 송암

의 비문은 새문안교회의 강신명 목사가 지었다.

송암 서병호는 1885년 7월 2일 황해도 송천에서 서경조 목사 차남으로 태어났다. 송천교회에서 언더우드 목사로부터 우리나라 최초로 유아 세례를 받았다. 중국 남경(난징)으로 망명해 금릉대학에서 철학을 공부했으며, 상해에서 김규식·선우혁·신채호·신규식·여운형·이광수·장덕수 등 독립운동가들과 함께 신한청년당을 조직하고 당수에 올랐다. 상해에 임시정부가 수립되자 내무위원으로 임명되어 국내로 잠입해 국내파와 비밀리 교유하면서 독립운동 자금을 모금했다.

1920년 미국 의회 극동지역사찰단이 상해에 올 것을 대비해 도산 안창호를 위원장으로 선임하는 데 주도했다. 이후 교민 자녀의 영어교육을 위해 남화학원(1923년)을 설립했고, 인성학교(1933년)를 개교하고 이사장에 있으면서 독립사상 고취와 항일정신을 함양시키는 등 후진 교육에 주력했다. 일본이 일장기 게양을 강요하자 학교를 폐교하고 새로운 활동 방안을 모색하던 중 광복을 맞이했다.

1947년 귀국 후 경신학원 이사장과 경신중학교 교장에 취임해 교육 활동에 전념했다. 또한, 새문안교회에서 원로 장로를 역임하는 등 활발한 사회활동을 하다가 1972년 6월 7일 서울 서대문구 홍제동 자택에서 숙환으로 별세, 망우리공원에 안장되었다. 향년 87세.

송암의 장남 서재현은 김석, 김영재 등과 상해한인청년당을 조직하고 민족혁명당 감찰위원을 역임하는 등 독립운동가로 활동했고, 광복 후 해군 준장, 조선기계공작창 관리인, 강원산업그룹 부사장 등을 역임했다. 손자 서경석 목사는 조선족 선교와 탈북자 인권 운동에 앞장섰으며, 경실련을 창립하기도 했다.

정부는 송암의 독립운동 공로를 인정하여 1980년에 건국포장, 1990년에는 건국훈장 애국장을 추서했다. [수]

안창호
(安昌浩, 1878~1938)

애국지사, 대한민국장

평안남도 강서 출생. 호는 도산島山. 상해 임시정부 내무총장 및 국무총리 서리로서 초창기 임시정부를 이끌었다. 점진학교, 평양 대성학교, 중국 남경 동명학원을 설립하고 신민회를 결성했으며 미국에서 흥사단을 창설했다. 1932년 윤봉길 의사의 홍커우공원 폭탄 투척 사건으로 체포되어 투옥되었다가 3년 만에 출옥했다. 이어 수양동우회 사건으로 두 번째 투옥되었다가 병보석으로 풀려나 치료를 받던 중 1938년 사망했다. 중국 상해와 미주 등에서 식민지 조국의 나아갈 길을 고민하며 40년 가까이 독립운동을 이끈 도산은 '민족혁명의 영수'라는 평가를 받고 있다.

비문

전면

島山安昌浩先生之墓(도산안창호선생지묘)

學不厭 格物致知 欲復祖國(학불염 격물치지 욕복조국)
誨不倦 樹德立言 爲寧斯民(회불권 수덕입언 위령사민)

直無僞 接人以愛 春風和氣(직무위 접인이애 춘풍화기)
公無私 作事以誠 秋霜嚴威(공무사 작사이성 추상엄위)

(번역문)
도산 안창호 선생의 묘

배움을 싫어하지 않아 사물의 이치를 탐구하고 지식을 넓혀 조국의 광복을 이루고자 했고, 다른 이들을 깨우치는 것을 게을리하지 않아 덕을 심고 글을 남겨 백성을 평안하게 했다.
정직하고 거짓이 없어 사랑으로 사람을 대하여 봄바람같이 부드러운 기운이 있었고, 공평하고 사심이 없어 성실한 마음으로 일을 추진하니 가을 서리 같은 위엄이 있었다.

후면

島山(도산) 安昌浩(안창호) 先生(선생)은 檀紀(단기) 四二一一(4211) 戊寅(무인, 1878) 十月(10월) 六日(6일) 大同江(대동강) 下流(하류) 도롱섬에 나시니 考(고) 諱(휘) 興國(흥국) 妣(비) 黃氏(황씨)의 三男(3남)이오 文成(문성) 安裕(안유) 先生(선생)의 裔(예)라. 先世(선세) 平壤府(평양부) 南村(남촌) 魯南(노남)에서 儒(유)을 業(업)하더라. 三歲(3세)에 入學(입학)하야 當年(당년) 三卷書(3권서)를 떼다 家貧(가빈)하나 師(사)를 隨(수)하야 學(학)을 廢(폐)함이 없더니 十七歲(17세) 甲午(갑오, 1894)에 新學(신학)을 求(구)하야 上京(상경) 美國人(미국인) 元杜宇(원두우, H.G. Underwood)의 塾(숙)에 入(입)하다 十九歲(19세) 丙申(병신, 1896)에 獨立協會(독립협회)에 加入(가입) 徐載弼(서재필) 博士(박사)의 薰陶(훈도)를 받고 平壤(평양)에서 國權獨立(국권독립)과 生活革新(생활혁신)의 思想(사상)을 鼓吹(고취)하다 快哉亨(쾌재정) 演說(연설)은 그때라 救國(구국)의 道(도)가 敎育(교육)에 있음을 力說(역설)하야 故里(고리)에 前進[7] 學校(전진학교)를 세우니 私立學校(사립학교)의 嚆矢(효시)라 數頃(수경)의 荒蕪(황무)를 開墾(개간)하야 老母(노모) 奉養(봉양)의 資(자)로 長兄(장형) 治浩(치호)에 獻(헌)하고 二十二歲(22세) 己亥(기

---

[7] '漸進(점진)'의 오기

해, 1899)에 夫人(부인) 李氏(이씨)를 伴(반)하고 渡美(도미)하다 桑港(상항, 샌프란시스코)과 羅城(나성, 로스앤젤레스)에서 苦學中(고학중)에도 同胞(동포)를 尋訪(심방)하야 援助(원조)와 指導(지도)를 廢(폐)하지 아니하니 다 悅服(열복)하다 當時(당시) 布哇(포왜, 하와이)로부터 多數(다수) 同胞(동포)가 美(미) 本土(본토)에 渡來(도래)하야 日本人(일본인) 勞働斡旋者(노동알선자)의 搾取(착취)에 呻吟(신음)함을 보고 李剛(이강) 鄭在寬(정인관) 等(등) 同志(동지)와 謀(모)하야 就職斡旋(취직알선) 生活指導(생활지도)를 目的(목적)으로 共立協會(공립협회)를 組織(조직)하고 因(인)해 共立新報(공립신보)를 創刊(창간)하니 北美(북미) 大韓人國民會(대한인국민회)와 新韓民報(신한민보)의 前身(전신)이라 丙午(병오, 1906) 二十九歲(29세)에 還國(환국)하니 保護條約(보호조약) 翌年(익년)이라 國運挽回(국운만회)의 唯一路(유일로)가 敎育(교육)과 産業(산업)의 振興(진흥)임을 力說(역설)하야 新民會(신민회)와 靑年學友會(청년학우회)를 創立(창립)하니 實(실)로 我國(아국) 組織的(조직적) 民族運動(민족운동)의 始(시)라 當時(당시) 著名(저명)하던 愛國者(애국자)를 網羅(망라)했고 三一運動(삼일운동)의 指導者(지도자) 거의 다 이에서 出(출)하니라 平壤(평양) 大成學校(대성학교)를 設(설)하고 몸소 校長(교장)이 되어 人格主義(인격주의)의 敎育(교육)에 新機軸(신기축)를 開(개)하더니 隆熙(융희) 三年(3년, 1909) 安重根(안

중근) 事件(사건)으로 日憲兵隊(일헌병대)에 拘禁(구금)되었다가 翌春(익춘)에 釋放(석방)되었으나 日本(일본)과 協力(협력)하는 政黨(정당)과 內閣(내각)을 組織(조직)하라는 第二次(제2차)의 日本(일본)의 要請(요청)을 一蹴(일축)하고 亡命(망명)의 길을 떠나다 青島會議(청도회의)와 海參威(해삼위, 블라디보스토크) 會議(회의)에서 不幸(불행)히 獨立運動(독립운동) 方略(방략)에 關(관)하야 合意(합의)를 보지 못하고 先生(선생)은 美洲(미주)로 돌아와 加州(가주, 캘리포니아주)에서 水路(수로) 掘鑿(굴착) 人夫(인부)로 生計(생계)를 삼으니 興士團(흥사단)의 構想(구상)이 이때에 되다 未幾(미기)에 同胞(동포)의 懇請(간청)으로 國民會(국민회)를 強化(강화)하야 몸소 中央總會長(중앙총회장)이 되니 會勢(회세) 大振(대진)하야 布哇(포왜) 墨西哥(묵서가, 멕시코)와 멀리 시베리아 北滿(북만)에까지 미쳐 儼然(엄연)히 太極旗(태극기)를 지키는 一國家(일국가)의 觀(관)이 있더라 第一次世界大戰(제1차세계대전)이 끝나매 國民會(국민회)는 李承晚(이승만) 博士(박사)에게 歐美(구미) 外交(외교)를 先生(선생)에게 遠東(원동) 同胞團結(동포단결)을 委任(위임)하니 先生(선생)은 己未(기미, 1919) 五月(5월) 上海(상해)에 上陸(상륙)하야 大韓民國(대한민국) 臨時政府(임시정부) 內務總長(내무총장)에 就任(취임) 國務總理(국무총리) 李承晚(이승만) 博士(박사)를 代理(대리)하야 政廳(정청)을 開(개)하고 同志(동지)를

糾合(규합)하고 三系(3계) 政府(정부)를 統合(통합)하고 獨立運動(독립운동) 方略(방략)을 制定(제정)하다 四十五歲(45세) 壬戌(임술, 1922)에 大獨立黨(대독립당)을 發起(발기)하고 滿洲(만주)에 遊說中(유세중) 日官憲(일관헌)의 要請(요청)으로 吉林(길림)에서 逮捕(체포)되더니 中國志士(중국지사)의 蹶起(궐기)로 難(난)을 免(면)하다. 四十八歲(48세) 乙丑(을축, 1925)에 比律賓(비율빈, 필리핀)을 訪問(방문)한 뒤 北美(북미) 各地(각지) 同胞(동포)를 巡廻(순회) 遊說(유세)하고 다시 中國(중국)에 돌아와 南京(남경)에 東明學院(동명학원)을 設(설)하고 大公主義(대공주의)의 政治(정치) 經濟(경제) 道德(도덕)의 理想(이상)을 說(설)하다 五十五歲(55세) 壬申(임신, 1932)에 上海(상해) 爆彈(폭탄) 事件(사건)으로 日官憲(일관헌)의게(에게의 옛말) 체포逮捕(체포) 本國(본국)에 護送(호송)되어 大田獄(대전옥)에서 四年刑(4년형)을 치르고 出獄後(출옥후) 江西(강서) 松苔(송태)에 一廬(일려)를 結(결)하고 隱居(은거)하야 自我革新(자아혁신) 民族革新(민족혁신)을 說(설)하더니 丁丑(정축, 1937)에 同友會(동우회) 事件(사건)으로 數百(수백) 同志(동지)와 被檢(피검) 西大門獄(서대문옥)에서 發病(발병)하야 京城大學病院(경성대학병원)에서 殉國(순국)하시니 戊寅(무인, 1938) 三月(3월) 十日(10일) 子時(자시)요 享年(향년) 六十一(61)이라, 서울 東郊(동교) 忘憂里 墓地(망우리묘지)에 權窆(권폄)하다. 夫人(부인) 李氏(이씨) 必立(필립) 必鮮(필선) 必英(필영) 三子(3자)와, 秀山(수산) 委羅(위라)[8] 二女(2녀) 北美(북미)에 있다

좌면

檀君 紀元 四千二百八十八 乙未年(1955) 9월 일

(단군 기원 4288 을미년 9월 일)

島山安昌浩先生記念事業會 建 (도산 안창호 선생 기념사업회 건)

春園 李光洙 撰 (춘원 이광수 찬)

素荃 孫在馨 篆 (소전 손재형 전)

原谷 金基昇 書 (원곡 김기승 서)

해설

1937년 6월 일경은 평양 인근에서 요양 중이던 도산 안창호를 체포해 서울로 압송했다. 동우회 회원들을 검거하면서 도산을 배후자로 지목한 것이다. 이른바 '수양동우회 사건'이다. 그러나 건강이 극히 좋지 않았던 도산은 병보석으로 풀려나 경성제국대학부속병원에 입원했다. 이때 도산은 죽음을 예감하고 병

---

[8] '秀羅(수라)'의 오기

문안을 온 흥사단원 선우훈에게 다음과 같은 유언을 남겼다.

"일본은 자기 힘에 지나치는 큰 전쟁을 시작했으니 필경 이 전쟁으로 인하여 패망한다. 어떤 곤란이 있어도 인내하라. 내가 죽은 후에 내 몸은 내가 평소 아들같이 여긴 유상규 군 곁에 묻어달라."

유상규는 상해 임시정부 당시 도산의 개인 비서로 활동했던 젊은 의학도였다. 3·1운동에 참여해 경성의학전문학교를 중퇴하고 상해로 망명한 그는 임정 국무총리 안창호 비서로 활약했다. 유상규는 상해에서 헌신적으로 도산을 도왔고, 도산은 '젊은 동지' 유상규를 아들처럼 여겼다. 1924년 임시정부 지도부 내부의 갈등으로 도산이 미국으로 건너가자 유상규는 귀국하여 경성의전에 복학했다. 의사가 된 유상규는 경성의전 부속병원에 근무하던 중 세균에 감염되어 세상을 떴다. 그때 국내에 머물던 도산은 유상규의 장례를 주관했다.

유상규 곁에 묻어달라는 말이 일제강점기의 문예지 《삼천리》(1938년 5월호, '도산의 유언')에도 실려 있는 것을 보면, 도산의 유언은 사실이었던 것 같다. 그리고 유언대로 그의 유해는 망우리 유상규의 묘소 옆에 안장됐다. 도산의 묘소는 유상규 무덤 위에 자리를 잡았는데, 그곳은 도산의 조카사위인 김봉성(1900~1943)이 자신의 부친을 위해 마련해 둔 곳으로 장지 문제도 쉽게 해결되었다.

　도산이 망우리에 안장되자, 이후 김봉성 유해가 바로 옆에서 자리를 잡았고 도산의 뜻을 받들어 흥사단 활동을 했던 이영학(1904~1955)의 유해도 망우리로 향했다. 이렇게 해서 도산은 한동안 망우리 묘소의 반경 50미터 안에서 제자들과 함께했다.

　산업화와 함께 한강 이남 개발에 나선 서울시는 1973년 강남에 도산대로와 도산공원을 만들고, 도산의 망우리 유해를 도산공원으로 이장했다. 공교롭게도 이광수가 쓴 도산 묘비문에는 "(도산의 유해를) 서울 동쪽 언덕 망우리묘지에 권폄權窆(임시 안장)한다"라는 구절이 나온다. 이 글귀가 씨가 된 것일까? 그러나 이장 과정에서 "유상규 곁에 묻어달라"는 도산의 유언을 거론한 이는 아무도 없었다.

　도산이 망우리 묘역을 떠난 뒤, 도산의 묘터임을 알리는 작은 빗돌만 덩그러니 그 자리를 지켜왔다. 그런 가운데 1955년 망우리 묘소에 세웠던 안창호 묘비가 도산기념관에 보관되어 있다는 사실이 알려지면서 망우리 이전이 추진되었고, 2016년 3월 1일 망우리 도산의 묘터에서 묘비 이전 제막식이 열렸다. (묘비 재이전 과정은 김영식 작가의 『망우역사문화공원 101인』, '유상규 편'에 상세하다.)

　이상이 망우리의 안창호 묘터에 도산의 묘비가 서 있게 된 사연이다. 묘비가 원래의 자리를 찾으면서 안창호 묫자리에 다시 봉분도 만들어졌다. 외관상으로만 본다면 안창호 묘역은 1973년 이장 이전과 다를 바 없다. 홍사단원 유상규, 이영학이 앞과 뒤에서 안창호 묘터를 의연하게 지키고 있다. 조카사위 김봉성의 유해는 현충원으로 이장됐으나, 비석 등 묘터는 그대로 남아 있다.

43년 만에 망우리로 귀환한 안창호 묘비는 유해가 떠난 묘터를 지키고 있다. 2미터가 넘는 큰 비석의 앞면에는 '도산 안창호 선생지묘'라는 큰 글씨가 있고 그 좌우에 선생의 공덕을 기리는 묘지명을 한자로 새겼으며, 뒷면에는 도산의 삶의 궤적을 빼곡히 담았다.

1955년 도산 안창호 선생 기념사업회가 건립한 도산의 묘비는 춘원 이광수가 묘비문 작성에, 서예가 소전 손재형이 앞면의 전서 글씨에, 원곡 김기승이 묘비문의 글씨에 참여했다. 소설가 춘원 이광수는 임정의 기관지 《독립신문》의 책임자로 일하고 1937년 수양동우회 사건으로 투옥됐으며 해방 후에는 도산의 전기를 펴내기도 했다. 소전과 원곡은 당대 최고의 서예가였다. 우뚝 서 있는 도산의 비석을 찬찬히 읽어가면 국내외의 독립운동계를 아우르며 민족독립을 위해 헌신한 도산의 삶의 체취를 느낄 수 있다. [찬]

12

오기만
(吳基萬, 1905~1937)

애국지사, 애국장

황해도 연백 출생. 사회주의 독립운동가. 신간회 활동과 조선공산당 재건 운동으로 옥고를 치렀다. 중국 상해와 국내를 오가며 활동하다가 상해에서 일제 경찰에 체포되어 국내로 압송당해 징역 5년 형을 살다가 중병으로 형집행정지로 풀려났지만, 이듬해 사망했다. 상해 한인청년동맹 집행위원장을 지냈다.

비문

전면

吳世炯家代代之墓(오세형가대대지묘)

前生(전생) 多生(다생)에 因緣(인연) 있는 우리들이 父母妻子(부모

처자)로 今生緣(금생연)을 지어 피를 물려가며 苦樂(고락)을 가티 했더니 때가 이르매 사랑하는 이들의 슬픔을 알면서도 도라갔다 本是(본시) 生者必滅(생자필멸)이라 無常(무상)을 깨다르니 남아서 슬퍼하는 이들도 百歲(백세) 차기 전에 가티 흙으로 도라갈 것이매 살아 한집에 들었드시 여기 한 무덤을 지어 代代之墓(대대지묘)로 삼았노라

銘(명)

歲月(세월)이 얼마되랴 나도 가티 흙일 것을

그래도 情(정)이로다 압세우기 이대섧어

무덤에 풀옷 입히며 눈물 다시 새로워라

癸未年(계미년, 1943) 三月(3월) 二十二日(22일)

基永(기영) 合掌(합장)

第一代(제1대)

夫 世洞(부 세형, 갑신 11월 29일생)

妻 仁義(처 인의, 경진 6월 27일생)

子 基萬(자 기만, 을사 8월 21일생/정축 8월 23일 몰 향년 33)

第二代(제2대)

夫 基永(부 기영, 기유 4월 13일생)

妻 明福(처 명복, 병오 11월 13일/계미 2월 2일 몰 향년 38)

해설

이 묘를 조성한 이는 오기만의 동생인 오기영吳基永(1909~?)이다. 성균관대 출판부는 2003년 7월 오기영의 저서 『사슬이 풀린 뒤』(1948, 성각사)을 복간했다. 오기영은 배재고보를 중퇴하고 1928년부터 《동아일보》 기자로 재직하다가 동우회 사건에 연루되어 1937년 퇴사했는데, 1938년 서거한 도산 안창호의 병실을 마지막까지 지키고 도산의 장례까지 앞장서 치렀다. 그러나 1949년에 단신으로 월북하는 바람에 그 이름과 저서는 역사 속에서 사라졌다. 따라서 형님 오기만의 애국지사 서훈도 2003년에 이루어질 수밖에 없었다.

오기영이 이곳에 조성한 묘는 가족 납골묘 형태로, 일제강점기 말에 서서히 일본식의 '경제적인' 묘가 하나둘 생기기 시작한 것을 보여준다. 비석 한가운데 부친의 이름을 새겨 놓고 좌측에 모친과 형제의 이름을 미리 새겨 가문의 대대지묘로 삼았으나, 남북의 분단으로 오기영과 부모는 이곳에 들어오지 못했고, 형 오기만과 오기영의 첫째 부인 김명복(1906~1943)이 영면하고 있다. 김명복은 경성치과의학교를 졸업한 치과의사로 시숙 오기만에게 계속 자금을 지원해 주었다. 시숙과 제수가 함께 있는 묘인 것이다. '銘[9](명. 새기다)' 아래에 적힌 시조는 오기영이 부인 김명복에게 바치는 글이다.

오기영은 해방 후 같은 흥사단우인 한글학자 김윤경의 조카 김정순과 재혼했으나 1949년 초 단신으로 월북, 6월 조국통일민주주의전선 중앙위원으로 피선되고, 후에 북한 정권의 기관지《조국전선》주필(1958), 과학원 연구사(1962)를 지냈다. 사망 연도는 알 수 없다.

2019년『동전 오기영 전집』(전6권)이 간행되었다. 간행 기념으로 편찬위원장 정용욱 서울대 교수, 오기영의 외손녀 김민형 외대 교수, 편찬위원 백인욱 씨 등이 함께 묘역을 찾아 출간의 인사를 올렸다.

---

[9] 고인의 삶을 시(운문)로 요약한 글

13

오세창
(吳世昌, 1864~1953)

언론인·서화가·애국지사, 대통령장

오세창은 조선 말기와 일제강점기, 해방 후까지 한국 근현대사의 중요한 전환기에 활동한 서예가, 언론인, 독립운동가다. 본관은 해주, 자는 중명, 호는 위창이다. 그는 역관 오경석의 장남으로 태어나 역관 시험에 합격해 박문국 주사로 관직에 들었다. 이후 군국기무처 총재비서관, 농상공부 참서관 등을 역임했다.

《만세보》, 《대한민보》 사장을 지내며 언론과 계몽운동에 힘썼고, 3·1운동 때 민족대표 33인 중 한 명으로 2년 8개월간 옥고를 치렀다. 출옥 후에는 서예와 전각, 서화사 연구에 집중하며 일제강점기 민족 서화계의 정신적 지도자로 추앙받았다. 『근역서화징』, 『근역인수』, 『근역서휘』, 『근역화휘』 등을 편찬해 한국 미술사 연구에 큰 족적을 남겼다. 특히 전서와 예서,

금석문 감식, 전각에 뛰어났다. 해방 후에는 사회 원로로서 정치 및 사회단체의 고문, 회장을 역임했다. 1962년 건국훈장 대통령장이 추서되었다.

비문

전면

葦滄吳世昌墓(위창오세창묘)

후면

이 墓(묘)에 잠드신 葦滄先生(위창선생) 吳世昌(오세창) 어른은 1864년 7월 서울에 나시어 1953년 4월 세상을 떠나시니 享年(향년) 九十(구십). 민족의 開化(개화)를 위하여 몸소 그 先驅(선구)를 잡으셨고 조국의 광복을 위하여 獨立宣言(독립선언) 33인 중에 列(열)하시었을 뿐 아니라 문화의 발전

에 크게 힘주시어 書藝(서예)와 金石考證(금석고증)의 巨擘(거벽)을 이루시니 평생에 남기신 偉功(위공)은 길이 빛나 비길 바 없다. 어른 가신 지 3년. 後生(후생)과 遺族(유족)이 뜻을 모아 선생이 끼치신 빛을 오래 繼承(계승)하려 이에 1956년 10월 이 墓碑(묘비)를 세우다.

1956년 10월 일

좌면

全弘鎭 撰

孫在馨 篆

金膺顯 書

전홍진이 비문을 짓고

손재형이 앞면의 전서 글씨를 쓰고

김응현이 비문 글씨를 쓰다

우면

一纘 一澈 一龍 一六(일찬 일철 일룡 일륙)

天福 天澤 天郁 天得(천복 천택 천욱 천득)

天翊 天赫 泰一 泰胜(천익 천혁 태일 태정)

泣血謹竪(피눈물 흘리며 삼가 비를 세우다)

해설

오세창은 한국 현대사의 큰 바위 얼굴이다. 조선 시대에 태어나 일제강점기와 해방, 한국전쟁을 겪은 그는 90이라는 긴 생애만큼 다양한 면모를 지녔다. 언론인, 독립운동가, 서화가, 정치인으로 활동했는데, 일반인에는 서화가로 유명하다. 그는 금석문, 전서, 예서에 뛰어났으며 미술품 감정에도 조예가 깊었다. 학계는 그를 한국 근대 서화의 기초를 놓은 인물로 평가하고 있다.

오세창의 묘역은 한국 근현대 미술의 거목에는 미흡하다고 할 정도로 단출하다. 봉분 앞에 놓인 상석과 망주석, 그리고 비석이 전부다. 그러나 오석의 몸체에 옥개석을 얹은 비석은 서예의 대가임을 드러내기에 부족함이 없다.

먼저 비석 앞면에 쓴 '葦滄 吳世昌 墓'(위창 오세창 묘)라는 글씨가 아름답다. 서체는 고아古雅하면서도 기품이 있는 전서篆書이다. 글씨를 쓴 이는 일본으로 건너간 추사의 〈세한도〉를 찾아온 서예가 소전 손세형이다. 소전의 이 글씨만으로 오세창의 비석은 망우리공원 묘비 가운데 압권이다.

뒷면에는 오세창의 일생이 서술되어 있다. 본문의 글자 수는 263자. 길지 않은 글이다. 그럼에도 개화에 앞장섰고 독립선언 33인의 한 사람이었으며, 서예와 금석 고증에 일인자였다는 망자의 주요 이력이 일목요연하게 드러난다. 이처럼 구십의 생애를 원고지 1매 남짓한 글에 요약한다는 것은 쉬운 일이 아니다. 비문을 지은이는 《한국일보》 편집국장과 《서울신문》, 《조선일보》 주필을 역임한 언론인 전홍진이다. 핵심을 포착해 짧은 문장을 쓰는 데 능숙한 기자 출신이 아니라면 이런 글은 나오지 못했을 것이다.

비문의 글씨는 여초 김응현이 썼다. 여초는 현대 한국 서단을 대표하는 서예가로, 예서와 해서에 특출났다. 그는 한국의 전통 서체를 연구, 복원하는 일에도 앞장섰는데, 광개토왕비의 고예古隸를 본뜬 예서 작품으로 유명하다. 비문 글씨는 얼핏 평범해 보일 수 있다. 그러나 자세히 들여다보면 여초의 특기가 엿보인다. 여초는 한글과 한자를 혼용하면서 한글은 훈민정음체로, 한자는 육조체六朝體를 사용했다. 육조체에는 그가 생전에 즐겨 썼던 광개토왕비문 서체의 흔적이 배어난다. 망우리공원의 만해 한용운 비문도 여초의 필적이다.

이처럼 망우리공원의 비문에서 유명 인사들의 서체를 찾아보는 일도 즐거움의 하나다. 안창호 비석 역시 오세창의 비 못지않게 내로라하는 서예가들이 참여했다. 도산 비석의 앞면 전서는 손재형이 쓰고, 좌우 후면은 원곡 김기승이 썼다. 서예에 일가견이 있던 오세창은 사람들이 글씨를 부탁하면 주저하지 않고 써 준 일로 유명하다. 그는 '京西老姑山遷骨聚葬碑(경서노고산천골취장비)'의 제자 題字를 예서체로 쓴 것을 비롯하여 방정환 묘비 앞면의 '童心如仙(동심여선)', 설태희 묘비석의 전액 글씨 등 망우리공원 곳곳에 필적을 남겼다. 참고로 해방 후 반민특위 위원, 국회의원으로 활동한 이병홍의 묘비 글씨는 호방하기로 유명한 해공 신익희의 작품이며, 농학자이자 사회운동가인 유달영은 제자 이경숙의 비문을 짓고 글씨까지 썼다. [찬]

14

오재영
(吳哉泳, 1897~1948)

애국지사, 애족장

부산 출생. 부산 좌천동에서 인삼 상인을 하면서 독립운동에 힘썼다. 1919년 9월 제2차 독립운동 계획과 관련해 체포되어 징역 1개월, 1920년 9월 의열단원 박재혁의 부산경찰서 폭탄 투척 사건에 가담하여 징역 1년의 옥고를 치렀다.

비문

전면

海州吳公晙泳之墓(해주오공준영지묘)

후면

檀紀 四二八一年 七月 二十六日 卒(단기 4281년 7월 26일 졸)

嗣子 一根 枰 敬根(사자 일근 평 경근)

연보비

오재영 선생

(1897~1948 독립운동가)

강도 일본의 통치를 타도하고 우리 생활에 불합리한 일제 제도를 개조하여 인류로써 압박치 못하며 사회로써 사회를 박삭(剝削)[10]치 못하는 이상적 조선을 건설할지니라. - '의열단 선언' 중에서

해설

오재영의 다른 이름은 오택, 오준영 등이 있는데 묘비 이름은 오준영吳晙泳으로, 연보비와 보훈처 공훈록 등에는 오재영으로 되어 있다. 연보비의 글은 의열단의 〈조선혁명선언〉의 마지막 부분에 있는 내용이다. 의열단은 1919년 11월 9일 13명의 조

---

10 '착취'의 의미

선 청년이 중국 길림에서 결성했는데 21세의 김원봉이 단장으로 추대되었다. 단원은 엄격한 심사를 거쳐 뽑았고 사격과 폭탄 투척 연습, 무술연마 및 예절 교육까지 함양하여 깔끔한 국제신사의 이미지를 유지했다. 상해에 폭탄 제조소 12곳을 두었고 국내에도 조직망을 만들었다.

  1920년부터 국내로 잠입한 단원들은 연달아 주요 일제 기관에 폭탄을 던지는 의거를 감행했다. 1920~1926의 기간에 부산경찰서, 밀양경찰서, 조선총독부, 상해에서의 육군대장 다나카 기이치, 일본 황궁 앞, 종로경찰서, 동양척식회사 및 식산은행 등에 폭탄을 투척하거나 총격을 가했다. 부산경찰서 의거의 주인공 박재혁은 고서 판매상으로 위장하여 부산경찰서로 찾아갔다. 서장을 만난 자리에서 고서를 꺼내는 척하며 폭탄을 투척, 서장은 중상을 당하고 박재혁도 부상된 몸으로 체포되었다. 사형이 확정된 후 그는 단식으로 옥중에서 목숨을 끊었다. 박재혁에게는 1962년 독립장이 추서되었다.

  오재영은 부산상업학교(현 개성고) 동창인 박재혁, 최천택과 함께 의형제를 맺고 독립운동에도 뜻을 같이하여, 다른 동기 및 선후배와 함께 1914년 4월 일제에 맞서 조국을 구하자는 의미의 구세단을 비밀리에 조직하고 활동했다. 박재혁은 몇 년 후 상해로 가서 의열단에 가입하고 단장 김원봉의 밀명을 받고 부산경찰서장을 처단하기 위해 국내로 들어온 것이었다.

　오재영은 출옥 후 친구 박재혁을 기리는 활동뿐 아니라 나라를 위한 많은 일에 참여했다. 1924년 《시대일보》 부산지국을 경영하면서 친일적인 단체를 공격하는 운동을 벌였고, 1925년 《조선일보》 부산지국을 경영하며 낙동강 수해 복구에 앞장섰는가 하면, 1926년 농민을 위한 계몽운동을 벌이고, 1927년 신간회 부산지회가 만들어지자 주요 간부로 활동했다. 또한, 1929년 부산 대창동에서 노동자 숙박소를 설치하고 무료급식 봉사를 펼치기도 했다. 1931년 서울로 이사하여 활동하다 1941년 일경에 구속되었다.

　해방 후 오재영은 1946년 3월 1일 부산에서 박재혁 의사 추모회를 개최하고 동료와 함께 박재혁 추모비를 세우는 등 친구 박재혁 의사를 기리는 일에 앞장서고, 1948년 8월 22일 52세의 나이로 별세했다. 묘역은 2017년 국가의 등록문화유산으로 지정되어 국가유산청이 세운 안내판이 서 있다.

15

유관순
(柳寬順. 1902~1920)

애국지사, 대한민국장

유관순은 충남 목천군 이동면 지령리(지금의 천안시 병천면 용두리)에서 아버지 유중권과 어머니 이소제 사이의 3남 2녀 중 둘째 딸로 1902년 12월 16일 태어났다. 유관순 고향에는 1901년경 이미 교회가 들어섰을 정도로 마을 사람 대부분이 기독교도였다. 이러한 영향으로 유관순은 근대식 교육을 받았고 선교사의 추천으로 이화학당에 입학했다. 1919년 대한독립만세운동이 전국으로 퍼져 나갈 때 고향으로 돌아와 서울 소식을 전한 후 4월 1일 병천시장에서 아우내 만세운동을 주도했다. 검거되어 투옥 중에도 옥중만세운동을 벌였으나 오랫동안 계속된 고문과 영양실조로 18세의 나이로 순국했다.

이태원묘지무연분묘합장비

전면

梨泰院墓地無緣墳墓合葬碑(이태원묘지무연분묘합장비)

후면

昭和十一年 十二月 京城府(쇼와11년[1936] 12월 경성부)

새로 세운 비석

전면

유관순열사 분묘 합장 표지비

후면

유관순 열사는 1902년 12월 16일 충청남도 목천군 이동면 지령리(현주소: 충남 천안시 동남구 병천면 유관순생가길 18-2)에서 태어났다.

1919년 당시 이화학당 고등과 1학년인 유 열사는 3월 1일 파고다 공원, 3월 5일 남대문 역(현 서울역) 독립만세운동에 직접 참여하였다. 휴교령이 내려지자 고향으로 내려온 열사는 어른들과 독립만세운동을 협의하며 태극기를 손수 만들어 4월 1일 아우내 장터에서 3,000여 군중에게 나누어주고 시위를 주도하였다. 이때 유 열사의 부모를 포함 19명이 순국하였고 30여 명이 부상당하였다. 일본 헌병대에 주모자로 체포된 유 열사는 경성복심법원에서 3년형을 선고받고 서대문형무소에 수감되었어도 계속 독립만세를 부르다가 일제의 모진 고문으로 1920년 9월 28일 18세의 꽃다운 나이에 그토록 목마르게 기다리던 독립을 보지 못한 채 순국하였다.

1920년 10월 12일 이화학당에서 유 열사의 시신을 인도하여 10월 14일 정동교회에서 김종우 목사의 집례로 장례식을 거행한 후 이태원 공동묘지에 표석도 없이 안장되었다. 경성부가 이곳을 1935년부터 1936년 4월까지 망우리 공동묘지로 이장할 때 유 열사 묘를 포함 연고자가 없는 28,000여 분묘를 화장하여 이곳에 합장하고 위령비를 세웠다.
오늘 이곳에 3·1독립운동의 상징인 민족의 딸 유관순 열사 분묘합장 표지비를 세운다.

2018년 09월 07일

연보비

유관순 열사

(1902~1920 독립운동가)

내 손톱이 빠져나가고 내 귀와 코가 잘리고 내 손과 다리가 부러져도 그 고통은 이길 수 있사오나 나라를 잃어버린 그 고통만은 견딜 수가 없습니다. 나라에 바칠 목숨이 오직 하나밖에 없는 것만이 이 소녀의 유일한 슬픔입니다. - 유관순 열사의

마지막 유언

해설

망우리는 역사와 인연이 깊다. 무연분묘의 건너편 언덕에 〈유관순〉 노래를 지은 강소천의 묘가 있고, 뒤편 숲속에는 5인(혹은 6인이라고도 한다)의 결사대로 함께 서울의 3·1운동에 참가했던 이화학당 동기 김분옥(이화여전 교수, 해방 후 초대 여경국장)의 묘가 있다. 그 밖에 민족대표 33인 가운데 한용운, 오세창, 박희도를 비롯해 3·1운동에 참가한 인물이 적지 않을 터이니, 열사의 혼을 모시는 장소로 여기보다 적절한 곳은 없을 것이다.

망우리공원 관리사무소를 지나 산책로 왼쪽으로 50미터를 지나면 '이태원합장비'와 '유관순열사'가 추가된 밤색 표지판이 있다. 왼쪽으로 약 10미터 아래로 내려가면 '이태원묘지무연고분묘합장비'라는 비석이 서 있고 그 앞에 네모난 무덤이 있다. 이곳이 유관순 열사의 유해가 묻힌 곳이다.

이화학당 고등과 1년생 유관순은 만세운동의 정국에 '5인 결사대'를 조직하고 시위에 참가했다. 일제가 휴교령을 내리자 고향인 천안으로 내려가 교회와 청신학교를 찾아다니며 서울의 독립만세 시위를 설명하고, 4월 1일(음 3월 1일) 아우내장

터에서 만세운동을 주도하다 붙잡혀 공주지방법원에서 징역 3년 형을 언도받았다. 유관순은 이에 불복해 서울로 압송돼 징역 7년 형을 선고받고 서대문형무소에 수감되었다.

옥중에서 감방 동기들과 삼일절 1주기를 맞아 만세운동을 펼친 유관순은 가혹한 고문으로 몸은 성한 곳이 없었고 심각한 영양실조 상태에 빠졌다. 그해 4월 대한제국 영친왕의 결혼 특사로 1년 2개월로 형량이 줄었지만, 유관순은 결국 햇빛을 보지 못하고 수감 1년 만에 옥중에서 최후를 맞았다. 1920년 9월 28일, 그때 나이가 18세였다.

일제는 유관순의 시신 인도 요구를 거부했다. 해외 언론에 사망 소식을 알리겠다는 이화학당 월터Miss Jeanette Walter 교장의 항의에 일경은 마지못해 "장례를 조용히 치러야 한다"라는 조건으로 10월 12일 시신을 인도했다. 이틀 뒤 10월 14일, 정동교회 김종우 목사의 집례로 조촐한 장례가 치러졌고, 유관순은 이태원 공동묘지에 묻혔다.

훗날 일제는 군부지와 택지 개발을 위해 이태원 공동묘지를 없애면서, 그곳에 있던 무연고 분묘 28,000여 기를 화장해 1936년 망우리공동묘지로 옮겨 합장하고, 1936년 4월 8일 '이태원묘지무연분묘합장비'를 세웠다. 따라서 망우리는 유관순 고향의 초혼묘招魂墓와 달리 유관순의 숨결을 느낄 수 있는 유일한 곳이다. 이러한 사연을 김영식 작가(『망우역사문화공원 101인』의 저자)가 책을 통해 알렸고 2018년 9월 7일 11시, 유관순기념사업회 등 관련 단체는 '유관순열사분묘합장표지비'를 세워 유관순의 망우리 안장을 인정했다. 그럼으로써 마침내 이화여고, 아우내장터, 서대문형무소, 이태원에 이어 망우리까지 한 고리로 유관순은 연결됐다. 유관순은 순국 후 20년이 지난 1951년에야 순국열사로 인정됐고, 또 10년 뒤인 1962년 건국훈장 독립장 추서, 2019년 삼일운동 100주년을 맞아 건국훈장 대한민국장을 추가로 추서했다.

필자는 최근 서대문형무소역사관에서 유관순이 있던 여옥사 8호실에 들어가 봤다. 3·1운동 1년 후인 1920년 3월 1일 만세를 선창해 옆방의 수감자들 모두 대한독립 만세를 외쳤던 그 방에서 유관순이 죽기 전에 우러러봤을 쇠창살 밖의 하늘을 한참 바라보았다. [수]

유상규

(劉相奎, 1897~1936)

의사·애국지사, 애족장

평북 강계 출생. 경신고를 거쳐 1916년 경성의전 1기생으로 입학, 3·1운동에 참여하고 상해로 망명해 임시정부 도산 안창호의 비서로 활동했다. 도산이 임시정부를 떠나자 귀국하여 경성의전에 복학, 1927년 졸업한 후 경성의전 강사 및 부속병원 의사로 근무하면서 의학계몽의 글을 쓰고 조선의사회 창립에도 주도적으로 관여했으며 수양동우회의 핵심으로 활동을 지속했다.

비문

전면

愛國志士江陵劉公諱相奎(애국지사강릉유공휘상규)

配 儒人 淸州 李氏之墓(배 유인 청주 이씨지묘)

후면

公(공)은 一九一九年(1919년) 三一運動(31운동) 後(후) 京城醫學專門學校(경성의학전문학교) 學業(학업) 中斷(중단)하고 上海(상해) 臨時政府(임시정부) 交通局(교통국) 및 國務總理(국무총리) 島山(도산) 安昌浩(안창호) 祕書(비서) 勤務(근무) 一九二O年(1920년) 興士團(흥사단) 入團(입단) 活動(활동)함 "人材(인재)가 必要(필요)한 民族(민족)이니 故國(고국)에 돌아가 學業(학업)을 마치라"는 島山(도산)의 勸告(권고)로 一九二四年(1924년) 歸國(귀국) 復學(복학)하고 修養同盟會(수양동맹회), 同友會(동우회)에서 獨立運動(독립운동)을 繼續(계속)함 一九二七年(1927년) 京醫專(경의전) 修了(수료) 後(후) 同(동) 外科(외과) 講師(강사) 勤務(근무) 중 卒(졸) 當(당) 四十也(40야).

一九九O年(1990년) 八月(8월) 十五日(15일) 建國勳章(건국훈장) 愛族章(애족장) 追敍(추서)

子(자)	翁燮(옹섭)	孫(손)	松旼(송민)			
子婦(자부)	朴安鎬(박안호)		榮杉(영삼)			
子(자)	宗燮(종섭)	孫女(손녀)	秀姜(수강)	曾孫(증손)	진수(鎭秀)

一九九0年 九月 日 立(1990년 9월 일 입)

좌면

公 丁酉 十一月 十日 生於平北 江界 丙子 七月 十八日 卒於서울

(공 정유 11월 10일생 평북 강계 병자 7월 18일 졸 서울)

우면

配 癸卯 九月 二十六日 生於平北 江界 庚午 一月 二十二日 卒於서울

(배 계묘 9월 26일생 평북 강계 경오 1월 22일 졸 서울)

연보비

유상규 선생

(1897~1936 독립운동가)

도산의 우정을 그대로 배운 사람이 있었으니 그것은 유상규였다. 유상규는 상해에서 도산을 위하여 도산의 아들 모양으로 헌신적으로 힘을 썼다. 그는 귀국하여 경성의학전문학교 강사로 의과에 있는 동안 사퇴(仕退) 후의 모든 시간을 남을 돕기에 바쳤다. - '도산 안창호' (흥사단 발행) 중에서

해설

망우리공원에서 가장 감동적인 스토리를 전해주는 장소가 바로 도산 안창호와 제자 태허 유상규의 묘소가 있는 곳이다. 도산은 임종 전의 유언으로 고향 선산이 아닌 망우리 유상규 옆으로 왔다.

유상규는 1912년 단신으로 상경하여 경신학교에 입학, 1916년 3월 경신학교를 11회로 졸업하고 경성의전(서울의대) 1기생으로 입학했다. 경성의전을 수석으로 졸업했으며, 백병원 설립자인 백인제는 입학 동기로 태허의 사촌 여동생과 결혼해 사돈간이고 흥사단 활동도 함께한 친우이다. 3·1운동 후 독일로 망명한 이미륵(2기생) 역시 유상규와 친했는데, 이미륵의 저서 『압록강은 흐른다』의 전반부에는 '상규'가 이미륵을 은밀히 불러내어 거사 참여를 권유한 내용이 나온다.

3학년이 끝나가는 1919년 3월 1일[11], 이미륵의 증언처럼 태허는 주도적으로 시위에 참여했으나 체포를 피해 상해로 망명했기에 경찰의 조서에 독립운동의 기록이 나타나지 않는다. 이는 애국지사 서훈이 늦어진 이유의 하나가 되었다.

---

11   당시는 4월 1일이 새 학년의 시작이었다.

상해 임시정부에서 도산과 숙식을 함께하는 수행비서로 활동하며 도산과는 부자와 같은 정을 나눴다. 도산이 임정에서 물러나자 유상규도 고국에 돌아와 다시 경성의전에 복학하여 동기들보다 7년 늦게 졸업하고 경성의전 강사 및 부속병원 의사로 의학을 통한 민족계몽운동을 펼쳤다. '조선의사회' 창립 모임에서 사회를 맡는 등 주도적으로 나섰고 수양동우회 활동에도 깊이 관여했으나 1936년 40세의 나이에 병사했다.

도산은 1938년 서거하며 유언으로 유상규의 옆으로 가기를 원했다. 결국 유언과 같이 도산은 유상규의 바로 위로 들어왔으나 1973년 도산은 강남으로 이장되고 유상규만 외롭게 남은 상태였다. 도산의 유언에 관한 자료를 뒤늦게 찾은 유상규의 아들 유옹섭(2014년 작고) 씨는 도산공원으로의 이장을 원했으나 이루어지지 못했다. 유옹섭 씨는 부친의 묘를 벌초하며 도산의 묘터도 함께 관리했고 부친의 유고를 정리해 『태허 유상규-도산 안창호의 길을 간 외과의사』를 출간한 바 있다.

유옹섭 씨의 유지를 이어받은 김영식 작가가 도산공원 내에 사용되지 않는 옛 비석을 망우리로 옮겨 달라고 서울시에 청원한 결과, 서울시설공단, 한국내셔널트러스트, 흥사단, 도산기념사업회가 함께 옛 비석을 2016년 3월 1일 다시 원래 자리로 이전하고 제막식을 거행했다.

이병홍
(李炳洪, 1891~1955)

국회의원·독립지사

경남 산청 출신. 서울 오성학교를 졸업했고 한문을 수학하다가 3·1운동에 참가한 후 중국으로 망명해 임시정부에서 일하고 해방 후 제헌국회 총선에 무소속으로 출마했지만 낙선했다. 1949년 반민족행위특별조사위원회에 참여해 조사1부장으로 활동했다. 소설가 이광수를 심문했고 친일활동을 한 최린과 일제고등계 형사 등을 체포했다. 반민특위가 해산된 후 1950년 2대 및 1954년 3대 국회의원에 당선되었다.

비문

전면

民議院議員玄圃李炳洪之墓(민의원의원현포이병홍지묘)

후면

檀紀 四千二百八十八年 十月 二十日(단기 사천이백팔십팔년 시월 이십일)

同志 一同 建立(동지 일동 건립)

海公 申翼熙 書(해공 신익희 서)

해설

묘소는 중랑망우공간에서 용마산 방향으로 나아가면 중랑전망대를 지나 나타나는 화장실의 우측 바로 위에 있다. 비석에 글이 많지 않으나 비문의 글씨를 쓴 이가 해공 신익희이다. 명필로도 유명한 해공의 글씨를 볼 수 있는 망우리 내 유일한 장소이다. 해공의 글씨는 마치 호랑이가 날아오르는 듯한 느낌을 주고 후면의 동지 일동이라는 단어에 가슴이 뜨거워진다. 국회의원 동지이기도 하지만 상해에서 독립운동을 함께한 동지라는 뜻도 담겨 있을 것이다.

그는 고종이 승하하자 곧바로 서울로 달려가 3·1운동에 참여하고 '독립선언서'를 바지 댓님 속에 감추고 진주로 돌아와 강재순에게 전달, 강재순은 이를 인쇄하여 진주 3·1운동을 이끌었다. 이어 이병홍은 고향 산청군에서의 시위를 지도한 후 일경을 피해 중국으로 망명, 상해 임정 요인을 만나 산청군의 조사원 및 자금조달역을 지시받고 귀국하여 활동했다.

해방 후에는 반민특위의 선봉장격인 조사1부장으로 활약했다. 1950년 5월 30일 제2대 국회의원 선거에 경남 산청에서 무소속으로 당선된 후 민국당(신익희, 김성수 등)에 입당하고 탄핵재판소의 헌법심판관, 사회보건위원으로도 활동했다. 이어서 1954년 제3대 총선에도 무소속으로 당선되어 무소속구락부의 대표간사, 농림위원으로 활발한 의정 활동을 벌였다.

평소 청렴 강직하며 실천력이 강한 인물이라는 평을 받던 이병홍 의원은, 1955년 10월, 이틀 연속으로 농림분과위원회에서 협동조합 문제로 밤을 새우다시피 격렬한 논전을 전개하고 16일 삼청동 집에 돌아와 양복을 입은 그대로 잠이 든 후 17일 새벽 심장마비로 급서했다. 향년 64세. 10월 19일 국회의사당 앞 광장에서 이기붕 국회의장이 장의위원장이 되어 국회의원장으로 엄숙히 거행되고 이곳 망우리에 묻혔다.

민의원 부의장 곽상훈은 이병홍에 대한 회고에서 "지조가 굳어서 정사의 유혹에 좌우됨이 없었고 청렴하여서 탐욕이 없었고 실행에 있어 열성적인 인물이었다. 그러므로 사생활에 있어서는 지극히 빈곤했다. 이 빈곤이 그의 사거死去의 주된 원인의 하나일 것이다"라고 했다. 남파 박찬익처럼, 자신의 이름을 팔지 않는 진정한 지사의 모습을 그에게서도 찾을 수 있다. 그러한 이병홍의 지조와 열성이 신익희의 글씨로 인해 생생하게 전해지는 듯하다.

이병홍은 독립운동의 행적이 사료에 보이지만 아직 애국지사의 서훈을 받지 못했다. 고향에도 유족이 없다고 한다.

18

이영학
(李英學 1904~1955)
기자·사업가·독립지사

평북 선천 출생. 오산학교를 졸업하고 중국 금릉대학에서 수학한 후 황해 재령의 명신학교 교사를 지냈다. 사업가로 활동하는 한편,《동아일보》선천지국장을 지내며 부친 이창석과 함께 지역의 언론, 교육, 문화, 체육 분야에서 크게 공헌했다. 1937년 수양동우회 사건으로 옥고를 치렀고 해방 후 건국준비위원회와 한민당 발기인으로 참여했다.

비문 _____

전면

香山李英學先生之墓(향산이영학선생지묘)

후면

선생은 단기 4237년(1904) 3월 24일에 평안북도 선천군 선천면 창신동에서 나서 실업계와 사회사업에 허다한 공적을 남기고 4288년(1955) 11월 10일(양력 12월 10일)에 부천군 소사읍 오류리에서 별세하다. 단기 4289년(1956) 8월 추석 동지 일동.

해설

누가 썼는지 기재가 없지만, 비문의 전서체 글씨가 아름답다. 후손도 없어 묘지 관리자로 조카의 이름이 있으나 연락이 되지 않고 오랫동안 관리가 되지 않은 상태에서 2018년 내셔널트러스트의 김금호 국장이 발견하고 김영식 작가가 책에 실어 세상에 알렸다.

도산의 바로 뒤편에 있어 그를 비롯한 많은 흥사단원이 사후에도 도산의 주위에서 영면하고 있다. 도산의 우측에 조카 김봉성, 아래에 비서 유상규가 있고, 좀 떨어져서 문명훤, 조종완, 나우, 김기만 등이 있고, 경제학자 허연도 망우리 도산

선생의 발치에 묻어달라는 유언으로 망우리로 들어왔다.

이영학은 평북 선천에서 《동아일보》 지국장을 하며 부친 이창석과 함께 선천 지역에서 교육, 문화, 체육 활동에 많은 공적을 남겼다. 1931년 8월 대동강에서 열린 동우회의 수양회 사진 속 28명에 속할 정도로 수양동우회의 주요 멤버였다.

해방 후에는 건국준비위원회(위원장 여운형)의 제1회 위원회 개최를 위한 초청장 발송(135인)에 오세창을 비롯한 135명 중의 한 사람으로 이름을 올렸고, 다른 많은 동우회원과 함께 한민당 발기인으로 참여했다. 이후 남북의 분단으로 이북에서 고초를 겪다가 1·4 후퇴 시에 월남한 후 이렇다 할 사회활동 없이 지내다가 심장마비로 오류동 자택에서 1955년 12월 10일 영면했다.

1937년 수양동우회 사건 때 체포되어 1년 이상의 옥고를 치렀다는 사실을 근거로 중랑구청은 보훈처에 애국지사 서훈을 신청했으나 수양동우회 사건 이후의 행적을 알 수 없다는 이유로 통과하지 못했다. 이광수를 비롯한 많은 회원이 사건 이후에 변절하거나 침묵을 지켰기에 그 사건만으로는 애국지사의 자격이 부족한 듯하다. 더구나 이영학의 호 '향산'은 이광수의 창씨개명 후의 성 가야마香山와 같다.

이탁
(李鐸, 1898~1967)
국어학자·애국지사, 애국장

호는 명재命齋. 경기도 양평 출생. 한글학자 이갑李鉀의 형. 1916년 경신학교에서 장지영에게 조선어문법을 배웠다. 3·1운동 후 만주로 가서 김좌진의 북로군정서 사관연성소를 1920년 졸업하고 청산리 전투에 소대장으로 참전했다. 1924년 9월 『신단민사』서적 보급 사건으로 체포되어 1926년 12월 석방되었다. 귀향 후에 농사를 지으며 조선어학회 회원으로 맞춤법 통일안 제정 등에 참가했다. 해방 후 서울대 사범대에서 국어학 교수를 지냈다.

비문

전면

命齋慶州李鐸先生之墓(명재경주이탁선생지묘)

후면

여기 젊음을 독립군에 불사르시고 남은 생을 오로지 교육과 연구에 바치신 지사적 학자가 고이 누워 계시다. 선생은 경기 양평 용문산의 정기를 받아 한말의 풍운 속에 소년 시절을 보내시고 잃은 나라 되찾으러 온 겨레 일어선 기미의 해 약관의 몸으로 북로군정서의 사관생도가 되사 청산리 전역에 참가 이 년 여의 옥고를 겪으시고 이후 한글학회, 정주 오산학교, 서울 사대에서 국어학 연구와 후진 양성에 몸 바치시다가 뜻하신 바 다 이루지 못하시고 세상을 뜨시었다. 고고하신 생애에 빙탄불용[12]의 엄하심이 있으시고 독창성에 차신 학풍은 후지자운(後之子雲)[13]을 기약하시던 뜻 길이 받잡고자 오늘 이 주기를

---

12 빙탄불용(氷炭不容): 얼음과 숯은 어울리지 못한다는 뜻으로 애국자와 간신은 함께할 수 없다, 또는 불의와 타협하지 않는다는 의미이다.
13 자운(子雲)은 한나라 때 학자 양웅(揚雄)의 자(字)이다. 양웅은 자신의 저서 『태현경(太玄經)』을 당대의 사람들이 알아주지 않자 "후세에 자운을 기다린다"고 말했다. 비문에서도 이런 뜻으로 쓰인 듯하다.

맞이하여 여기 조찰히[14] 몇 자 새기어 삼가 세우다.

서기 一九六九年 四月 二十四日 (1969년 4월 24일)
서울대학교 사범대학 국어과 문하생 일동

좌면

西紀一八九八年 戊戌 六月 初二日 生(서기 1898년 무술 6월 초2일 생)

西紀一九六七年 丁未 四月 二十四日 卒(서기 1967년 정미 4월 24일 졸)

子 澈(자 철) 女 英淑(녀 영숙)

孫 敬桓 命桓 文桓 振桓 秀桓(손 경환 명환 문환 진환 수환)

우면

萬里天涯一擧頭 雲山漠漠路悠悠 (만리천애일거두 운산막막로유유)

一窓寒月家鄕夢 萬葉秋聲異域愁 (일창한월가향몽 만엽추성이역수)

報國未報平日志 離親德切暮年憂 (보국미보평일지 이친덕절모년우)

仰天長訴天無語 獨坐中宵淚暗流 (앙천장소천무어 독좌중초누암류)

一九二一年 辛酉 (1921년 신유)

....

14   맑고 그윽하게

敦化 遺作 (돈화 유작)

(번역문)

만 리 밖 하늘가에서 한 번 머리를 들어 보니,

구름 낀 산 아득해 길은 멀고도 머네.

창문 밖 차가운 달빛에 고향집 꿈꾸니,

무성한 잎 가을 소리에 타국 땅에서 시름 깊어라.

평소에 뜻한 나라에 대한 보답을 아직 갚지 못해

어버이 은혜를 떠나 늙으신 부모님께 걱정만 끼치네.

하늘을 우러러 길게 하소연해도 하늘은 말이 없어,

한밤중에 홀로 앉아 남몰래 눈물 흘리네.

1921년 신유년

둔화(연변 둔화시)에서 지은 유작

해설

한자까지 똑같은 동명이인으로 독립장을 받은 애국지사 동우 이탁(1889~1930)이 따로 있다. 독립군 출신으로 드물게 서울대 교수를 지냈다. 1992년 대전현충원으로 이장되었고 망우리에는 비석이 남아 있다.

이 자리는 사가정역에서 올라오면 소위 '깔딱고개'로 불리는 능선 바로 아래 장소로, 우측으로 용마산 가는 길이 연결된다. 과거에는 막걸리를 파는 좌판이 비석 앞에 펼쳐져 있어 망우리공원 조사 때 가끔 들러 목을 축였다. 도시 정비로 시내에 포장마차가 없어지듯 여기도 역사문화공원 정비로 인해 어느 날 사라졌다.

망우리에 묘와 비석이 있는 박현식(1894~1954), 비석만 남은 신명균(1889~1941)과 더불어 망우리에 잠든 3인의 조선어학회 회원 중 한 명이다. 조선어학회는 1930년 12월 12일 맞춤법통일안 제정을 총회에서 결의하고 1933년 10월 19일 임시총회에서 맞춤법통일안을 통과시켰을 때, 작성위원 18인 중에 이탁, 박현식, 신명균이 참여했다. 3인이 망우리공원에 존재하니 비율로 약 17%(3/18)나 된다. 또한 한글 연구나 사전 편찬에 관여한 지석영, 박승빈, 방정환, 박희도, 설태희, 설원식 등도 가까이에 있어 망우리공원은 한글의 성지로서도 조명을 받는다. 자세한 내용은 『망우리 사잇길에서』(김영식, 2023) 안에 「한글의 선구자들이 모여 있다」라는 꼭지에 적혀 있다. 이탁의 서울사대 제자로 한국체육대학 교수를 지낸 정진권(1935~2019)은 《경향신문》(1983.09.12.)에서 〈청산리의 기개로 사시던 국어학 교수〉라는 제목으로 스승 이탁을 아래와 같이 회고했다.

"선생은 고대의 언어를 연구해 보면 우리 문화가 중국으로 건너간 자취를 많이 찾아볼 수 있다는 말씀과 함께 그 증거를 구체적으로 제시해 주셨다. 없는 일을 꾸미는 것도 잘못이지만 있는 일을 못 찾는 것도 잘못이 아니겠는가 하는 말이 지금도 귓가에 들리는 것 같다."

『신단민사』에서는 만주에 존재했던 모든 민족, 즉 거란족(요), 여진족(금), 만주족(청) 등의 동이족을 모두 단군의 후예로 보고 있다고 하니, 위의 말은 비문에서 '독창성에 차신 학풍'으로 표현된 듯하다. 글의 마지막에 정 교수는 이탁 선생이 독립운동을 위해 만주로 떠나기 전에 남긴 한시를 번역하여 소개했다.

國中鎭岳是龍門 天命我生山下村
邪說僞言辨歸正 絶文沒死闡還存
百魔侵伐寧移志 萬劫經遷不變魂
一片丹心惟此願 死生苦樂豈須論

나는 안다 내가 태어난 곳이 어딘가를

서울을 지키는 큰 뫼 용문산 아래다

세상의 온갖 거짓을 바로 가리고

끊긴 문화와 역사를 밝혀 잇겠노라

백마가 괴롭힌들 이 뜻 고치며

만겁이 지난들 이 넋 변하랴

오, 일편단심 이 하나뿐

사생고락을 어찌 말하랴 (정진권 역)

한용운
(韓龍雲, 1879~1944)

승려·문학인·애국지사, 대한민국장

충남 홍성 출생. 1896년 출가하여 1913년 한국 불교의 개혁을 주장한 『조선불교유신론』을, 1918년 불교 잡지《유심》을 발간했다. 3·1운동 때 민족대표 33인 중 불교계 대표로 참여하고 독립선언서의 〈공약삼장〉을 썼다. 1924년 불교청년회 총재, 1927년 신간회 경성지회장을 역임했으며 1926년 시집 『님의 침묵』을 발간했다. 정부는 1962년 건국훈장 대한민국장을 수여하고 2012년 묘역을 국가등록문화유산으로 지정했다.

비문

전면

萬海韓龍雲先生墓(만해한용운선생묘)

夫人兪氏在右(부인유씨재우)

후면

略傳(약전), 四二一二年(4212년) 己卯(기묘) 八月 二十九日(陰七月十二日)(8월 29일(음7월12일)) 忠南(충남) 洪城郡(홍성군) 結城面(결성면) 城谷里(성곡리) 韓應俊(한응준)의 次男(차남)으로 出生(출생). 本貫(본관)은 淸州(청주). 母(모)는 溫陽 方氏(온양 방씨), 四二二〇年(4204년) 鄕塾(향숙)에서 經史(경사)를 修學(수학), 四二三八年(4239년) 百潭寺(백담사) 蓮谷和尙(연곡화상)에게서 得度(득도), 四二四三年(4243년) 韓日佛敎同盟條約(한일불교동맹조약)을 粉碎撤廢(분쇄철폐), 四二四四年(4243년) 滿洲(만주)에 亡命(망명) 獨立運動(독립운동), 四二四六年(4246년) 朝鮮佛敎維新論(조선불교유신론)을 發行(발행), 四二四七年(4274년) 佛敎大典(불교대전)을 發行(발행), 四二五〇年(4250년) 精選講義菜根譚(정선강의채근담)을 發行(발행), 四二五〇年(4250년) 十二月(12월) 五歲菴(오세암)에서 禪定中 悟道(선정중 오도), 四二五一年(4251년) 月刊敎養雜誌 惟心(월간교양잡지 유심)을 創刊(창간), 四二五二年(4252년) 三·一運動(3·1운동)을 先導(선도)하고 行動綱領(행동강령)으로 公約三章(공약삼장)을 公表(공표), 獄中(옥중)에서 獨立(독립)의 所信(소신)을 長文(문장)으로 發表(발표) 三年刑(3년형)을 받음, 四二五六年(4256

년) 民立大學 設立運動(민립대학 설립운동)을 支援(지원), 四二五七年(4257년) 朝鮮佛敎靑年會(조선불교청년회)를 組織(조직)하고 總裁(총재)에 就任(취임), 四二五九年(4259년) 十玄談註解(십현담주해) 및 님의 沈黙(침묵)을 四二六四年(4264년) 佛敎誌(불교지)를 引受(인수) 編輯發行人(편집발행인) 就任(취임), 四二六六年(4266년) 城北洞(성북동)에 尋牛莊(심우장)을 建築(건축)하고 黑風(흑풍) 等(등)의 小說(소설)과 多數(다수)의 文章(문장)을 發表(발표). 四二七六年(4276년) 朝鮮人學兵志願(조선인학병지원)을 反對(반대). 四二七七年 六月 二十九日(陰 五月 九日)(4277년 6월 29일(음 5월 9일)) 尋牛莊(심우장)에서 入寂(입적) 世壽(세수) 六十六(66) 法臘(법랍) 三十九(39), 四二九五年(4295년) 大韓民國 建國勳章 大韓民國章(대한민국 건국훈장 대한민국장) 授與(수여), 萬海思想硏究會(만해사상연구회) 識(지)[15], 安東 金膺顯 書(안동 김응현 서)

(번역문)

약전, 4212년(1879년) 기묘 8월 29일(음 7월 20일) 충남 홍성군 결성면 성곡리 한응준의 차남으로 태어났다. 본관은 청주이

---

15 '識'의 뜻과 음으로는 '알 식', '적을 지' 등이 있으나 여기서는 비문에 기록을 남긴다는 뜻으로 '지'로 읽는다.

고 어머니는 온양 방씨이다. 4220년(1887년) 향숙(鄕塾. 서당)에서 경사(經史. 경서와 사기)를 공부했다. 4238년(1905년) 출가하여 백담사에서 연곡 스님을 스승으로 삼아 승려가 되었고, 단기 4243년(서기 1910년) 일제가 조선 불교를 장악하기 위해 추진한 한일불교동맹 조약에 반대하고 철폐에 앞장섰다. 4244년(1911년) 만주로 망명해 독립운동을 전개했다. 4246년(1913년)『조선불교유신론』을 발행했고, 이듬해인 4247년(1914년)『불교대전』을 발행했다. 4250년(1917년) 우리나라 실정에 맞게 저술한『정선강의 채근담』을 신문관에서 발행했다. 4250년(1917년) 12월 설악산 오세암에서 선정(禪定)수행 중 바람에 나뭇잎 떨어지는 소리를 듣고 깨달음을 얻었고, 이때 지은 시가 바로 유명한〈오도송(悟道頌)〉이다. 4251년(1918년) 월간교양잡지《유심》을 창간했으며, 4252년(1919년) 3·1운동을 선도하고 행동강령으로〈공약삼장〉을 공표했다. 옥중에서 독립의 소신을 적은〈조선독립에 대한 감상의 개요(=조선독립의 서)〉를 작성해 3년 형을 받았다. 4256년(1923년) 이상재, 이승훈 등과 함께 조선 민립 대학 기성회를 창립하고 상무위원으로 활동하며 민립대학 설립을 위해 노력했다. 4257년(1924년) 조선불교청년회를 조직하고 총재에 취임했다. 4259년(1926년)『십현담주해(十玄談註解)』와『님의 침묵』을 발간했고, 4264년(1931년) 잡지《불교》를 인수해 편집발행인으로 취임했다. 4266년(1933년) 성북동에 심우장(尋牛莊)을 짓고 〈흑풍(黑風)〉 등의 소설과 다수의 문장을 발표했다. 4276년(1943년) 조선학병지원을 반대했고, 4277년(1944년) 6월 29일(음 5월 9일) 심우장에서 입적(入寂)했으니 세수(世壽) 66세, 법랍(法臘) 39년이다. 4295년(1962년) 대한민국 건국훈장 대한민국장을 수여했다. 만해사상연구회에서 글을 짓고(識), 본이 안동(安東)인 김응현(金膺鉉)이 글씨(書)를 썼다.

우면

檀紀四三一四年辛酉十二月 日 立(단기4314년 신유 12월 일 세움)
萬海思想硏究會(만해사상연구회)
遺族 鄭宅根 韓英淑(유족 정택근 한영숙)

연보비

萬海(만해) 한용운 선생
(1879~1941 독립운동가)

한 민족이 다른 민족의 간섭을 받지 않으려는 것은 인류가 공통으로 가진 본성으로써, 이 같은 본성은 남이 꺾을 수 없는 것이며 또한 스스로 자기 민족의 자존성을 억제하려 하여도 되지 않는 것이다. - '조선독립에 대한 감상' 중에서

해설

만해 한용운의 묘역은 관리사무소에서 순환로 구리시 방향 왼쪽 길을 따라 올라가다 보면 동락천 약수터와 방정환 묘역을 조금 지나 오른쪽 계단으로 오르면 보인다. 무덤 입구에는 표지석과 등록문화유산 안내판이 있고 입구 건너편에 연보비가 있다.

묘역에는 2기의 무덤과 1기의 비석이 있는데, 비석 전면에는 '만해 한용운 선생묘'와 '부인 유씨 재우在右'라 적었다. 보편적으로 아내는 부우祔右, 즉 우측보다는 부좌祔左, 즉 좌측에 두는 것이 보편적이다. 위치가 바뀌어 나이 든 사람들은 종종 부인의 무덤을 만해의 무덤으로 착각하는 경우가 많고, 부인의 이름을 재우로 읽는 이들도 있다.

비문은 1981년 12월에 만해사상연구회가 지었고, 글씨는 여초 김응현의 작품이다. 만해 묘역은 이장될 위기에 처하기도 했다.

만해 탄생 100주년(1979년)을 맞아 묘역을 잘 돌보지 못하는

망우리보다 현충원으로 옮겨야 한다는 여론이 높았다. 이때 딸 한영숙과 만해사상연구소에서는 망우리에 존치하고 상석과 비석을 세우고 묘역을 정비하자는 의견을 모았다. 이때 발기인은 강석주 스님, 김관호, 조종현, 김용구, 송욱, 정택근 등이다.

이때 만해의 비문은 주요 경력을 간추려 550자로 정리하기로 해 문구는 완성됐다. 문제는 글씨를 누가 쓰느냐 설왕설래하다가 김관호가 여초 김응현을 추천했다. 비용은 당시 200만 원 정도 소요됐는데, 보훈처에서 100만 원, 유족이 50만 원, 연구소에서 나머지를 부담했다. 1979년 12월 30일 상석과 비석은 제자리를 잡았다. 제막식은 다음해 1980년 3월 1일에 거행해 오늘에 이른다.

만해는 절이 산에서 내려와야 하고 수행자에게 결혼을 허락해야 한다고 주장했다. 그리고 본인도 유숙원과 재혼을 했다. 만해를 따르던 청년 조종현은 만해의 뜻에 감화돼 스스로 대처승이 되고 소설가 조정래를 낳았다. 또한 만해는 한 나라로서 제대로 행세를 하려면 적어도 인구는 1억쯤은 되어야 한다고 주장했다. 인구가 많을수록 먹고 사는 방도가 생기는 법이며, 우리 인구가 일본보다 적은 것도 수모의 하나이니, 우리 민족은 장래에는 1억의 인구를 가져야 한다고 덧붙였다. 지금도 이 인구론은 그대로 상통되고 있으니 만해의 혜안은 대단하다고 볼 수 있다.

만해는 두 번 장가를 갔다. 첫째 부인은 조혼 풍습에 따라 14세에 만난 전정숙이고, 둘 사이에는 한보국이 있다. 한보국은 고향인 홍성에서 사회주의 운동을 하다가 한국전쟁 때 월북했다. 월북한 보국은 슬하에 2남 5녀를 두었으나 아들 1명은 어려서 요절했다. 보국의 다른 부인은 1960년대 무렵 인천에 살고 있던 것으로 알려져 있다. 한편, 만해는 승려 생활 도중인 1931년, 53세의 나이로 21세 연하의 유숙원과 혼인하여 대처승이 되었는데 슬하에 딸 한영숙이 있다. 최근에는 따님의 아들, 즉 외손자가 조부의 행사에 대표로 참석하고 있다.

[수]

21 13도창의군탑

비문

동대문 밖 30리 이 언저리는 한일의병의 구국혼이 어리어 있는 곳이다. 일제에게 군대마저 강제해산되어 민족사가 끊어지려는 위기에 전국 의병이 서울로 진격하여 통감부를 격파하고 국권을 회복하고자 1907년 11월 경기 양주땅에 집결했다. 48진 1만여 명에 이르는 의병은 13도창의대진소를 설립하고 총대장에 이인영을, 군사장에 허위를 추대했다. 다음 해 1월 허위는 3백 명의 선봉결사대를 이끌고 서울로 진격하다 이곳에서 일본군과 혈전을 벌였으나 후속부대의 도착이 늦어 중과부적으로 퇴진하지 않을 수 없었다. 그 후 허위는 임진강을 근거지로 서울을 공격했으며 전국에서 의병전쟁이 더욱 치열하여졌다. 비록 서울을 탈환하지는 못했으나 민족의 독립과 자유를 쟁취하려는 연합의병들의 그 큰 뜻은 길이 빛나고 있다.
1991년 8월 15일 동아일보사

해설

1905년 을사늑약으로 조선의 외교권을 박탈한 일제는 1907년 들어 조선에 대한 침탈을 본격화했다. 이해 일제는 헤이그특사파견을 트집 잡아 고종을 퇴위시킨 뒤 정미7조약을 체결하여 일본인들을 대한제국 관리로 임명했다. 또 군대해산령을 내려 대한제국의 방위력을 없앴으며, '광무신문지법'으로 조선의 언론을 통제했다.

이러한 일제 침탈은 의병항쟁의 확대를 가져왔다. 해산된 군인들이 의병에 합류하면서 의병부대의 무기와 전술이 크게 향상되었다. 또한 당시 의병부대의 가장 큰 변화는 경기, 강원, 충청, 황해도의 의병들을 아우르는 전국 단위의 의병부대, 곧 13도창의대진소의 결성이었다. 13도 창의대진소의 목표는 서울을 공격해 일제 통감부를 격파하고, 일제와 맺은 조약들을 파기한다는 것이었다. 서울 진공작전에서 혈투가 벌어진 곳은 지금의 서울 중랑구 망우리 일대였다.

1907년 11월 전국 의병들 가운데 13도 창의군 선발대로 뽑힌 300여 명은 서울 공략을 목표로 진격을 개시했다. 동대문 밖 30리인 망우리까지 진출했으나, 다른 의병 부대가 미처 도착하기 전에 일본군의 공격을 받아 후퇴할 수밖에 없었다.

당시 13도창의군은 경기도 양주(현 남양주)에 거점을 둔 1만여 명에 이르는 전국 연합부대로서 총대장은 이인영, 군사장은 허위였다. 그러나 13도창의군의 서울 진공은 일본 군경과 조선 관병들이 총력 저지하면서 중과부적으로 성공하지 못했다. 진공 작전이 사전에 누설되고, 진공을 앞두고 총대장 이인영이 부친상을 당해 고향으로 돌아간 것도 실패의 원인이 되었다.

비록 성공을 하지 못했지만, 13도창의군의 의미는 크다. 첫째는 최초의 전국 단위의 항일의병조직으로 연합 항일투쟁을 벌였다는 점이다. 두 번째는 이후 의병투쟁이 해외의 독립전쟁으로 전환하면서 해외 독립운동의 기폭제가 되었다는 사실이다. 서울 진공 작전에 참여했던 의병들의 상당수는 국내에서 무력 항쟁이 어려워지자 만주 등 해외로 나가 독립군의 일원이 되었다.

해방 후 정부는 서울 진공 작전을 펼친 허위에게는 건국훈장 대한민국장을, 이인영에게는 대통령장을 추서했다. 또 작전을 지휘한 허위를 기리기 위해 그의 호 '왕산旺山'을 따 서울 동대문에서 청량리에 이르는 도로를 '왕산로'로 명명했다. 1991년 동아일보사는 이들 항일의병들의 고귀한 구국 혼을 기리기 위해 망우리 고개에 13도창의군탑十三道倡義軍塔을 건립했다. [찬]

2부

자네 소리 하게, 내 북을 치지

- 문학 및 예술인의 비석

망우리역사문화공원은 한국 근현대사의 거울이라 불릴 만큼 다양한 시대와 분야에서 이름만 불러도 가슴 설레는 인물들이 함께 잠들어 있는 곳이다. 일제강점기와 해방 이후, 한국전쟁을 거친 문학·예술계의 인물들이 다수 머물고 있어 '야외 근현대사 박물관'으로도 부른다. 한국 근현대 예술의 스펙트럼 전체를 품은 장소이다. 시대를 글로, 그림으로, 연극으로, 노래로 증언한 이들이 한자리에 모인 이곳은 한국 근현대 예술사의 성좌(星座)와도 같은 곳이다.

1

강소천
(姜小泉, 1915~1963)

아동문학가, 금관문화훈장

함남 고원 출생. 1930년 《조선일보》에 동요 〈민들레와 울아기〉가 당선되었다. 6·25전쟁 후 어린이 잡지인 《어린이 다이제스트》, 《새벗》의 편집자로 활동했고 1957년 '어린이 헌장' 제정에 앞장섰다. 〈꿈을 찍는 사진관〉 등의 동화와 동시는 물론, 〈스승의 은혜〉, 〈태극기〉 등 수많은 동요의 노랫말을 지었다. 비석 앞면에는 대표작 〈닭〉이, 뒷면에는 시인 박목월의 추모사가 새겨져 있다. 묘소는 망우리공원 건너 딸기원 마을 서쪽 언덕에 있다.

비문

전면

닭

물 한 모금 입에 물고
하늘 한 번 쳐다보고
또 한 모금 입에 물고
구름 한 번 쳐다보고
-아동문학가 姜小泉 墓(강소천 묘)

좌면

강소천은 갔지만 동화 나라의 강소천은 어린이와 더불어 영원히 이 세상에 살아 있으리라

우면

아동문학에 일생을 바친 강소천 본이름 姜龍律(강용률)은 1915년 9월 16일 함경남도 고원에 태어나다. 1963년 5월 6일 서울에서 돌아가다 1964년 5월 6일 그의 글벗들이 비를 여기 세우다.
글씨 김충현

묘 우측 비문

전면

執事晉州姜公小泉之墓

(집사진주강공소천지묘)

후면

내가 선한 싸움을 싸우고 나의 달려갈 길을 마치고 믿음을 지켰으니 이제 후로는 나를 위하여 의의 면류관이 예비되었으므로 주 곧 의로우신 재판장이 그날에 내게 주실 것이니라. 디모데후서 4장에서.

未亡人 崔壽貞 (부인 최수정)

子 玄龜 (아들 현구)

女 南香 美香 (딸 남향 미향)

侄 康龜 (조카 강구)

해설

강소천은 1915년 9월 16일(양력) 함경남도 고원에서 독실한 기독교 신자인 아버지 강석우와 어머니 허석운 사이 둘째 아들로 태어났다. 어려서 이름은 용률龍律이고, 동시를 쓰면서 '작은 샘'이란 뜻인 소천小泉을 필명으로 사용하다가 본명이 됐다. 1963년 5월 6일, 위암으로 타계했다. 향년 48세.

강소천의 묘는 망우리공원이 아니라 도로 북쪽 건너편 언덕의 사설 묘지에 속하지만, 바로 가까운 곳에 있기에 망우리 권역의 인물로 목록에 올랐다.

소천의 묘비는 묘 앞과 묘 우측 두 기이다. 묘 앞의 묘비 전면에는 그의 불후의 명작 동시 〈닭〉을 새기고 '아동문학가 강소천 묘'라 적었다. 후면에는 그를 기리는 글과 약력을 좌우로 나누어 적었다. 묘비문은 당대 최고 서예가 김충현의 글씨로 글벗들이 비문을 작성했다.

우측 비석의 전면에는 '집사진주강공소천지묘'라 새기고 후면에는 디모데후서 4장 7~8절을 인용했고, 부인 최수정, 아들 현구, 딸 남향·미향과 독특하게 조카 강구를 적었다.

소천은 북한에서 35년을 남한에서는 13년을 살았다. 부인 최수정과는 남한에서 인연을 맺었다. 최 여사는 한때 동방생명에서 1975년부터 1977년까지 3년간 보험왕에 오른 보험계의 베테랑이기도 했다.

소천은 고원보통학교(1930)와 함흥 영생고등보통학교(1937)

에 다니면서 《아이생활》과 《신소년》 《어린이》 등 잡지에 작품을 발표했다. 21세에 간도 용정에서 윤동주와 교류하던 중 대표작 〈호박꽃 초롱꽃〉과 〈닭〉을 창작했다.

한편 소천이 고원보통학교에 다닐 때 여자 친구 순이가 있었다. 둘은 아주 가깝게 지냈다. 후에 동요 〈순이 무덤〉을 발표했으며, 이후 여러 작품에도 순이가 등장한다. 소천은 또한 시인 백석의 제자이자 친구였다. 소천의 문학적 재주를 몹시 아꼈던 백석은 소천의 시집 『호박꽃초롱』에 〈호박꽃초롱 서시〉라는 축시를 실어 소천에 대한 그의 깊은 애정을 담고 있다.

소천은 평생을 아동문학에 바친 어린이의 영원한 친구이자, 영원히 마르지 않는 아동문학의 샘이다. 〈어린이날 노래〉, 〈태극기〉, 〈스승의 은혜〉, 〈금강산〉, 〈코끼리〉, 〈꼬마 눈사람〉 등 평생 동요와 동시 300여 편, 동화와 소설 2,000여 편을 발표했다. 소천은 창작활동을 하면서 소파 방정환의 뒤를 이어 '어린이 헌장'을 제정한 것을 가장 자랑스럽게 생각했다.

사후 1주기에 동시 〈닭〉을 새긴 시비를 세웠고, 2주기에는 '소천아동문학상'을 제정했으며, 22주기인 1985년에는 금관문화훈장이 추서되었다. 1987년 어린이대공원에 문학비를 건립했고, 2006년에는 국립어린이청소년도서관에 강소천 문고를 개관했다.

1973년 소천의 타계 1주기를 맞아 묘비를 건립할 때 평소 소천을 존경하던 어린이들이 성금을 보내왔다. 강원도 명주군 구정국민학교 어린이들이 350원을, 경상도 사천국민학교 어린이들이 500원을, 강원도 춘천교대 부속국민학교 어린이들은 "폐지를 모아 강소천 선생님 묘비 세우는 데 보태 쓰자"라는 표어를 내걸고 1주일간 폐지를 모아 1,500원을 모아 새싹회에 보냈다. 소천은 어린이에게 동요와 동시로 희망을 선물했고, 어린이들은 고사리손으로 성금을 모아 문학비를 세우는 데 보탠 것이다.

계용묵
(桂鎔默, 1904~1961)

소설가

평북 선천 출생. 1925년 《조선문단》에 단편 〈상환〉으로 등단했다. 〈백치 아다다〉, 〈최서방〉, 〈인두지주〉, 〈별을 헨다〉 등의 작품을 남겼다. 특히 1935년 발표한 〈백치 아다다〉는 영화로 만들어져 이후 문예작품의 영화화에 큰 영향을 끼쳤다. 1938년 《조선일보》 출판부 기자를 지냈고 1945년 정비석과 함께 잡지 《대조》를 창간, 1948년 김억과 출판사 '수선사'를 창립했다. 1955년 수필집 『상아탑』을 출간했으며, 1961년에는 《현대소설》에 〈설수집 屑穗集〉을 연재하던 중 별세했다.

비문

전면

作家桂鎔默之墓(작가계용묵지묘)

후면

重要作品名(중요작품명)		부인	安靜鈺(안정옥)
白痴(백치) 아다다		아들	明源(명원)
屛風(병풍)에 그린 닭이		딸	正源(정원) 道源(도원)
별을 헨다		손자	根宇(근우)
이 밖에 60餘篇(여편)을 남겼다			根宙(근주)
			根嶽(근악)

좌면

一九六二年 八月 九日 現代文學社와 文友一同이 세우다

(1962년 8월 9일 현대문학사와 문우일동이 세우다)

우면

一九〇四年 九月九日生(1904년 9월 9일생)

一九六一年 八月九日沒(1961년 8월 9일몰)

해설

계용묵의 묘역은 중랑전망대 부근 이정표 아래에 있다. 그늘이 들어 습해 보이지만 무덤과 눈을 맞혀 바라보면 중랑구 봉화산이 한눈에 들어온다.

계용묵은 1904년 9월 9일 태어나 1961년 8월 9일 자택인 서울 성북구 정릉 자택에서 지병인 위암으로 일기를 마쳤다. 장례식은 11일 오전 10시 자택에서 문인장으로 열렸다. 사회는 작가 오영수, 약력 소개는 작가 정비석, 조사는 백철·전영택이 맡았고 11시 발인해 망우리공원에 안장됐다. 묘비는 계용묵 별세 1주기를 맞아 1962년 현대문학사와 문인협회에서 3월 19일부터 4월 15일까지 모금하여 8월 9일 세웠다.

계용묵은 주요 작품으로 〈백치 아다다〉, 〈병풍에 그린 닭이〉, 〈별을 헨다〉 등 60여 편을 남겼다. 미망인 안정옥과 슬하에 1남 2녀를 두었는데 아들 명원, 딸 정원, 도원과 손자·손녀로 근우, 근주, 근악이 있다. 미망인은 순흥 안씨로 고향에서 삼봉공립보통학교에 다닐 때 혼인했다.

계용묵은 1904년 9월 8일 평안북도 선천에서 아버지 계항교桂恒敎와 어머니 진주 하씨 사이에서 혼외자로 태어났다. 어머니 진주 하씨는 아버지의 옛 연인으로, 출생 직후에는 친외

조부 하재천河載玔과 둘째 외숙부 하원河洹의 호적에 올라 하태용河泰鏞이라는 이름을 받았다가 이후 생부를 따라 귀향하면서 지금 우리가 아는 이름을 갖게 되었다.

삼봉공립보통학교를 졸업 후 서당에서 수학했다. 이 무렵 소년지 《새소리》(1920년)에 시 〈글방이 깨어져〉(1925년) 가 2등으로 당선되었고, 《생장》 현상문예에서 시 〈부처님, 검님 봄이 왔네〉가 당선되어 문학에 데뷔했으나, 본격적인 작품 활동은 《조선문단》에 소설 〈최서방〉(1927년)이 당선된 이후이다. 이후 《조선지광》에 〈인두지주人頭蜘蛛〉(1928)를, 《조선문단》에 〈백치 아다다〉(1935)를 발표하면서 작가로서의 위치를 확보했다. 1938년에 《조선일보》 출판부에서 근무했으며, 1943년에는 일본 천황 불경죄로 2개월간 수감되기도 했다.

계용묵은 낚시에도 일가견이 있었다. 1939년 8월 《조광》에 실린 〈낚시질 독본〉이라는 글에 당시 붕어낚시 기법과 물고기의 특성을 상세히 소개하기도 했다. 광복 직후에 좌우익 문단의 대립 속에 중간적 견해를 고수하는 정비석과 함께 《대조大潮》를 창간했다.

계용묵은 6·25전쟁이 일어나자, 제주도에서 동백다방과 어느 한학자의 마루방에서 피난살이를 했다. 아내는 제주시내 중심부에 위치한 관덕정이라는 광장에서 양담배 노점상을 했다. 당시 "계용묵을 만나려면 동백다방으로 가라"라고 할 정도로 동백다방은 계용묵의 주무대였다.

계용묵은 다방을 아지트 삼아 장수철, 문인환 등과 종합교양지《신문화》(1952년), 동인지《흑문화》(1953년) 창간을 주도했으며, 이웃한 우생당서점의 도움으로 곤궁한 가운데 3집이나 발간했다. 1950년대에 등단한 양중해, 김종원, 최현식은 직간접으로 계용묵의 영향을 받았다. 또한 계용묵은 문학을 지망하는 중·고·대학생으로 이뤄진《별무리》모임도 지도해 동명의 동인지를 간행하는 데 기여했다.

계용묵이 3년 6개월 머물던 칠성로는 제주문학의 산실이었다. 지금은 제주의 명동으로 불리는 '칠성통 쇼핑의 거리'로 변했다. 동백다방이 있던 자리에는 제주문인협회가 1998년 '계용묵선생 표징비'를 세워 기념하고 있다.

김말봉
(金末峰, 1901~1961)
소설가

부산 출생. 정신여학교를 나와 황해도 재령 명신여학교 교사로 근무하며 3·1운동에 참여했다. 1927년 도시샤대학 영문과를 졸업하고 1929년 《중외일보》 기자로 입사하고 1932년 《중앙일보》 신춘문예에 단편 〈망명녀〉로 등단했다. 1935년 《동아일보》에 〈밀림〉을, 1937년 《조선일보》에 〈찔레꽃〉을 연재하여 큰 인기를 얻었다. 광복 후 집필 외에 공창폐지운동 등 사회운동에도 앞장섰다. 1957년 우리나라 기독교 최초의 여성 장로가 되었다.

비문

전면

作家金末峰長老之墓(작가김말봉장로지묘)

마음 깊은 곳에 숨어 있는

푸른 날개에서

후면

작품

密林(밀림), 찔레꽃, 華麗(화려)한 地獄(지옥), 태양의 眷屬(권속),

바람의 향연, 푸른 날개, 生命(생명), 花冠(화관)의 계절

좌면

一九六二年 二月 九日(1962년 2월 9일)

文友(문우)와 敎友(교우)들이 세우다

우면

一九〇一年 四月 三一日生(1901년 4월 21일생)

一九六一年 二月 九日卒(1961년 2월 9일졸)

해설

김말봉은 1901년 4월 31일 경남 밀양 외가에서 출생하고 부산 영주동에서 성장했으며, 할아버지로부터 한학을 공부했다. 1927년 《중외일보》 기자로 활동하면서 전상범과 결혼했으나 사별하고 이종하李鍾河와 재혼, 부산에 살면서 광복 때까지 작품 활동을 중단하기도 했다.

1961년 2월 9일 새벽 4시경 숙환으로 별세했고, 다음날 10일 서울역에 위치한 성남교회에서 영결식을 치른 후 망우리공원에 묻혔다. 김말봉의 묘 오른쪽에는 두 번째 남편 낙산 이종하(1899?~1954)의 묘가 있고, 4명의 아들의 이름을 적었다. 오른쪽 둘은 전처의 아들이고, 왼쪽 둘은 김말봉의 아들이다.

대표작으로 〈밀림〉, 〈찔레꽃〉, 〈화려한 지옥〉, 〈태양의 권속〉, 〈바람의 향연〉, 〈푸른 날개〉, 〈생명〉, 〈화관의 계절〉 등이 있다. 묘비는 이종환이 중심이 돼 모금했고, 1주기인 1962년 2월 9일에 세웠다.

앞면에는 "작가 김말봉 장로지묘" "마음 깊은 곳에 숨어 있는 푸른 날개에서"라고 적혀 있다. 글씨는 당대의 명필 시암 배길기(1917~1999)가 썼다. 〈푸른 날개〉는 1954년 《조선일보》에 연재된 소설의 제목이다. 비석의 글은 〈푸른 날개〉의 '꿀벌,

바람, 나비' 장에서 "그러나 이런 것은 지순의 마음 깊은 곳에 숨어 있는 근심에 비하면 아무것도 아니다."라는 문장에서 따온 것으로 보인다. '푸른 날개'는 영혼의 날개가 저 높이 푸른 하늘을 지향한다는 의미다. 즉 고인 김말봉은 "우리 마음 깊은 곳에 영원히 간직될 것이다"라는 의미로 새겨진 것이다. 그리고 옆면에 "1962년 2월 9일 문우와 교우들이"라고 적혀 있는데, 교우는 김말봉이 1957년 장로가 된 서울성남교회(서울역 앞) 교우를 말한다.

제막식에는 소설가 제자인 한무숙, 손소희, 최정희, 임옥인, 조경희, 김영안, 박경리, 김일순 등 당대 최고의 여류작가가 모두 참석했다. 이날 이종환은 "순수 귀신 그것 좀 버려요. 대중소설을 써요. 와이셔츠에 타이를 매지 않는 것은 미국선 탈옥수로 봐요"라고 나무라던 김말봉을 그리워했다.

김말봉은 1934년 《동아일보》에 〈밀림〉을 연재했는데 당시 그의 소설을 대필하고 삽화를 그리던 18세 소녀가 있었다. 그녀는 5년 뒤 대작 〈역사는 흐른다〉로 《국제신보》 장편소설 공모에 당선돼 세간을 놀라게 했다. 그 소녀가 바로 한무숙이다. 한무숙은 김말봉 뒤를 잇는 소설가가 되었다.

김말봉이 1937년 《조선일보》에 연재한 〈찔레꽃〉의 제목은 첫 번째 남편 전상범이 즐겨 부르던 일본 가곡 〈찔레꽃〉에서 따왔다. 남편이 이 노래를 부를 때 김말봉은 피아노 반주를 하곤 했다. 그런 남편이 1936년에 사망하고 이듬해 이 소설을 발표하게 되면서 추억 속의 노래를 소설의 제목으로 정한 것이다.

첫 번째 남편 전상범은 1남 1녀를 둔 홀아비였으나 김말봉과 소설 같은 결혼을 했다. 딸은 전혜금이다. 전혜금은 훗날 작곡가 금난새와 결혼했다. 김말봉이 읊조리는 시를 사위 금난새는 즉석에서 떠오른 악상으로 작곡해 함께 불렀다. 가곡 〈그네〉는 이렇게 탄생했다. 두 번째 남편의 둘째 아들은 이현우(1933~ ?)이다. 그는 동국대 재학 시절 천상병, 김관식과 더불어 명동 3대 기인으로 불렸다. 1958년 등단하고 《자유문학》에서 작품 활동을 하다가 부산과 대구를 떠돌다 1983년 이후 돌연히 사라졌다. 그의 재능을 아깝게 생각한 시인의 조카와 지인들은 1994년 그의 작품을 모은 시문집 『끊어진 한강교에서』를 간행했다.

대중소설을 경멸하는 우리의 문학 풍토에서 대중성을 의식적으로 내세운 말봉은 그의 소설 주인공처럼 살았다. 2024년 명동예술극장에서 김말봉의 생애와 그녀의 소설 3편을 소재로 한 연극 〈통속소설이 머 어때서?〉(정안나 연출)가 성황리에 올려졌다.

4

김상용
(金尙鎔, 1902~1951)

시인·교수·영문학자

경기 연천 출생. 3·1운동 참여로 경성고보에서 제적되어 보성고보 졸업 후 릿쿄대학에서 영문학을 전공했다. 이화여전 교수를 지냈고 1949년 보스턴대 유학 후 이화여대 교수와 학무처장을 맡았다. 1950년 공보처 고문과 영자신문 《코리아타임스》 사장을 지냈다. 동양적 체험이 깃든 관조적 경향의 서정시를 주로 쓰면서 시집 『망향』(1939), 수필집 『무하 선생 방랑기』(1950)를 출간했다. 비석 후면에 〈향수〉가 새겨져 있다.

비문

전면

月坡金尙鎔之墓(월파김상용지묘)

후면

鄕愁(향수) 月坡 先生 詩(월파 선생 시)

人跡(인적) 끊긴 山(산) 속 돌을 베고 하늘을 보오 구름이 가고 있지도 않은 故鄕(고향)이 그립소

檀紀 四二八九年六月 二十四日(단기 4289년[1956] 6월 24일)

故月坡先生移葬委員會(고 월파선생이장위원회)

좌면

檀紀(단기) 四二三五年 八月 十七日(4235년 8월 17일) 京畿道 漣川(경기도 연천)서 나셔서

四二八四年 六月 二十二日(4284년 6월 23일) 釜山(부산) 도라 가셨고

四二八九年 三月 三十日(4289년 3월 30일) 이 자리에 옮겨 뫼시다

우면

令夫人 朴愛鳳女史 (檀紀 四二八七年 二月 六日 도라가심)는 여기 함께 뫼셨고 그 遺家族은 長女 貞浩 次女 怜浩 長男 慶浩 三女 明浩 二男 聖浩 四女 順浩 五女 善浩 三男 忠浩임

(영부인 박애봉 여사(단기 4287년 2월 6일 도라가심)는 여기 함께 뫼셨고 그 유가족은 장녀 정호 차녀 영호 장남 경호 3녀 명호 2남 성호 4녀 순호 5녀 선호 3남 충호임)

해설

김상용은 1902년 9월 28일(음 8월 17일) 경기도 연천군 군남면 왕림리에서 아버지 김기환과 어머니 나주 정씨 사이에서 2남 2녀 중 장남으로 태어났다. 호는 월파月坡이다. 시조 시인 김오남이 여동생이고, 소설가 곽하신은 둘째 여동생 아들이다.

1917년 경성제일고등보통학교에 입학했으나, 기미년 3·1 운동이 일어나자 만세운동에 참여했다가 제적을 당하고 일경을 피해 낙향했다. 이 시기에 한 살 위인 박애봉과 혼인했으며 3남 5녀를 낳았다.

묘비에 따르면 부인은 1954년 2월 6일 작고해 김상용과 합장했다. 장녀 정호, 차녀 영호, 장남 경호, 삼녀 명호, 차남 성호, 사녀 순호, 오녀 선호, 삼남 충호로 태어난 순서대로 자녀의 이름을 적은 것이 특이하다.

월파가 해방 후 이화여대 학무처장과 《코리아타임스》 사장으로 겸임 중 6·25전쟁이 발발했다. 학교 전체가 피난을 갔기에 월파도 부산으로 피난해 부산 부전동 52번지에 셋방을 얻어 생활했다. 1951년 6월 22일 교장 김활란이 마련한 음식을 먹고 밤새 앓다가 다음 날 오전 9시경 별세했다. 원인은 식중독(패혈증)이었다. 향년 49세였고 이튿날 부산에 매장했다가

5주기를 맞아 1956년 이화여대가 중심이 돼 '고 월파선생 이장위원회'를 결성하고 3월 30일 망우리공원으로 옮겼다. 그해 6월 24일 그의 대표작 〈향수〉를 새긴 묘비를 세웠다. 죽기 전에 〈하늘〉을 《민성民聲》에, 〈고뇌苦惱〉를 《이화梨花》에 발표했는데, 이는 그가 생애에 남긴 유고작이 된다.

월파의 고향 사람들은 김상용을 기억하고 있었다. 그래서 왕림리의 80가구 주민은 뜻을 모아 월파의 시비를 세우기로 했다. 이를 주도한 사람은 월파 고향 집 언저리에서 돼지 농장을 운영하던 윤 농장 대표 윤상협이다.

윤 대표를 비롯한 마을 사람들은 2004년 문화관광부에 김상용에 대한 평가와 함께 지역 출신 문인을 추모하기 위한 지원 사업을 요청했다. 하지만 그보다 2년 전 2002년에 월파가 친일 인명사전에 등재돼 있던 터라 문화관광부는 손사래를 쳤다.

이에 윤 대표와 마을 사람들은 3년간 십시일반 모은 성금으로 왕림리 삼거리 마을회관 앞에 시비를 세웠다. 2007년 월파의 대표 시 〈남으로 창을 내겠소〉를 적은 시비는 완성되었지만, 좌대는 받치지 못한 채 미완성으로 제막식을 했다.

이보다 앞서 윤 대표는 연천의 현무암으로 초가집 형태의 시비를 제작했으나 스스로 조악해 보여 화강암으로 다시 제작했다. 첫 작품은 자신의 농장 입구에 있다. 윤 대표는 지금은 양돈업을 접은 채 자신의 농장 터에 '시와 숲'이 어우러진 숲길을 조성하고 해설가로 활동하고 있다.

김영랑
(金永郎, 1903~1950)

시인·애국지사, 금관문화훈장·건국포장

전남 강진 출생. 본명 김윤식金允植. 휘문의숙 3학년 때 강진의 3·1운동을 주도하여 옥고를 치렀다. 일본 아오야마학원 영문과에서 수학하다 관동대지진(1923)으로 귀국했다. 1930년 정지용, 박용철과 시문학 동인으로 참여하여 〈돌담에 속삭이는

햇발〉, 〈모란이 피기까지는〉, 〈내 마음을 아실 이〉 등을 발표했다. 해방 후 공보처 출판국장을 지냈고 6·25 때 유탄에 맞아 사망했다. 금관문화훈장(2008), 건국포장(2018)

비문

전면[16]

영랑 김윤식 안귀련 묘비

북

인생이 가을 같이 익어가오

자네 소리 하게 내 북을 치지

후면

조부 김석기

부 김종호 모 김경무의 장남

첫 부인 김은초

자녀 애로 현욱 현국 애나 현철 현태 현도 애란

종손 우식

----

16 김영랑의 시 〈북〉의 마지막 두 행을 새겼다.

좌측 사각 비

전면

나는 독을 차고 / 선선히 가리라 / 막음 날 내 외로운 / 혼魂을 건지기 위하여[17]

후면

독립운동가 김영랑은 강진읍 남성리에서 태어나 강진공립보통학교를 거쳐 휘문고 재학 중 3·1운동에 참여 후 강진 장날 독립만세운동 준비 중 구속, 대구형무소에서 6개월 복역. 일제 말 창씨개명과 신사참배, 삭발령을 거부, 1941년부터 광복 때까지 절필했다. 1923년 관동대지진 조선인 대학살을 목격 후 귀국, 무용가 최승희와 사랑을 나눴다. 제헌국회의원에 출마 낙선 후 공보처 초대 출판국장을 역임했다. 6·25전쟁 중 서울 신당동 친척 집에 은신 중, 양방군 포탄 교전 때 파편에 맞아 1950년 9월 29일 운명함. 2018년 건국포장을 추서함.

2024. 8. 15.

글 김현철 정종배

---

[17] 김영랑의 항일시 가운데 〈독(毒)을 차고〉의 마지막 두 행을 새겼다.

글씨 이근배 김준태 여태명

조각 최진호 곽휘곤

중랑구청장 류경기

옆면

오메 단풍들겄네

우측 사각 비

전면

모란이 피기까지는 / 나는 아즉 기둘리고 / 있을테요 / 찬란한 슬픔의 봄을

후면

시인 김영랑(본명 윤식)은 남도 정서와 순수 서정을 반짝이는 음율과 시어로 갈고 닦아 노래한 1930년대 시문학파 시인이며 '북의 소월 남의 영랑'이라 일컫는 전통 서정시의 민족시인이다. 일본 도쿄 아오야마학원에서 영문학을 전공. 박열 등과 하숙을 같이하며, 수학의 수재 박용철을 시인으로 안내했다. 음악에 조예가 깊어 성악가를 꿈꾸며 판소리를 즐기고 북, 거문

고, 가야금은 전문가 수준이었다.『영랑시집』,『영랑시선』시집을 남겼다. 2008년 금관문화훈장을 추서함.

옆면
돌담에 소색이는 햇발같이

해설

김영랑은 6·25전쟁 중에 사망하여 한남동 남산 기슭에 가매장했다가 1954년 문인장으로 망우리공동묘지에 안장되었다. 박인환 시인의 묘 우상향에 있었다. 당시의 사진이 남아 있어 오래전에 몇 차례 현장을 조사했지만, 세월에 주변 풍경이 많이 바뀐 탓에 땅에 묻혀 있을 비석을 찾아내지 못했다.

김영랑은 1990년 부인이 있는 용인 천주교 추모공원으로 이장되었다가 2024년 8월 19일 망우리공원으로 다시 돌아왔다. 망우리공원은 1973년 만장 이후, 법적으로 새로운 묘지의 신설과 합장을 금지했다. 화장을 위한 목적으로도 일단 밖으로 나간 묘는 다시 들어올 수 없었다. 1989년 별세한 부인도 망우리로 들어오지 못해 따로 묘를 마련했던 것이다. 영랑 유족의 청원이 계기가 되어 서울시는 역사문화적인 가치가 인정된 인물은 심의위원회를 거쳐 재이전할 수 있도록 조례를 개정했다. 망우리공원의 역사문화공원으로서의 확대 발전의 물꼬를 트게 된 것이다.

고향 강진에는 영랑의 생가가 남아 있어 2007년 국가민속문화유산으로 지정되었다. 당연히 묘도 강진으로 이장되어야 할 것인데 그게 사정이 여의치 않았던 것 같다. 이장의 시도는 있었지만, 일부 반대 여론에 중단되었다. 김영랑이 해방 후 보수파 정치인으로 대동청년단 지단장을 맡았을 때 피해를 당한 사람들이 있었던 것 같다. 유족으로서는 서운한 감정이 없지 않았을 것이다.

그 후로도 유족과 지자체의 의견이 일치를 보지 못해 지체되는 가운데 마침 망우리공원 최학송의 묘지를 사비로 돌보고 있는 정종배 시인이 유족에게 망우리 이장을 권유했다. 미국에 거주하는 아들 현철 씨는 나이도 고령이라 서둘러 진행하고 싶은 사정이 있었고, 서울 사는 유족은 가까운 곳에 모시게 되어 자주 찾을 수 있다는 이점에 망우리를 선택하게 되었다. 지금의 자리는 예전 자리가 아니다. 길가 왼편의 바로 위쪽에 있어 접근성도 좋고 지나는 사람들의 눈에 쉽게 띈다.

묘역에는 묘비를 가운데에 놓고 좌우로 시비를 세웠는데 이 세 개의 빗돌은 하늘·땅·사람을 아울러 이르는 '천지인삼

재天地人三才'를 의미한다고 한다. 바라보는 방향에서 좌측의 비석은 애국지사로서의 김윤식, 우측의 비석은 시인으로서의 김영랑을 기리고 있다.

   묘 왼편에는 모란 꽃나무가, 그 옆 구석에는 감나무가 심어졌다. 김영랑의 시 〈오메 단풍 들겄네〉에 "장광에 골불은 감닢 날러오아 / 누이는 놀란 듯이 치어다보며 / 오메, 단풍 들것네"라고 한 것처럼, 단풍은 단풍나무의 단풍이 아니라 감나무의 단풍을 말한다. [식]

김이석
(金利錫, 1915~1964)
소설가

평양 출생. 연희전문 중퇴. 1938년 단편 〈부어〉가 《동아일보》 신춘문예에 입선했다. 1941년부터 평양 명륜여상 교사를 지내다 1·4후퇴 때 가족을 두고 월남, 종군작가단에서 활동했다. 1952년 〈실비명〉을 발표하고 1953년 이후 《문학예술》 편집위원을 지냈다. 1956년에 창작집 『실비명』을 냈고, 1957년부터 집필에 전념하여 같은 해 제5회 아시아자유문학상, 1964년 순수 문학적 업적으로 서울시문화상을 받았다.

비문

전면

作家金利錫墓(작가김이석묘)

1915.7.16.~1964.9.18

후면

오색기가 하늘 높이 펼쳐지는 매화포 소리가 콩하고 우려지면 그 소리를 따라 백여 명의 건아들이 서로 앞을 다투어서 평양역을 향하여 달리었다. 시가 곳곳에서는 군악이 울려났고 시민들의 환호 소리는 하늘을 진동했다. 참으로 장관이었다. -〈失碑銘(실비명)〉에서

좌면

1965.9.18. 文友一同 建立(문우일동 건립)

해설

관리사무소를 지나 좌측 순환로 방향으로 가면 동락천 약수터가 나오고, 약수터를 지나가면 왼편에 팔각정이 나타난다. 다시 팔각정에서 오른쪽 길로 올라가다 보면 문일평의 묘역이 보이고 왼쪽으로 두 번째 묘가 김이석의 묘이다. 묘는 토분 형태로 아담하게 조성되어 있고, 묘 앞에 비석이 서 있다.

　김이석은 1915년 7월 16일 평양에서 태어났다. 역사 장편

〈신홍길동전〉을 연재하다가 뇌내출혈로 1964년 9월 18일 자택인 서대문구 홍제동 문화촌 47호에서 급서했다. 향년 51세. 남은 자녀는 2남 1녀이다.

묘비 건립의 추진은 이듬해 원현서와 박경종이 주선했으며, 9월 18일 제막했다. 이날 추도식과 제막식에는 마해송, 백철, 황순원, 원응서 등 문인과 유가족 등 40명 남짓 참석해 추모했다. 비문의 글씨는 서예가 배길기가 전면에 '작가 김이석 묘', 후면에는 그의 대표작 〈실비명〉의 문구를 적었다.

김이석은 1951년 1·4후퇴 때 가족을 두고 월남, 대구에서 생활했다. 1957년부터 집필에만 전념하다가 1958년 한국중앙방송국에서 만난 박순녀와 재혼했다. 6·25전쟁이 두 사람을 만나게 했다. 김이석은 전쟁이 나자, 가족을 고향에 두고 혈혈단신 남하했다. 박순녀 역시 이북에서 결혼해서 한 아이를 낳고 한 아이는 임신한 상태였다. 그때 6·25로 남편과 가족은 먼저 제주도로 피난을 떠났고, 박순녀는 뒤늦게 찾아갔으나 남편은 이미 다른 여자와 딴 살림을 차린 상태였다. 박순녀는 과감하게 갈라섰고, 졸지에 두 아이를 키우는 과부가 됐다.

전쟁이 끝나고 박순녀는 한국중앙방송(KBS) 문예계에서 글을 쓰고 있었다. 요즈음 방송작가의 원조인 셈이다. 그녀는 소설에 욕심이 생겼다. 작가적 기질이 솟아나 지인에게 소설가 추천을 부탁했다. 그때 소개받은 이가 김이석이다. 그는 〈실비명〉으로 한껏 명성을 얻고 있었고, 《문화예술》 편집장으로 있었다. 김이석은 평양, 박순녀는 함흥이다. 홀아비와 아이 둘 딸린 과부는 동병상련으로 사귀다가 1958년 결혼하기에 이른다.

두 사람 다 글쟁이라 생활은 궁핍했지만, 박순녀는 그를 만난 것이 최고의 행운이라고 회고한다. 박순녀는 1999년 〈기쁜 우리 젊은 날〉로 제15회 펜문학상에 올랐다. 또한, 그녀는 『이중섭을 찾아서』라는 책을 통해 남편 김이석과 화가 이중섭의 우정과 예술 세계를 다뤘다. 이 작품은 박순녀가 김이석과 결혼생활을 하면서 이중섭에 관한 이야기를 많이 들어왔기 때문에, 다른 작품들과는 달리 이중섭에 대한 생생한 묘사와 깊이 있는 이야기를 담고 있다.

7

박인환
(朴寅煥, 1926~1956)
시인

강원 인제 출생. 경기중학과 평양의전에서 공부했다. 해방 후 낙원동에 서점 '마리서사'를 열고 문단 활동을 시작, 첫 시 〈거리〉를 《국제신보》에 발표했다. 1949년 동인시집 『새로운 도시와 시민들의 합창』을 펴내며 모더니즘 시 운동을 이끌었고 6·25전쟁 때는 종군기자로 참여했다. 영화평론가로도 활동하

며 1955년 유일한 시집 『선시집』을 출간했다. 대표작으로 〈목마와 숙녀〉, 〈세월이 가면〉 등이 있다.

비문

전면

詩人朴寅煥之墓(시인박인환지묘)

지금 그 사람 이름은 잊었지만 / 그 눈동자 입술은 / 내 가슴에 있네
-그의 詩(시) 〈세월이 가면〉에서

후면

시인 박인환은 1926년 8월 15일 강원도 인제에서 났으며 1956년 3월 20일 31세를 일기로 불행한 시인의 일생을 마쳤다. 유족은 부인 이정숙 여사와 자녀 3남매로 세형 세곤 세화가 있다. 여기 친우들의 뜻으로 단비를 세워 그를 기리 추념한다. 그는 선시집 한 권을 남겨 놓았다. -1956년 9월 19일 추석날

연보비

박인환 선생

(1926~1956 시인)

인생은 외롭지도 않고 / 그저 잡지의 표지처럼 통속하거늘 / 한탄할 그 무엇이 무서워서 / 우리는 떠나는 것일까. – '목마와 숙녀' 중에서

해설

박인환의 묘역은 그의 연보비 건너편 아래 계단으로 내려가면 만날 수 있다. 잘 정비된 묘와 데크가 있으며, 묘 왼쪽에 흰색의 단비短碑(작은 비석)가 있다. 단비 전면에는 시인의 이름과 대표 시 〈세월이 가면〉 도입부를 적었다.

 강원도 인제면 상동리 159번지에서 부친 박광선 모친 함숙형의 4남 2녀의 장남으로 태어났다. 아버지는 면사무소에 근무했으나 아버지 외가의 산판 사업을 돕기 위해 사표를 내고 산판 서울 사무소로 옮겼다. 11살 인환은 차표 한 장을 손에 쥐고 서울로 왔다.

덕수초를 나와 경기중에 입학했으나 자퇴하고 한성학교 야간으로 학적을 옮겼다. 17세에 아버지를 따라 해주로 이사해 명신중에 편입했다. 이런저런 이유로 중학교만 3곳을 다니다 1944년에 졸업하고 평양의전에 입학했다. 대동아전쟁이 한창인 그때, 인환 또래의 젊은이들은 징용을 갔으나 당시 의과·이공과·농수산과 전공자들은 징병에서 면제되었기 때문에 인환은 징용을 피할 수 있었다.

해방이 되자 인환은 다른 뜻이 있어 평양의전을 중퇴하고, 상경해 아버지와 이모에게 빌린 돈 5만 원으로 종로 낙원동에 서점 '마리서사'를 개업했다. 이 서점은 원래 시인 오장환의 '남만서점'으로 인환이 경기중 재학 시 자주 찾았던 곳이다. 마리서사는 장안 예술가들의 아지트였다. 박인환은 이곳에서 〈거리〉(《국제신보》, 1946)를 발표해 시인이 되고, 동인지 『신시론』, 『새로운 도시와 시민들의 합창』을 발간하면서 운명의 여인을 만난다. 아내 이정숙이다. 두 사람은 손을 잡거나 팔짱을 낄 정도로 과감한 데이트를 했다. 종로다방에서 만나 광교를 지나 명동 에덴다방에서 많은 사람을 만나고, 세종로 정숙의 집까지가 데이트 코스다. 인환은 영화평론을 쓸 정도로 영화광이었기에 영화관람은 빼놓지 않았다.

정숙의 부모에게 청혼을 하러 갔다. 정숙에게는 열네 살 위의 언니가 있었다. 정숙이 세 살이 되던 해 출가했기에 고명딸로 자랐다. 장인은 이 귀한 딸을 갓 문단에 데뷔한 글쟁이에게 주자니 무척이나 안쓰럽게 생각하고 난색을 표하니, 인환은 그러면 차라리 죽겠노라고 뛰쳐나가 처갓집 옆 중학천으로 뛰어들었다. 사윗감을 잃을까 장인은 결혼을 허락했다. 1948년 4월 10일 덕수궁에서 많은 문인의 축복 속에 결혼했다.

 결혼 후 마리서사를 처분하고, 안정된 생활 속에 글을 쓰다가 명동거리에서 술도 마시고 문학도 논했다. 1956년 3월 20일, 그날도 술을 마시고 집에 들어간 후 심장마비로 급서했다. 인환과 정숙은 1948년 12월 장남 세형을, 전쟁이 한창이던 1950년 9월 25일 딸 세화를, 휴전협정이 한창이던 1953년 5월 31일 차남 세곤을 낳았다. 인환은 첫 시집인 『선시집』에 "아내 정숙에게로 보낸다"라는 헌사를 붙일 정도로 아내를 사랑했다.

방정환
(方定煥. 1899~1932)

아동문학가·애국지사, 금관문화훈장·애국장

서울 당주동 출생. 대표 아호는 소파. 손병희의 셋째 사위로 3·1운동 때 독립선언문을 배포하다 체포되어 고초를 겪었다. '어린이'라는 말을 만들고 1922년 5월 1일 '어린이날'을 제정했으며 1923년 잡지 《어린이》를 창간했다. 동화 작가, 동화 구연

가, 여러 잡지의 편집자로 활동하고 많은 아동문학가를 키워 냈다. 정부는 1978년 금관문화훈장, 1990년 건국훈장 애국장을 추서하고 2017년 묘역을 국가등록문화유산으로 지정했다.

비문

전면

童心如仙(동심여선)

어린이의동무

小波方定煥先生之墓(소파 방정환선생지묘)

己亥十月七日生 辛未七月二三永眠(기해 10월 7일생 신미 7월 23일 영면)

壽三十三歲(수33세)

후면

동무들이

우측 비석

전면

소파방정환선생의비

후면

사람이 오래 살기를 어찌 바라지 않을까마는 오래 살아도 이 민족 이 겨레에 욕된 이름이 적지 않았거늘 불과 서른셋을 살고도 이 나라 이 역사 위에 찬연한 발자취를 남긴 이가 있으니 그가 소파 방정환 선생이다. 나라의 주권이 도적의 발굽 아래 짓밟혀 강산이 통곡과 한탄으로 어찌할 바 모를 때 선생은 나라의 장래는 오직 이 나라 어린이를 잘 키우는 일이라 깨닫고 종래 '애들' '애놈' 등으로 불리면서 종속윤리의 틀에 갇힌 호칭을 '어린이'라고 고쳐 부르게 하여 그들에게 인격을 부여하고 존댓말을 쓰기를 부르짖었으니 어찌 예사로운 외침이었다 하겠는가. 선생은 솔선하여 어린이를 위한 모임을 만들고 밤을 지새워 사랑의 선물이라는 읽을거리를 선물했을 뿐만 아니라 '어린이의 날'을 제정할 것을 선창, 이를 실천했으며 드디어 그 이듬해에는 《어린이》라는 잡지를 만들고 '어린이날'을 확대 정착시키며 어린이를 위한 단체인 '색동회'를 조직했으니 이는 반만년 역사에 일찍이 없던 일이요 봉건의 미몽 속에 헤매던 겨레에 바치는 불꽃 같은 그의 사랑의 표현이었다. 그리하여 나라 잃은 이 나라 어린이에게 우리말 우리글 우리얼이 담긴 이야기와 노래를 들려주어 잃어버린 국권을 되찾는 일에 주야를 가리지 않았으니 그를 탄압하려는 일제의 채찍은 선생으로 하여금 경찰서와 형무소를 사랑방 드나들 듯하게 했다. 오직 기울어가는 나라의 장래를 내일의 주인공인 어린이에게 바람을 걸고 오늘보다 내일을 사는 어린이를 위한 아동문화와 개화와 아동문학의 씨뿌리기에 신명을 바쳐 이바지했으니 실로 청사에 길이 빛날 공적이 아닐 수 없다. 그러나 애달프다. 그처럼 눈부신 활약에 끝내는 건강을 크게 해쳐 마침내 젊은 나이로 홀연히 이승을 하직하면서 다만 '어린이'를 두고 가니 잘 부탁한다는 한 마디를 남기셨으니 뉘라서 이 정성이 애틋한 소망을 저버릴 수 있으리오. 여기 조촐한 돌을 세워 민족의 스승이요. 어린이의 어버이신 그의 뜻을 이 겨레의 내일을 위해 천고의 역사 위에 새겨두고자 하는 것이다.

一九八五(1985)년 어린이날 사계 이재철 짓고 월정 정주상 쓰다.

우면

이 비는 一九二三(1923)년 三月 二十(3월 20)일 소파선생이 최초의 본격적인 아동잡지 「어린이」창간 육십돌을 맞아 그의 공적을 기리기 위하여 어린이를 사랑하는 아동문학인, 아동도서출판인 등 뜻있는 어른들의 성금으로 세워진 것이다.

아동문학평론사 월간아동문예사

좌면

연보

一八九九년 十一월 九일 서울 당주동 출생

一九〇八년 소년입지회조직

一九一七년 손병희 선생의 셋째따님 용화 여사와 결혼

一九一九년 三·一운동 때 일경에 피검

一九二〇년 三월 일본 동양대학 철학과에 입학

一九二〇년 八월 二十五일 '어린이'라는 말을 개벽지에 처음 씀

一九二一년 천도교 소년회 조직

一九二二년 五월一일 '어린이의날'을 발기발표

一九二二년 六월 번안동화집《사랑의 선물》간행

一九二三년 三월二十일 개벽사에서《어린이》창간

一九二三년 五월一일 '어린이날'확대 제정, 색동회 창립

一九二八년 十월二일 세계아동전람회 개최

一九三一년 七월二十三일 심신이 과로로 대학병원에서 별세

一九三六년 七월二十三일 유골이 이곳 망우리 묘지에 묻힘

一九四〇년 五월一일《소파전집》간행

一九七一년 七월二十三일 남산에 동상이 건립됨

一九七四년 四월二十일《소파방정환전집》간행

一九七九년 十월二十일 금관문화훈장을 받음

一九八〇년 八월十四일 건국포장받음

연보비

소파 방정환 선생

(1899~1931 아동문학가, 문화운동가)

어린이는 생활을 항상 즐겁게 해주십시오. 어린이는 항상 칭찬해 기르십시오. 어린이의 몸을 자주 주의해 살펴 주십시오. 어린이에게 책을 늘 읽히십시오. 희망을 위하여, 내일을 위하여 다 같이 어린이를 잘 키웁시다. - '어린이날의 약속' 중에서

해설

관리사무소에서 왼쪽 구리시 방향으로 따라가다 동락천 약수터를 지나면 옹벽이 있고, 묘역 아래에 방정환의 연보비가 보인다. 연보비 건너에 입구 표지석이 있고, 계단 위로 오르면 방정환 묘역을 만난다. 묘역에는 1936년 최신복 등이 세운 단비와 어린이날 선포 60돌을 맞아 사계 이재철이 중심이 되어 세운 비석이 있다. 단비는 서예가 오세창의 글씨이고, 묘비는

아동문학평론가 이재철이 글을 짓고, 아동문학가이자 서예가인 월정 정주상이 썼다.

단비는 그 자체가 묘다. 글을 새긴 사각의 돌 아래는 쑥돌로 기반을 만들었다. 망우리공원에서 가장 아름다운 묘가 아닐까 생각한다. 김영식 작가는 저서(『망우리 사잇길에서』, 2023)에서 이 비석을 만든 이가 조각가 김복진이라고 추정한다. 그렇다면 소파의 묘비는 우리가 직접 볼 수 있는 김복진의 유일한 작품이다.

소파는 지금의 서울특별시 종로구 당주동에서 아버지 방경수와 어머니 손성녀 사이에서 맏아들로 태어났다. 당시 5대 8식구가 다복하게 살았다. 소파가 10살 즈음 사업 실패로 말미암아 증조부와 가족이 운영하던 어물전과 미곡상을 채권자에게 빼앗긴다. 겨우 세간살이만 챙긴 채 도정궁 앞 사직동 초가집으로 이사했고, 두 살 위 누이를 12살에 시집 보낼 정도로 궁핍했다. 총명한 소파의 재질을 아깝게 여긴 어느 미술가가 소파를 양자로 맞으려 했으나 소파가 외아들이기에 포기했을 정도였다.

1915년(17세) 소파는 선린학교를 중퇴하고 가계를 돕기 위해 월급 5원짜리 총독부 토지조사국 사자생寫字生으로 취직했다. 이즈음 천도교와 인연을 맺었다. 1917년 유광렬 등과 봉놋

방에서 숙식하며 의기투합해 조국과 자신들의 앞날을 토론하며 수많은 책을 읽었다. 마침내 '청년구락부'를 조직하고 기관지《신청년》을 발행해 청년운동에 발을 내디뎠다.

이때 소파를 눈여겨 본 사람이 있었다. 천도교도이자 기미년 3·1독립선언서의 33인 중 한 사람인 권병덕이다. 그는 소파를 천도교 제3세 교조인 의암 손병희에게 천거해 3녀 용화溶嬅(당시17세)와 음력 4월 9일 혼인하기에 이른다. 이날은 의암의 58세 생일이었다. 의암이 소파를 사위로 맞이했을 때 소파는 매우 말랐다. 이때 손병희는 "그런 몸으로 어찌 우리집 사위가 되고, 나라를 위해 일을 하겠나"라고 나무라고 잘 먹였다. 이로 인해 뚱보가 되었다고 한다.

의암은 소파를 보성학교에 편입시켰다. 재학 중 3·1운동이 일어나자 독립선언문을 배포하다가 일경에게 붙잡혔으나 1주일 만에 석방됐다. 이후 일본과 한국을 오가며 1921년에 김기전, 이정호 등과 함께 천도교 소년회를 만들고, 1923년 '어린이날'을 선포했다.

소파는《어린이》와《신청년》,《개벽》,《신여성》,《별건곤》,《농민》,《학생》등 잡지를 발간했고, 색동회·조선운동협회 등 단체를 만들어 어린이 인권 신장에 앞장섰다. 전국을 순회하며 동화구연과 대회도 열었다.

이렇게 10년 넘게 몸을 아끼지 않고 달려온 탓에 정신적 피로와 육체적 무리로 신장염과 고혈압 등을 얻어 1931년 7월 17일 쓰러졌다. 경성제국대학부속병원(서울대학병원)에 입원했으나 6일 뒤인 7월 23일 영면했다. 7월 25일 천도교 마당에서 영결식을 마치고 홍제동 화장장으로 향했다. 최신복, 이원수 등이 뜻을 모아 선생의 서거 5주년을 맞아 납골당에서 망우리공원으로 옮겨 안장해 오늘에 이른다.

9

이인성
(李仁星, 1912~1950)

화가

대구 출생. 소년 때부터 천재 화가로 유명했으며 한국 근대 미술에 큰 족적을 남긴 서양화가이다. 서구의 인상주의, 야수파, 표현주의 등의 화풍과 우리나라의 전통적인 토속성을 결합해 향토적 서정성을 구현한 '조선의 고갱', '인상주의 야수파 화가'로 평가된다. 한국전쟁 중인 1950년 39세의 나이에 불의의 사고로 사망했다. 한국 근대미술 도입기이며 성장기였던 1920~40년대에 가장 활발하게 활동했다.

비문 _____

전면

화가 이인성

(1912~1950)

후면

화가 이인성(1912~1950)

1912 대구에서 출생,

1928 '촌락의 풍경'으로 세계 아동 미술 전람회 특선

1929 제8회 조선 미술 전람회 '그늘' 입선, 1944년까지 16회 연속 선전 출품

1935 제22회 일본 수채화회전 '아리랑 고개' 일본 수채화 협회 상(최고상) 수상

제14회 선전 '경주의 산곡에서' 창덕궁상(최고상) 수상

1937 제16회 선전 서양화부 추천 작가 선임

1949 제1회 대한민국 미술 전람회 서양화부 심사위원

1950 6·25전쟁 당시 작고

1998 월간 미술 주간 〈근대 유화 베스트 10〉에서 '경주의 산곡에서' 1위 선정

2000 호암 갤러리에서 작고 50주기 회고전 개최, 「이인성 미술상」 조례 지정

2002 문화관광부 2003년 11월 '이달의 문화 인물' 이인성 선정

좌면

이인성(李仁星)　　1912년 8월 28일 출생

　　　　　　　　1950년 11월 4일 사망

김창경(金昌京)　　1924년 11월 5일 출생

　　　　　　　　1995년 3월 30일 사망

우면

자　이채원　손자 이한선　손녀 이민선

자부 서지원

녀　이애향 이승난 이승금

연보비[18]

전면

근대 화단의 귀재 화가 이인성

후면

서양화가 이인성은 1912년 8월 28일 대구시 북내정 16번지에

18　이 연보비는 중랑구청이 세운 것이 아니라 유족이 세운 사설 연보비이다.

서 태어나 17세 때 조선미술전람회에 입선하면서 두각을 드러낸 이래 한국 근대미술 도입기와 성장기에 빼어난 창작활동을 펼쳤다. 일본 도쿄 태평양미술학교 재학시절 제국미술전람회, 문부성미술전람회, 광풍회 공모전 등에 입선, 일본에서도 명성을 떨쳤다. 1935년 귀국한 뒤 대구와 서울에서 활약하면서 선전·제전 등에 여러 차례 입선·특선했으며, 선전 추천작가, 국전 심사위원을 지내는 등 우리 화단에서 확고한 위치를 굳혔다. 한국 미술사에 길이 빛날 작품들을 남긴 그는 1950년 절정의 기량을 더 펼쳐보지도 못한 채 38세로 요절, 불꽃같은 예술적 인생을 마감했다. 그의 50주기인 2000년에는 호암갤러리에서 회고전이 열렸고, 대구광역시가 이인성미술상을 제정했으며, 2003년 11월에는 문화관광부의 '이달의 문화인물'로 선정되기도 했다. 2003년 10월 16일 이인성 기념사업회 세우다

해설

도산 안창호 묘 터 위의 능선에 이인성의 묘가 있다. 머리가 하얗게 센 무성한 곱슬머리의 아드님 이채원 씨는 아버님 묘소를 자주 찾아와 정성껏 돌보고 있다. 어릴 때 자신의 키보다 작았던 소나무가 이제는 높이 솟아 있다고 한다. 묘 왼쪽의 연

보비를 세웠고 묘 오른쪽에 작은 해당화 나무도 하나 심었다. 이인성의 대표작 중의 하나가 바로 〈해당화〉(1944)다. 많이 자라나 요즘에는 해마다 꽃을 피우고 있다.

묘 앞 상석은 팔레트 모양이다. 손가락을 넣는 구멍이 꽃을 꽂는 곳이다. 이렇듯 묘역은 고인을 떠올리게 하는 상징물로 가득한 곳이기에 어느 곳보다 고인의 체취를 가깝게 접할 수 있는 문화유산인 것이다.

천재 화가 이인성은 당시 손기정, 최승희와 더불어 사회의 명사였다. 어려서부터 천재 소리를 들으며 20대에 최고상을 수상했고 26세에 심사위원까지 지낸 그였지만, 천재 예술가에게 간혹 보이는 민감한 성격 때문에 생명을 단축하고 말았다.

작가 최인호는 〈누가 천재를 쏘았는가…〉라는 제목의 에세이(《한국일보》, 1974.06.05)에서 이인성이 죽게 된 상황을 상상력을 보태 썼는데, 옮겨보면 이런 내용이다. 1950년 모일 술을 먹고 귀가하던 이인성은 경찰관이 검문을 하자 "조선의 귀재 이인성을 모르느냐"고 호통을 치고 무사히 귀가했다. 그가 높은 사람인 줄 알고 놔준 경찰이 잠시 후 그가 '환쟁이'에 불과하다는 사실을 동료에게 듣자 화가 치밀어 집으로 들이닥쳐 이인성을 총으로 위협하다가 오발로 총이 발사되어 죽었다는 것이다.

한편, 화가 백영수는 회상록 『성냥갑 속의 메시지』에서 말하길, 이인성이 9·28 서울 수복 후에 술을 먹고 통금이 넘은 시간에 귀가하는데 경찰관이 "누구얏!" 하자 이인성은 "너는 누구얏" 대답했다. "거기 섯!" 하자 "니가 거기 섯!" 대답하고, "안 서면 쏜다!" 하니 "쏘아라!" 대답하자 "탕!" 하고 총이 발사되었다.

전시 상황이라 그랬는지 경찰의 총기 발사는 단순 오발 사고로 처리되었다. 어찌 된 사정이건 우리는 이 사건을 통해 화가를 환쟁이라 업신여기는 한국 사회의 어두운 단면과, 뛰어난 천재 예술가에게 흔히 보이는 특유한 성격의 단면을 동시에 보게 된다. 고향 대구에서 그를 기리는 행사가 활발하여 이채원 씨도 최근에는 대구에서 부친을 기리는 사업에 열중하고 있다. [식]

이중섭
(李仲燮, 1916~1956)

화가

평남 평원군 출신. 부농의 집에서 태어나 오산학교를 거쳐 일본 문화학원에서 공부했다. 학교 후배 야마모토 마사코(이남덕)와 결혼해 두 아들까지 얻었으나 6·25전쟁 때 월남하여 가족을 일본으로 떠나보내고 홀로 불우한 삶을 마쳤다. 향토성과 동화적인 그림, 자전적인 그림을 그렸다. 주요 소재는 소·닭·어린이·가족이었다. 대표작

은 〈싸우는 소〉, 〈흰소〉, 〈투계〉 등이 있고 담뱃갑 안에 있는 은지에 송곳을 사용해 그린 은지화는 독창성을 평가받아 뉴욕 현대미술관에 몇 점이 소장되어 있다.

비문

전면

大鄕李重燮畵伯墓碑(대향이중섭화백묘비)

우면

화가 이중섭을 여기다 묻고 조고만 이 돌을 세운다

해설

유족과 몇몇 지인을 제외하고 이중섭의 묘가 망우리공원에 있다는 것을 아는 이가 드물었다. 90년대 말에 공원 내에 연보비 15개를 세울 때, 문화예술인은 박인환 시인만 선정되고 이중섭 화가는 누락되었다. 그 이유를 당시 근무했던 공무원에게 물어보니 "여기 계신 줄 그땐 미처 몰랐다"고 한다. 우리나라에서 근대인의 묘지가 문화유산으로 인식되기 시작한 것은 21

세기 이후인 것 같다.

　비석을 겸한 조각품은 조각가 차근호(1925~1960)가 세웠다. 이중섭의 유해를 묻을 때, 그는 자신도 따라가겠다며 구덩이에 뛰어들 정도로 이중섭을 친형처럼 따르던 후배였다. 그 또한 순수한 예술가로 비운의 삶을 마쳤다. 1960년 정부 공모의 4·19 기념탑 조각가로 내정됐으나 석연치 않은 이유로 갑자기 친일 조각가로 바뀌자, 울분을 참지 못하고 그해 12월 자살한 것으로 추정된다. 순수 예술가가 대접받지 못하고 현실적이고 정치적인 예술가만이 출세하는 세상, 그런 욕망의 짓거리에 염증을 느끼며 후배 차근호 또한 선배 중섭의 뒤를 따라갔다. 차근호는 망우리묘지에서 조금 떨어진 동원초교 근처에 있던 화가 함대정(1920~1959)의 묘 앞에 비석(조각품)도 세웠다. 양원역에 내려 망우리공원으로 가는 길 왼편에 함대정의 묘가 있었는데, 2010년 중랑캠핑숲 건설 시에 어디론가 사라지고 말았다. 사라진 것을 나중에 알고, 비석을 어디로 치웠는지 버렸는지 서울시에 문의해도 회신을 얻을 수 없었다.

　비석의 전면 아래 한자를 쓴 이는 친구 한묵(1914~2016) 화가다. 우측 아래의 글씨는 흙에 덮여 평소에는 잘 보이지 않으나 손으로 헤치면 글이 보인다. 연락처를 모른 채 병원에 안장되어 있던 중섭을 찾은 이는 초등학교 동창인 소설가 김이석인데 그 또한 훗날 망우리묘지의 구리 쪽에 들어왔다.

 파리의 공동묘지에 있는 예술가의 묘 앞에는 생화가 끊이지 않는다고 하는데, 이곳 '국민화가'의 비석에는 자원봉사단의 조화가 꽂혀 있을 뿐이다. 이조차 최근의 일이지 몇 년 전에는 아무것도 없어 필자는 찾아갈 때마다 근처의 야생화를 뜯어 꽂아드리곤 했다. 조각품에는 꽃을 꼽는 구멍도 마련되어 있다. 이중섭 화가는 당신의 방문을 기다리고 있다. [식]

차중락
(車重樂, 1942~1968)

가수

서울 신당동 출생. 경복중고 시절 육상선수로 활약하고 한양대 연영과 재학 시에는 영화감독을 꿈꿨다. 1963년 키보이스 밴드에 들어가 미8군 무대에 오른 첫날부터 큰 인기를 끌었다. 1966년에 엘비스 프레슬리의 노래를 번안한 〈낙엽 따라 가버린 사랑〉이 크게 히트해 그의 대표곡이 되었다. 1967년 말 동양방송 신인가수상을 받으며 스타로 떠올랐으나 바쁜 일정 속에서 무대에서 쓰러져 짧은 삶을 마쳤다.

비문

전면

追慕碑(추모비)

낙엽의 뜻
1969. 2. 10. 시 조병화

세월은 흘러서 사라짐에 소리 없고
나무잎 때마다 떨어짐에 소리 없고
생각은 사람의 깊은 흔적 소리 없고
인간사 바뀌며 사라짐에 소리 없다
아, 이 세상 사는 자, 죽는 자, 그 풀밭
사람 가고 잎 지고 갈림에 소리 없다.
-형 차중경 씀

車重樂 記念事業會(차중락 기념사업회)
(1열 우측부터) 최희준 위키李 박형준 유주용 배호 이미자 김상희 신성일 문희 정훈희 남진 이상열 문주란 한명숙 이금희 현미 태원 이봉조 서영은
(2열) 홍현걸 여대영 김희갑 정민섭 전우 김기덕 박상기 도상보 서종관 김동만 김영전 신태성 강수향 라수성 정봉화 김춘호 김한수 이관용 이정우
(3열) 강찬호 지명길 김순철 황동성 전영수 조영호 이한복 김진원 이상언 김희연 김동조 한태순 진호기 엄진 전달문 옥성빈

윤항기 김홍택 지웅

해설

차중락의 묘는 순환로 전신주 36번에서 관리사무소 방향 30m에 있는 길로 5분 정도 내려가면 왼편에 있다. 서일대학, 면목역 방향이다. 다른 길로 간다면, 면목역 2번 출구에서 진로아파트 가는 마을버스 2번을 타고 종점에 내려 200미터 정도 올라가면 오른쪽에 있다.

묘역의 큰 비석이 마치 차중락 생전의 모습을 연상케 한다. 차중락 형제들은 모두 공부를 잘하고 예체능에도 뛰어났다. 부모 모두 학생 때 육상선수였고 공교롭게 같은 해 타계한 이종사촌 형이 시인 김수영이다. 비문의 맨 아래 차중락기념사업회 맨 앞에 경복고 선배이며 가수협회장인 최희준이 이름을 올렸고 그 외 친분이 있던 당대의 유명 배우와 가수, 작곡가, 작사가, 연주가의 이름이 열거되어 있다.

가족 대부분 미국으로 이민 가서 현재 묘역을 관리하는 이는 동생 차중용 씨다. 중용 씨도 양정고 마라톤 선수 출신으로 한때 키보이스 보컬을 맡아 미8군 무대에서 활약했으나 형의 죽음에 연예계에 환멸을 느껴 평범한 회사원으로 살았다.

차중락의 병실을 끝까지 지킨 이는 미국인 애인 알린Allen이었다. 필자는 중락의 미국 애인 알린의 편지를 중용 씨로부터 받아 처음 세상에 알렸다. 알린의 부탁에 그동안 언론에 공개되지 않았던 것으로, 그 내용은 『망우역사문화공원 101인』에 실려 있다.

〈낙엽 따라 가버린 사랑〉이 세상에 나온 사연은 다음과 같다. 중락의 애인은 이화여대생으로 같은 동네인 장충동에 살았다. 미국 여배우 에바 가드너를 닮은 미인이었고 이대 메이퀸이었다고 한다. 그녀의 부모는 대학 중퇴에 연예인인 중락과의 교제를 반대했지만 둘의 사랑은 변치 않았다. 그러나 그녀는 졸업 후 스튜어디스가 되고, 중락은 밤에 무대에 서는 밴드 활동으로 서로 스케줄을 맞추기 힘들었다. 게다가 중락이 미국 여자를 비롯하여 주위에 여자들이 많다는 말을 친구로부터 전해 들은 그녀의 마음은 약해질 수밖에 없었다. 마침내 어느 날, 그녀는 집안의 소개로 만난 남자를 따라 미국 유학을 간다는 말을 남기고 중락을 떠났다.

그해 1966년 11월 10일, 신세기레코드 사장의 아들 강찬호 작사에, 정민섭이 엘비스 프레슬리의 노래 〈Anything That's Part Of You〉를 편곡하고, 실연 가수 중락의 아픔이 그대로 녹아든 〈낙엽 따라 가버린 사랑〉이 완성되었다. [식]

찬바람이 싸늘하게

얼굴을 스치면

따스하던 너의 두 뺨이

몹시도 그리웁구나

푸르던 잎 단풍으로

곱게 곱게 물들어

그 잎새에 사랑의 꿈

고이 간직하렸더니

아아아 그 옛날이

너무도 그리워라

낙엽이 지면 꿈도 따라

가는 줄 왜 몰랐던가

사랑하는 이 마음을

어찌하오 어찌하오

너와 나의 사랑의 꿈

낙엽따라 가버렸으니

최신복
(崔新福, 1906~1945)
아동문학가·출판인

경기 수원 출생. 호는 영주. 수원에서 화성소년회를 조직하여 방정환과 인연을 맺었다. 1929년 개벽사에 들어가 잡지 《어린이》 편집에 참여했으며 방정환 사후 1941년 『소파 전집』을 편찬했다. 홍제동 납골당에 안치된 소파를 안타깝게 여겨 윤석중 등과 함께 모금 운동을 하여 1936년 망우리 묘를 조성했다. 부모의 묘를 소파 아래에 모셨고 자신도 부인과 함께 소파의 아래쪽으로 들어왔다. 우리나라 최초 수필 전문지 《박문》을 발간했다.

비문

전면

泳柱忠州崔信福延安車元順之墓

(영주충주최신복연안차원순지묘)

누구가 부는지 꺽지 말아요 / 마디가 구슬픈 호드기 오니 / 호드기 소리를 들을 쩍마다 / 내 엄마 생각에 더 섧습니다
-최신복 작

후면

崔信福(최신복) 선생은 1906년 京畿道 水原(경기도 수원)에서 나시어 華城少年會(화성소년회)를 조직하여 少年運動(소년운동)에 힘쓰시고 1929년에는 開闢社(개벽사)에서 小波 方定煥(소파 방정환) 선생을 도와 잡지 〈어린이〉〈學生(학생)〉〈少年(소년)〉 등의 편집에 종사하는 한편, 여러 잡지에 어린이를 위한 많은 글을 쓰시어 아동문학에 기여하시다.

子 寅和
子婦 徐演子

女　恩淑　惠淑　榮淑　華淑　光淑

壻　李祚伊　李鎬敬　徐銅演　金聖元

孫子　鎭旭

孫女　楨允

아들 인화

며느리 서연자

딸 은숙, 혜숙, 광숙, 영숙, 화숙, 광숙

사위 이조이, 이호경, 서동연, 김성원

손자 진욱

손녀 정윤

좌면

一九〇七年 七月二七日 生(1907년 7월 28일 생)

一九五六年 七月二八日 別世(1956년 7월 27일 별세)

우면

一九〇六年 三月 十三日 生(1906년 3월 13일 생)

一九四五年 一月 十二日 別世(1945년 1월 12일 별세)

해설

최신복의 묘는 순환로 좌측 동락천 약수터를 지나 우측 방정환 묘역 입구 왼쪽(방정환 표지석 바로 위)에 있으며, 부인과 합장묘이다. 묘비 전면에는 내외의 이름과 그가 지은 동요 〈호드기〉를 새겼다. 호드기는 물오른 나무나 갈대를 대롱으로 만들어 부는 민속 생활 악기로 흔히 버들피리라고 한다. 최신복의 이름 위에 적은 영주는 그의 호이다. 영주의 묘 위쪽에는 아버지 최경우와 어머니의 묘가 있다.

비석의 후면에는 최신복의 약력과 1남 5녀, 사위 4명, 손자 1명, 손녀 1명의 이름이 있다. 좌측에는 아내 차원순의 태어난 날(1907년 7월 28일)과 죽은 날(1956년 7월 27일)을, 우측에는 최신복의 일기를 적었다.

최신복은 수원에서 상당한 토지 소유자로 큰 과수원 농사를 지은 아버지 최경우와 어머니 마정심 사이의 1남 5녀 중 장남으로 1906년 3월 13일 태어나 1945년 1월 12일 폐결핵으로 별세했다. 향년 40세. 아버지 최경우는 신복 외에 신애·중생·순애·영애·경애 다섯 딸 중 귓병으로 진학 못 한 셋째 순애를 제외하고는 모두 서울 진명·배화학교로 유학을 보낼 만큼 넉넉한 재산과 깨인 인생관을 지닌 사람이었다.

최신복은 배재학교를 졸업하고 일본 니혼대학으로 유학을 갔다. 귀국 후 수원에서 《동아일보》 기자 생활하면서 '화성 소년회'를 조직했으며, 윤석중 등과 색동회 동인으로 활동했다.

1927년에 소파의 부름으로 개벽사에 입사한다. 특별히 소파가 최영주를 부른 이유는 그가 편집의 귀재였기 때문이다. 소파와 활동하면서 소파의 영향을 받아 아동문학가로 활동을 했다. 주요 작품으로는 동요 〈호드기〉, 수필 〈조선에서 제일 긴 강〉, 〈석류나무〉 등이 있다. 그는 우리나라 최초의 수필 전문지 《박문博文》의 발행인이기도 하다.

최신복의 집안은 독실한 기독교 신자였지만 방정환을 만난 후 천도교로 개종할 정도로 방정환의 광팬이자 그림자였다. 아버지는 잡지 《어린이》를 어린아이들에게 구독시켰다. 최신복의 9살 아래 순애의 〈오빠생각〉과 11살 아래 영애의 〈꼬부랑할머니〉 동시를 《어린이》에 발표하는 등 작가의 길을 가도록 했다. 순애는 이를 인연으로 10년 뒤 이원수와 결혼했다.

13

최학송
(崔鶴松, 1901~1932)

소설가

최학송은 1901년 함북 성진군 임명면에서 빈농의 외아들로 출생했다. 너무나 가난한 삶으로 소학교도 제대로 다니지도 못했으나 독학으로 글을 익히고 《청춘》, 《학지광》 등으로 문학의 꿈을 키웠으며, 춘원 이광수를 만나 본격적으로 창작을 했다. 그의 31년 일생 중 글을 쓴 기간은 8년간으로 60여 편의 소설을 발표했다. 22세 되던 해에 '서해曙海(아침바다)'를 필명으로 사용했고 평소 "경험하지 않은 것은 쓰지 않는다"라고 할 정도로 자신이 겪은 일들을 소재로 작품을 남겼다. 《중외일보》 기자와 《매일신보》 학예부장을 지냈다. 최초의 문인장으로 장례를 치렀다.

비문

전면

曙海崔鶴松之墓(서해최학송지묘)

후면

「그믐달」「탈출기」 등 명작을 남기고 간 서해는 유족의 행방도 모르고 미아리 공동묘지에 누웠다가 여기 이장되다. 위원 일동

문학비

전면

작가 崔鶴松 문학비

(1901. 1. 21.~1932. 7. 9.)

여기에 최학송(호 曙海) 선생이 잠들어 있다. 함북 성진 태생인 서해는 일제하 만주와 한반도를 전전하며 곤궁하게 살다 서울서 숨을 거두었다. 그는 하층민의 현실적 삶을 반영한 소설 「고국」, 「탈출기」, 「해돋이」, 「홍염」 등의 문제작을 남겼다.

후면

2004년 7월 9일 서해 서거 72주기에 우리문학기림회원 이영구 김효자 이명숙 이명재 허형만 고임순 김원중 이응수 하혜정 노영희 임헌영 김성진 홍혜랑 임영봉 곽근 짓고 황재국 써서 함께 세우다.

해설

최학송의 묘는 순환로 오른쪽 방향 중랑전망대 직전 왼쪽에 있으며 계단으로 오르면 만난다. 계단 오른쪽에는 기림비가 있고 무덤 오른쪽에 묘비가 있으며, 전면에는 '서해 최학송 지묘'라 적었다. 서해는 최학송의 호이다. 처음에는 미아리공동묘지(1932년)에 안장했으나 망우리공원(1958년)으로 이장했다.

서해는 1901년 함북 성진군 임명면에서 빈농의 외아들로 출생했다. 1918년(18세) 고향을 떠나 간도로 건너가 품팔이, 나무장수, 두부장수 등 밑바닥 생활을 하면서도 문학의 꿈을 꾸었다. 그의 방랑 생활은 작품 〈탈출기〉, 〈홍염〉 등에서 잘 나타난다. 회령(신우촌), 삼상봉, 두만강, 경안역, 오랑캐산, 용정촌 등을 5년간 떠돌았음을 알 수 있다. 서해는 1924년 1월, 《동아일보》에 〈토혈吐血〉을 발표한 이래로 8년 동안 60여 편의 작품을 발표했으며, 우리나라 근대소설사에 있어서 뚜렷한 발자취를 남겼다.

그는 31세에 요절했음에도 4번의 결혼을 했다. 간도에서 결혼한 첫 번째 부인은 가난으로 떠났고, 귀국하고 결혼한 두 번째 부인은 첫째 딸을 낳다가 사망, 상경 전에 결혼한 세 번째 부인도 가난을 견디지 못하고 도망갔다. 그리고 친구 조운의 누이인 조분려와 1926년 4월 9일 조선문단사에서 네 번째 결혼을 했다. 6년 뒤인 1932년 7월 9일 위문협착증으로 출혈이 심해져 관훈동 삼호병원에서 수술 중 사망했다. 당시 부음에는 유가족으로 부인 조씨와 6살, 2살의 아들이 올랐다.

서해가 죽은 후 어머니, 아내, 두 아들 등 네 식구의 행적에 대해선 제대로 알려진 바 없었으나, 《문학사상》 2010년 3월호에 북한의 잡지 《조국》 1985년 9월호에 실린 둘째 아들 최택의 〈생활의 결론-소설 탈출기의 저자 최서해의 회고〉라는 글이 인용되어 실렸다.

최택의 회고에 의하면 "할아버지, 아버지, 나까지 3대가 남의 집 머슴살이를 할 정도로 궁핍했다. 아버지가 먼저 죽고 이어 어머니마저 세상을 떠나자 고아로 거지로 전라도 영광, 서울 등으로 떠돌다가 해방이 되고 1947년 38선을 넘어 자진 월북했다"고 한다.

월북 후 최택은 개성을 거쳐 평양에 들어가 아버지를 기억하는 몇몇 지인을 통해 1949년 3월 김일성종합대학 예비과에 19세에 입학을 했으며, 준準박사가 되었고 평양사범대학(김형직사범대학) 학부장으로 활동하고 있음을 밝혔다. 그 후 행적은 잘 드러나지 않는다.

한편 서해의 대표소설 〈탈출기〉는 신상옥 감독이 북한에 체류하고 있던 1984년 신필림영화촬영소에서 영화로 만들어 상영되기도 했다.

함세덕
(咸世德, 1915~1950)

극작가

인천 출생. 1936년 《조선문학》에 〈산허구리〉를 실으며 등단했다. 대표작인 〈동승〉(1939)이 높은 평가를 받았고 《조선일보》 신춘문예에 〈해연〉(1940)으로 입선했다. 초기에는 유치진의 농촌 배경 희곡의 영향을 받았고 점차 서정적인 특성이 더해졌으나 해방 후에는 사회주의 이념의 세계로 돌아섰다. 〈동승〉을 각색하여 1949년 개봉된 영화 〈마음의 고향〉은 그해 최고의 흥행작이었다. 1991년 연극 〈동승〉이 상연된 지 34년 만에 2025년 〈삼매경〉(이철희 연출)이라는 제목으로 대중 앞에 다시 섰다.

비문

전면

陽根咸公世德之墓(양근함공세덕지묘)

후면

1915년 5월 23일 강화에서 3남 3녀 중 2남으로 출생, 1950년 6월 29일 서울에서 ■[19]사했다. 극작가. 1936년『조선 문학』지에「산허구리」를 발표하여 문단에 등단,『동승(童僧)』으로 劇研座賞(극연좌상)을 수상「해연(海燕)」으로 신춘문예에 입선,「무의도 기행(無衣島紀行)」,「추장 이사베라」,「기미년 3월 1일」,「태백산맥」,「에밀레종」,「산적」,「대통령」등 24편의 작품을 남겼다. "삶은 누군가의 손을 붙잡는 일이고, 누군가에게 손을 내미는 일이다" -『동승』중에서

좌면

1915年 5月 23日 生

---

19 '전'자로 추정된다. 인민군 신분이었고 사고사였으므로 '전사'의 전을 누군가가 지운 것으로 보인다.

1950年 6月 29日 卒

해설

함세덕의 묘는 동원천 약수터 이정표 아래로 내려가 우측 부근에 위치하고 부모와 동생이 모인 가족묘이다. 무덤 위쪽에는 부모, 무덤 오른쪽에는 동생의 묘가 있으며, 한강 조망이 좋다.

함세덕은 1915년 5월 23일 인천시 화평동 455번지에서 아버지 함근욱과 어머니 송근신 사이에서 태어났다. 출생과 동시에 아버지의 근무지에 따라 목포로 갔다가 다시 인천으로 돌아왔다.

인천상업학교를 입학해 집 근처 애관극장에서 영화, 악극, 연극 공연을 관람하며 연극의 꿈을 키웠다. 상업학교 4학년 당시 선배들의 졸업 환송회 때 박승희의 〈아리랑 고개〉를 연출한 것으로 알려진다.

1934년 인천상업학교를 졸업했다. 당시 졸업생들은 대우가 좋은 은행을 선택했지만, 함세덕은 지금의 충무로 어디쯤에서 일본인이 경영하는 일한서방에 취직했다. 연극에 관한 많은 서적을 탐독한 세덕은 해양문학과 아일랜드 문학에도 심취했다.

세덕은 이곳에서 희곡보다는 〈내 고향은 황혼〉, 〈저 남극 이야기〉, 〈저녁〉 등 세 편의 시를 《동아일보》에 발표했다. 이 무렵 단골손님이던 수필가 김소운과 만나 교유하고, 세덕이 1년 남짓 근무하던 서점을 그만두자 김소운은 자신이 운영하던 아동문학 잡지 《목마》의 편집일을 맡겼다. 여기서 운명과 같이 스승 유치진을 만나 극작법을 배웠다. 1년 뒤 서점을 그만두고 금강산 여행을 다녀와 〈동승〉을 기획했다.

1936년 《조선문학》에 단막희곡 〈산허구리〉로 등단했으며, 1939년 《동아일보》 주최 제2회 연극대회에 참가 〈동승〉의 전신인 〈도념〉을 무대에 올려 극연좌상 劇研座賞을 받음으로써 연극계에 주목을 받으면서 많은 작품을 발표하고 승승장구한다. 하지만 일제가 1939년 내지인의 조선말 연극을 금하게 되자 26살 세덕은 많은 갈등을 겪으면서 일본인의 입맛에 맞는 친일 성향인 작품 〈추장 이사벨라〉, 〈에밀레종〉 등을 발표한다.

세덕은 해방 후 조선연극동맹에 참여해 사회 비판과 사회주의 이데올로기 희곡 〈태백산맥〉, 〈고목〉, 〈대통령〉 등을 발표하고 1947년 홀연히 월북했다. 친일 이력과 카프 참여 등에 따른 심적 부담이 있었고 당시 이북에서는 예술가들을 환대했기에 월북을 선택한 것으로 보인다.

세덕은 1950년 6·25전쟁 중 북한 인민군 선무반 제2진으로 남하, 6월 29일 서울의 신촌 부근에서 수류탄 오발 사고로 사망했다. 서대문 적십자 병원에서 동생 성덕이 형임을 확인하고, 그해 망우리공원으로 왔다.

함세덕의 작품은 1988년 해금되었다. 그의 데뷔작이나 다름없는 〈산허구리〉와 대표작 〈동승〉은 연극인과 대중에 많은 사랑을 받으며 연극과 영화 등 다양한 장르로 계속 발표되고 있다.

3부

모든 삶은 누군가에게 기억된다

- 한국 근대 개척자의 비석

망우리공원 역사 인물들의 생애는 대체로 조선 말에서 일제강점기, 해방 공간, 대한민국 건국의 시기에 걸쳐 있다. 이때는 개방과 개혁, 변혁이 한꺼번에 밀어닥친 혼돈과 소용돌이의 시기이면서 정치, 사회, 문화, 교육 각 분야에서 근대의 틀이 갖춰지던 시기이기도 하다.

이 책의 3부는 대한민국 근대의 문을 열어젖히며 각자의 분야에서 선구자의 삶을 살아간 인물들의 이야기다. 이들은 대부분 해외 유학을 다녀왔으며, 그 경험을 살려 사회의 지도층 인사로 활동했다. 개척자의 삶을 살다 보니, 이들의 이름 앞에는 으레 '최초', '초대', '효시', '선구'와 같은 수식어가 붙곤 한다.

선진 기상예측 시스템을 구축한 관상대장(기상청장) 국채표, 초대 여경국장 김분옥, 식품영양학의 토대를 마련한 '콩박사' 김호직, 독창적인 국어 문법과 철자법을 제시한 박승빈, 유학 개혁 운동에 앞장선 설태희, 한국 의학과 근대 병원의 선구자 지석영과 오긍선, 새 정치의 꿈을 펼치지 못한 비운의 정치인 장덕수와 조봉암, 식물분류학의 선구자 장형두, 여권 신장에 앞장선 박은혜와 차숙경 등이 3부의 주인공들이다.

여기에 문화예술을 사랑했던 명온공주와 조선 왕가의 사위로 품격 있는 삶을 살아갔던 부마 김현근, 한국인보다 더 한국의 자연과 민속을 사랑했던 민예연구가 아사카와 다쿠미 역시 망우리 공원에 향기를 전하는 아름다운 사람들이다.

국채표
(鞠埰表, 1906~1969)

기상학자

전남 담양 출생. 중앙고보 졸업. 1929년 연희전문 수학물리학과(수물과), 1939년 교토대 수학과 졸업. 이화여고 교사, 교감을 지냈다. 해방 후 스승 이원철의 부름으로 관상대 부대장이 되고 1949년 시카고대학에서 석사학위를 받고 귀국, 1961년 2대 중앙관상대장에 취임하면서 한국 기상학계를 이끌어가는 존재가 됐다. 그는 당시 최신의 과학으로 여겨진 인공강우 실험을 추진하여 세계 기상학계에서 한국의 위상을 높여보고자 했다. 1967년 퇴임했다. 1963년 한국기상학회 회장, 1964년 교토대 이학박사. 2020년 대한민국 과학기술유공자 선정.

비문

전면

고 국채표 박사 영전에 드림

한 떨기 썰매 꽃처럼 청아하고 높은

님의 자취 이곳에 남기시니

님 가신 곳 더욱 빛나오리다

1969년 3월 25일 문학박사 이병도 글 문하생 씀

후면

西紀 一九六九년 二월 五일

未亡人 李慶熙

嗣子 光鍊 廷鍊 百鍊

子婦 金明淑

孫 眞元

서기 1969년 2월 5일

미망인 이경희

자녀 광련 정련 백련

며느리 김명숙

손 진원

해설

국채표의 묘역은 전신주 41번 서일대 방향으로 '오거리쉼터' 김진성 묘역 근처에 있다. 이곳에는 국채표 가족무덤 3기가 있다. 국채표 무덤 오른쪽에는 부모의 묘가, 왼쪽 언덕에는 그의 동생 묘가 있다.

  비문에는 생몰이 없지만, 국채표는 1906년에 태어나 1969년 2월 5일 오전 서울 성북구 자택에서 나서다가 눈길에 미끄러져 뇌진탕으로 별세했다. 향년 64세. 유족으로는 부인 이경희와 광련, 정련, 백련 3남이 있고, 며느리는 김영숙이며 손자는 진원이다. 비문은 1개월 20일 뒤인 3월 25일 문학박사 이병도가 글을 짓고 문하생 누군가가 글씨를 써 세웠다. 묘비명을 지은 역사학자 이병도는 국채표의 중앙고보(중앙고) 은사였다.

  국채표는 1946년 국립중앙관상대 부대장으로 임명되자 '라디오존데radiosonde'라는 기상관측기를 이용하여 기존의 5km에서 23km로 띄어 올리는 고층권 기상 연구를 수행했다. 이 실험을 지켜본 초대 관상대장 이원철은 "고층권의 기상을 완전히 관측할 수 있는 것은 우리 과학계에 귀한 기록이라 할 것이다"라고 칭찬했으며, 기술진 양성계획에 42세의 국채표를 선정해 미국으로 유학 보냈다. 이원철과 국채표는 연희전문 시절 수물과 시절 사제지간이었다. 이원철은 1926년에 독수리자리 에타별이 변광성임을 입증하고 한국인으로는 처음으로 미국에서 이학박사 학위를 취득했다. 그 별을 '원철성星'이라 부른다.

미국에서 한국인 최초 기상학 석사학위를 취득한 국채표는 1961년 귀국했다. 귀국 후 관상대장 이원철로부터 관상대장 제안을 받았다. 국채표는 제2대 관상대장에 오를 당시 봄 가뭄이 길어지자 인공강우 실험을 추진해 세상의 주목을 받았다. 하지만 인공강우 사업의 선진국인 일본을 오가며 더 나은 기술을 습득하려 했지만 실패했다.

그는 전화번호 73-0060을 누르면 기상대의 기상예보를 알려주는 '자동일기예보기', 즉 지금의 '131 기상콜센터' 제도를 도입했다. 이어 '고층기상관측소'와 '농업기상관측소' 설립, 해외 기상도를 실시간으로 전달받는 '기상 팩시밀리'를 배치하는 등 선진화된 기상 예측 시스템도 구축했다.

국채표는 1963년 한국기상학회를 창립해 회장으로 활동하면서 1960년대 낙후된 우리나라의 기상학을 세계적 수준에 도

달할 수 있는 토대를 만들었다. 후학들은 그를 '세종대왕 이후 최초의 기상학자'라고 불렀다. 국채표는 2020년 한국의 기상학 발전의 토대를 마련한 선구적인 기상학자로 인정받아 대한민국 과학기술 유공자에 선정됐다. [수]

김분옥
(金芬玉, 1903~1966)

교수·경찰

평암 강서군 출생. 가사학 분야의 선구자다. 1915년 이화학당에 입학, 1919년 3·1운동에 참여했다. 이후 이화여전에 진학, 농구 선수로 활동하고 웅변도 잘했다. 근우회 동경지회 설립에 참여했으며 오리건 주립대학에서 가정학을 공부한 후 이화여전 가사과 교수를 지냈고 해방 후 초대 여경국장을 지냈다.

비문

전면

金芬玉女史之墓(김분옥여사지묘)

후면

一九0三年(1903년) 陰 十一月 十二日(음11월 12일) 平南(평남) 江西郡下(강서군하)에서 內部(내부) 主事(주사) 金克瑞氏(김극서씨) 二女(2녀)로 誕生(탄생)하시다 어려서부터 英特(영특)하야 韓國(한국) 女性(여성)의 無知(무지) 未開(미개)함을 痛歎(통탄)하고 速(속)히 現代(현대) 敎育(교육)을 받아서 婦女(부녀) 啓蒙(계몽)을 하겠다고 決心(결심)하고 十二歲(12세) 때 上京(상경)하여 梨花學堂(이화학당)에 入學(입학)하시다. 成績(성적)이 優秀(우수)하야 여러번(번) 越班(월반)도 하고 늘 班(반)의 首位(수위)를 찾이하셨다. 在學時(재학시)는 放學(방학)때마다 農村啓蒙運動(농촌계몽운동)과 傳道講演(전도강연)에 바빴고 三一運動(삼일운동) 때는 柳寬順(유관순)과 같이 民族運動(민족운동)의 先鋒(선봉)이 되였다. 學校(학교) 當局(당국)에서는 그 才質(재질)을 賞(상)하야 梨花大學(이화대학)을 卒業(졸업)하자 奬學生(장학생)으로 渡美(도미) 留學(유학)을 시켜 家事科(가사과)를 專攻(전공)케 했고 歸國後(귀국후)는 母校(모교)에서 敎鞭(교편)을 잡고 家事科(가사과) 創設(창설)에 功(공)을 남겼다. 美國(미국)에서 金海(김해) 后人(후인) 金良千氏(김양천씨)와 알게 되어 一九三0年(1930년) 歸國(귀국)하야 結婚(결혼)하고 三男二女(3남2녀)를 두어 團欒(단란)한 家庭(가정) 雰圍氣(분위기) 속에서 子女敎育(자녀교육)에 專心專力(전심전력)하시와 五男妹(5남매) 全員(전원) 渡美(도미) 留學(유학)을 시켰고 밖으로는 産業發展(산업발전)에 힘써 國家經濟(국가경제)의 再建(재건)을 꾀하고 안으로는 勤儉節約(근검절약)을 몸소 實踐(실천)하야 治産(치산)에 能(능)하셨다. 祖國解放後(조국해방후)는 國家社會(국가사회)에 몸을 바쳐 經濟面(경제면)과 婦女運動(부녀운동)에 獻身努力(헌신노력)하여 많은 功(공)을 남겼으며 同氣間(동기간)이나 親知間(친지간)에 友愛(우애)가 깊어서 남을 돕고 協助(협조)하는 情神(정신)이 豐富(풍부)하셨다

末年(말년)에 夫君(부군)을 따라 渡美(도미)하여 在美中(재미중)인 子孫(자손)을 고루 만나본 後(후) 故國(고국)에 油類供給(유류공급)의 圓滑(원활)을 圖謀(도모)하여 祖國經濟(조국경제)를 돕고자 母國訪問(모국방문) 旅行中(여행 중) 不意(불의)의 病(병)으로 呻吟(신음)하다가 藥石(약석)의 効(효)를 얻지 못하고 一九六六年(1966년) 四月(4월) 十三日(13일) 篤實(독실)한 信仰(신앙)을 갖이고 永眠(영면) 昇天(승천)하시다

좌면

夫 金良千 女 愛蓮 愛羅 愛多, 嗣子 海利 海英 海昇
(부 김양천 녀 애련 애라 애다, 사자 해리 해영 해승)

우면

主后 一九六六年 四月三十日 建立 同生 晩軾 지음

(주후 1966년 4월 30일 건립 동생 만식 지음)

해설

중랑망우공간에서 우측 용마산 방향으로 가다 왼편에 망우리 사잇길 입구가 나온다. 그 위로 올라가 능선 오르기 전 왼편으로 들어가면 갓을 쓴 비석과 묘가 나온다.

김분옥은 3·1운동이 발발하기 바로 전날에 유관순, 국현숙, 김희자, 서명학 등 4명의 고등과 1학년 학우들과 5인의 결사대를 조직하고 3월 1일에 담을 넘어 만세 시위에 적극 참여했고 3월 5일의 학생연합시위에는 유점선, 노예달, 신특실, 유관순, 서명학과 참여했다.

김분옥은 평남 강서군 출신이다. 모친 박남신의 묘가 위편 능선 아래에 있는데, 그 비문에 따르면 모친은 독실한 기독교 신자로 도산 안창호가 세운 탄포리교회의 집사였다. 훗날 도산의 조카딸인 안성결은 자신의 저서에 김분옥이 방학 때면 고향에 내려와 탄포리교회의 부흥에 큰 힘을 썼다고 했다. 망우리의 다른 흥사단원처럼 모녀도 도산 선생과 가까운 곳에 묘를 정했던 것 같다.

김분옥은 12세에 상경하여 이화학당을 거쳐 이화여전 문과에 진학했다. 1927년 이화여전 졸업 후 동대문부인병원 부속 간호원양성소 교사를 지냈고 미국 오리건주립대에서 가정학을 공부하고 이화여전 가사과 교수로 부임했다.

1933년에 학교를 퇴직하고 해방 전까지 육아에 전념했다. 해방 후에는 미군정 하의 보건후생부 아동후생과에서 일하다 47년 7월에 경무부 여자경찰과장(총경)에 임명되고 48년 3월에 '과'가 '국'으로 승격되며 약 5백여 여경의 수장인 초대 여자경찰국장으로 취임했으나 그해 9월 21일 의원사직했다.

1952년에는 자유당 중앙위원 부인회 위원으로 선출되었고 1960년에는 대한부인회 최고의원을 지내며 여성계의 지도자로 활약했다. 말년에는 유류의 한국 수입을 추진하다가 폐암 진단을 받고 수술을 받았으나 결과가 좋지 않아 1966년 세상을 떠났다.

남편 김양천은 평양 출신으로 미국 유학 후에 1941년 유한상사(주) 설립 시 이사로 참여했다. 정부 수립 후 이승만 대통령의 비서관으로 일하고 1949년 대한전국학생정구연맹 회장, 6·25 때는 주한유엔사령부에서 통역관을 지내고 1961년 한국정경협회 이사를 지냈다.

가족이 모두 미국에 있어서인지 연락이 되지 않고 묘도 제대로 관리가 되고 있지 않다. 유관순과 연관된 인물이고 망우리공원 내 소수 여성 중의 한 사람이라는 중요한 가치를 인정해 중랑구청이 묘지의 관리를 지원하고 있다. [식]

김호직

(金浩稙, 1905~1959)

영양학자·문교부 차관

평북 벽동군 출생. 학자 및 교육자, 관료로 활동했다. 주요 저서 및 논문으로 『조선식물개론』(1944년), 「소맥분 보강에 대한 연구」, 「콩단백에 관한 연구」, 「콩단백의 영양학적 연구」 등이 있다. 일본 동북제국대학, 미국 코넬대학을 졸업하고 이화여자전문학교 교수, 숙명여자전문학교 교수를 지냈다. 우리나라 음식의 우수성을 조명하고 음식물에 대한 연구법을 제시했다. 1955년 문교부 차관에 임명되었고 1959년 과로로 별세했다.

비문

전면

故理學博士豐山金公浩稙之墓 配 孺人 密陽朴氏祔左

(고 이학박사 풍산 김공호직지묘 배 유인 밀양박씨 부좌)

후면

雅号 豊山金公浩稙(아호 풍산김공호직)

出生地 平安北道 碧潼郡 碧潼邑(출생지 평안북도 벽동군 벽동읍)

生年月日 檀紀 四二三八年 四月十六日(생년월일 단기 4238년 4월 16일)

亡日 檀紀 四二九二年 八月三十一日(망일 단기 4292년 3월 31일)

學歷及略歷(학력 및 약력)

水原高等學校農林學校卒業(수원고등학교 농림학교 졸업)

日本東北帝國大學卒業(일본 동북제국대학 졸업)

美國코-넬大學卒業同大學에서理學博士學位授與(미국 코넬대학 졸업 동대학에서 이학박사 학위 수여)

梨花女子專門學校教授(이화여자전문학교 교수)

淑明女子專門學校校長(숙명여자전문학교 교장)

國立農事技術院副總裁(국립농사기술원 부총재)

유네스코韓國委員會副委員長(유네스코 한국위원회 부위원장)

學術院會員自然科學分科委員長(학술원 회원 자연과학분과위원장)

教育部次官(교육부 차관)

財團法人末日聖徒예수그리스도教會理事長(재단법인 말일성도예수

그리스도 교회 이사장)

서울特別市教育委員會副議長(서울특별시 교육위원회 부의장)

建國大學校畜産大學長(건국대학교 축산대학장)

유네스코第七次世界大會에韓國首席代表로參席(유네스코 제7차세계대회에 한국수석대표로 참석)

UN本部招請FAO東南亞地域研究會講師로參席(UN본부 초청 FAO 동남아지역연구회 강사로 참석)

좌면

一九O八年 一月 五日 生 一九八O年 六月 三日 卒(1908년 1월 5일생 1980년 6월 3일 졸)

우면

建立 己亥年 陰八月 十五日(건립 기해년 음팔월 십오일)

妻 朴必根 長子 辛煥 次子 泰換(처 박필근 장자 신환 차자 태환)

해설

망우리 고개 도로에서 공원 입구 주차장 차단기 좌측 도로변에 축대가 보인다. 축대 위로 올라가 거슬러 내려가면 우측에 묘지 입구를 알리는 표석이 서 있다. 돌계단을 끝까지 올라가면 묘소가 나온다. 여기는 사설묘지라 관리사무소에도 자료가 없다.

전북대 과학학과 김근배 교수는 논문 「한국의 과학기술자와 과학 아카이브」에서 '100인의 근·현대 과학 기술자(1880~1970년대)'를 선정했는데, 여기에 망우리에 계신 지석영, 오긍선, 이영준과 더불어 김호직을 포함했다. 과학기술계의 선구자가 네 분이나 모여 있는 곳이 망우리공원 말고 달리 있을까.

1924년 3월 수원고등농림학교(서울농대)를 수석으로 졸업하며 졸업생 답사를 맡았다. 전주 신흥고보 영어교사를 거쳐 대구 계성학교 박물교사로 2년간 근무하고 일본으로 건너가 1930년 일본 도호쿠東北제국대학 생물학과를 졸업했다.

귀국 후 이화여전과 숙명여전 교수로 생물학 및 영양학을 가르쳤다. 우리나라 음식물의 영양가를 연구 조사하여 『조선식물개론』을 간행하여 한국 음식물의 우수성을 알리고, 아울러 한국 음식물에 대한 연구법을 제시했다. 이 책은 일본어판이라 망우리연구소는 조만간 번역하여 출간할 예정이다.

1946년 2월 국립수원농사시험장을 거쳐 1947년 12월 농사개량원 부총재가 되었다. 1948년 11월 정부대표로 FAO(유엔식량농업기구) 제2차 총회에 출석하고 1949년 2월 정부 유학생으로 도미하여 1950년 2월 코넬대학에서 영양학 석사학위를 받고 1951년 귀국, 9월 동 대학원에서 논문 「콩 단백의 영양학적 연구」로 이학박사 학위를 받았다.

 김호직은 코넬대학 유학 중인 1951년 한국인으로서는 최초로 서스케하나 강에서 모르몬교 침례를 받았다. 그가 물 밖으로 나오는 순간 "내 양을 먹이라 Feed my sheep"라는 강하고 부드러운 음성이 들려왔다고 한다. 나(예수)를 믿는다면 목자인 너는 나의 양(신자)을 먹이라는 말이다. 이는 그의 삶의 지침이 되어 '콩박사'의 길을 걷게 되었다. 영양학자로서 국민 영양 개선과 농사 교육 보급에 이바지한 공로로 1953년 대통령상을 수상했다. [식]

명온공주와 김현근

명온공주(明溫公主, 1810~1832)

조선 23대 왕 순조의 첫 딸이며, 오빠 효명세자의 동생이다. 8세 때 공주로 책봉되면서 '명온_{明溫}'이라는 봉호를 받았다. 14세 때 안동 김씨 집안의 김현근과 결혼했으나 23세에 요절했다. 병약하여 슬하에 자식이 없었으며, 양자를 들여서 장례와 제사를 치렀다. 생전에 품성이 조용하고 왕실 사람들과 잘 어울려 주위의 칭송이 자자했다. 특히 오빠 효명세자와 가까이 지내 서로 주고받은 편지와 시문이 남아 있다. 효명세자는 동생이 책과 매화, 난초를 좋아하여 '매란여사_{梅蘭女史}'라는 아호를 내렸다고 한다.

김현근(金賢根, 1810~1868)

명온공주와 결혼하여 부마 동녕위東寧尉에 봉해졌다. 자는 성희聖希, 호는 죽사竹史이다. 안동 김씨이며 병자호란 때 강화도에서 자결한 김상용의 8세손이다. 할아버지는 이조판서를, 아버지는 공조판서를 역임했다. 명온공주와 결혼하여 종친이 된 뒤 국가 행사에 여러 번 참여했으며 연행사로 외교사절을 이끌고 두 차례 북경을 다녀왔다. 철종의 명정銘旌을 쓰고 왕릉행사를 주관했으며, 경복궁 중건 때에는 공사 전체 과정을 책임지는 영건도감 제조로 활동했다. 59세에 사망하여 명온공주 묘에 합장되었으며, 영의정에 추증되었다.

비문[20]

전면

上輔國崇祿大夫東寧尉贈領議政金公賢根之墓(상보국숭록대부 동녕위 증영의정 김공현근지묘)

明溫公主祔左(명온공주 부좌)

---

20 김현근의 비문은 명온공주의 비문에 잇대어 쓰여 있다. 요절한 명온공주의 비석이 먼저 세워졌는데, 김현근이 죽자 새로 비석을 만들어 두 사람의 비문을 함께 새긴 것으로 보인다.

후면

明溫公主墓表石陰記(명온공주묘표석음기)

我聖上三十有二年壬辰六月十有三日戊子.明溫公主卒.距其生庚午十月十有三日.僅二十有三歲.越四日辛卯.上遣使親爲文祭之.捧讀者.失聲不能竟.其文有曰.明慧端莊之相.婉順愉和之聲.於是中外觀者.又咸知主德性之懿.得乎天而成乎敎.有若是者.益相與齎咨悼嘆.助聖上悲惻也.公主我聖上長女.我中宮殿下所生也.八歲受封號.十四.釐降于東寧尉安東金賢根.爲右議政文忠公諱尙容之八世孫.吏曹判書今致仕奉朝賀履陽.今尙衣院僉正漢淳.其祖若父也.公主生長宮壼.泊然無嗜好.惟喜觀書籍.嘗言天下之樂.莫樂於視書.以故發言中律.不習而能.其明慧有若是者.至平居穆然寡言.左右任使.無敢有閒漫語者.枕几在傍.一未嘗跛倚日.無故嬺惰.非女子行也.其端莊有若是者.上奉兩殿.婉婉恒有.儒子色.逮下嫁.公姑宗黨.融恬諧洽.十載之間.無毫忽不得其適.其婉順愉和.有若是者.以若是之德之盛.而顧不克饗有純祉.昌大厥後.以增我邦家之光.乃反夭閼其年.仰憾我聖上.嗟乎此曷故焉.我孝明世子孝友植於天.于主特有深愛.主每自私第詣闕.必躬迎于禁門之內.其送亦如之.嘗錫嘉號曰梅蘭女史.盖喩其志之潔而德之馨也.主素少疾恙.及世子棄靑邸.遽驚慟得沉痼.方在床茲中.聞福溫公主喪.益增飢.不可復

醫.嗚呼悲夫.主甞再有娠.竟不能育.以是歲八月之望.卜葬于楊州鍾巖嚮卯之原.奭周職司翰.受命當表墓.夫宮掖閨閫之蹟.匪外廷所得詳也.惟是我.聖上.暨先世子華袞之辭.懸諸日月.彛鼎琬琰.重莫與京.爰敬述以鑴于石.嗚呼.其庶幾可徵于百世歟.

(번역문)

명온공주 묘비에 새긴 글

우리 임금 32년 되던 임진년(1832) 6월 13일 무자일에 명온공주(明溫公主)가 죽었다. 경오년(1810) 10월 13일 태어났으니 겨우 23년을 살았을 뿐이다. 죽은 지 나흘이 지난 신묘일에 임금님께서 신하를 파견하여 직접 지은 제문으로 제사를 지냈다. 그 제문을 읽는 사람이 목이 메어 끝까지 읽지를 못했다. 그 제문에는 이러한 구절이 있다. "총명하고 슬기롭고 단정하고 장엄한 얼굴에 예쁘고 순하고 즐겁고 온화한 말투를 가졌구나. 이에 보는 사람들은 덕성에서 나오는 아름다움이 모두 하늘에서 타고났으며 가르침을 통해 완성되었음을 알게 됐다." 이러한 공주였기에 모두 더욱 애도하고 한탄했으니, 임금의 슬픔은 더욱 깊었다.

공주는 우리 임금의 장녀이고 우리 중궁 전하의 소생이다. 8세에 봉호를 받았으며, 14세에 동녕위(東寧尉) 안동 김씨 김현근

(金賢根)에게 시집을 갔다. 김현근은 우의정 문충공 김상용(金尙容)의 8세손이고, 이조판서를 역임하고 지금은 벼슬에서 물러난 봉조하(奉朝賀) 김이양(金履陽)과 현 상의원(尙衣院) 첨정(僉正)인 김한순(金漢淳)이 각각 그의 할아버지와 아버지이다.

공주는 궁중에서 나고 자랐으며, 순박하여 특별히 좋아하는 취미는 없었다. 다만 책 보는 것을 좋아하여 세상의 즐거움 가운데 글을 읽는 것보다 큰 것이 없다고 했다. 그래서 말을 하면 법도에 맞았는데 이것은 배워서 할 수 있는 게 아니었다. 총명과 지혜를 타고난 게 이와 같아 평소 생활할 때는 말이 적었고 좌우의 시종들을 부릴 때에는 함부로 말하는 법이 없었다. 침상이나 의자가 옆에 있어도 한 번도 걸터앉지 않으며 "나태하고 구차하게 생활하는 것은 여자의 행실이 아니다"라고 했다. 공주가 단정하고 장엄함이 이와 같아서 위로 어버이를 받들 때는 항상 아름다운 용모를 갖추어 어린아이의 낯빛을 했으며 사대부 집안에 시집가서는 시부모와 집안사람들과 화합하며 잘 어울렸다. 시집가서 10년을 보내면서 조금도 법도를 잃지 않았다. 온순하고 화기애애하며 화합하는 게 이와 같고, 덕의 성대함이 이와 같았다. 그러나 순수한 복을 누리며 후손이 창대하고 나라의 광영을 증대하게 하지 못하고 도리어 젊은 나이에 요절해 우리 임금을 슬프게 했으니, 아 이 무슨 까닭인가?

우리 효명세자는 효성과 우애를 하늘에서 받았으며 임금님의 특별한 총애를 입었다. 공주가 시댁에서 궁궐에 올 때면, 세자는 반드시 대궐문 안에서 몸소 전송을 했다. 일찍이 공주에게 매란여사(梅蘭女史)라는 아름다운 호를 내렸는데, 이는 공주의 뜻이 고결하고 덕이 향기로움을 비유한 것이다. 공주는 어려서부터 병이 있었고, 세자가 동궁(東宮)에서 세상을 뜨면서 더욱 놀라고 슬퍼하여 병이 깊어졌다. 게다가 병상에 있으면서 복온공주(福溫公主)의 부음까지 듣게 되었으니 더욱더 병세가 악화되어 다시는 치료할 수 없게 되었다.

아 슬프다. 공주는 일찍이 두 번 임신을 했으나 한 명도 살려 기르지 못했다. 공주의 장례는 이해 8월 15일 양주(楊州) 종암(鍾巖)의 묘향(卯向) 언덕에서 치렀다.

글 짓는 관리의 직분을 맡은 홍석주는 임금의 명을 받고 무덤의 비문을 짓는다. 무릇 궁중 생활을 하는 규수들의 자취는 밖에서 소상하게 알 수 없다. 오직 우리 임금과 이미 돌아가신 세자의 글이 해와 달처럼 분명하고 역사에 아름답게 남아 있으니 이보다 더 중한 일이 없다. 이에 공경히 받들어 비석에 새겨두어 백세 이후까지 증거로 남을 수 있기를 바라마지 않는다.

동녕위 김현근의 묘비에 새긴 글

東寧尉 金賢根 墓碑文

明溫公主旣葬之三十有七年.都尉金公卽世.越二年合封于公主墓.實楊州鍾巖之酉原也.後二十有三年.公之孫參判德圭.奉公誌狀.屬章錫以表阡之文曰.子之外大父淵泉洪公.奉教撰貴主碑.今甲子一周.而子又職太史.敢以請.謹按公諱賢根字聖希.安東人.仙源文忠公諱尙容八代孫也.考諱漢淳.工曹判書贈領議政.妣贈貞敬夫人平山申氏慤之女.祖諱履陽吏曹判書致仕 贈領中樞.曾祖諱憲行判官贈領議政.公以純祖庚午生.十四尙公主授東寧尉.再奉使命.六爲享官.提擧之司十三.今上乙丑.特階上輔國判敦寧義禁府.異數也.公事親有至性.侍疾不懈.居喪哀毁踰節.與伯氏判書公日夜對床怡怡如也.公在童子時.召試五言絶句.意暢而辭炳.純廟大奇之.及選貳室.益謹重自持.奉職以勤.待人以誠.公素愛林泉.起亭東門之外.左右琴書.蕭然有塵外想.晩年守制結城墓側.病甚.家人請還京第醫治不能得.伯氏涕泣力勸而後乃行.入閭六日而卒.戊辰八月二十五日也.訃聞上震悼.特贈上相.賵以東園副器.庀喪葬如典.系子炳三敦寧參奉蚤歿.取族侄炳瓘子德均爲孫.改今名.庶子炳洙判官.炳河監察.炳龍檢書官.公雖早貴.循蹈規矩.出入禁闥垂五十年.終始謙約.用能保受五朝殊眷.蔚然稱賢儀賓.洵可爲子孫法也.其隱卒之教.若曰小心謹愼.一生執守.予亦有深知者.於乎.是足以華袞百世矣.

崇禎紀元後五壬辰六月 日 改立

崇政大夫原任吏曹判書 督辦內務府事 兼弘文館大提學 藝文館大提學 知成均館事 奎章閣提學韓章錫 謹撰

前面 再從弟正憲大夫 原任吏曹判書 議政府左參贊 協辦內務府事 侍講院檢校輔德 奎章閣直提學 聲謹 書

陰記 姨姪資憲大夫工曹判書 原任奎章閣直提學 尹用求 謹書

(번역문)

명온공주(明溫公主)를 장사 지내고 나서 37년이 지나 도위(都尉) 김공이 세상을 떠나자 2년 후에 공주의 묘소에 합장했으니 묘소는 바로 양주(楊州) 종암(鍾巖) 유좌(酉坐)의 언덕이다.

그 뒤 23년이 되어 공의 손자 참판 덕규(德圭)가 공의 묘지(墓誌)와 행장(行狀)을 받들고 와서 나에게 묘비문을 부탁하면서 하는 말이, "그대의 외조부 연천(淵泉) 홍공(洪公, 洪奭周)께서 왕의 교시를 받들어 공주의 비문을 찬술했는데, 지금 한 갑자(甲子, 60년)가 지나고 그대가 또 사관(史官)의 직책을 맡고 있으니 감히 비문을 청합니다" 했다.

삼가 살펴보건대, 공의 휘는 현근(賢根)이고 자는 성희(聖希), 호는 죽사(竹史)이며 본관은 안동(安東)이다. 선원(仙源) 문충공 김상용(金尙容)의 8대손이다. 아버지의 휘는 한순(漢淳)이니 공조판서를 지내고 영의정에 추증되었고 어머니는 증 정경부인 평산신씨(平山申氏)이니 각(慤)의 따님이다. 할아버지 김이양(金履陽)은 이조판서로 관직에서 물러나 영중추부사에 추증되었으며 증조부는 김헌행(金憲行)인데 판관(判官)을 지냈고 영의정의 증직[21]을 받았다.

공은 순조 임금 경오년(1810) 12월 12일에 출생하여 열네 살에 공주에게 장가들어 동녕위(東寧尉)에 제수되었다. 공은 두 번 사신의 명을 받들었고, 여섯 번 종묘 제례의 제관이 되었으며, 13년 동안 제거(提擧)의 직책을 맡았다. 지금의 임금 을축년(1865)에 특명으로 상보국판돈령의금부의 품계에 올랐으니 특별한 예우였다. 공은 지성스러운 품성으로 어버이를 섬겼으며 병환 중에는 시중들기를 조금도 게을리하지 아니했고 장례를 치를 때에는 지나치게 슬퍼하여서 몸이 야위어 예절의 법도를 벗어날 정도였다. 형님인 판서공과 밤낮으로 함께 침상을 마주하면서 화목하고 즐겁게 지냈다.

공이 어릴 때 왕이 불러 오언절구 짓기를 시험하니 뜻이 화통하고 언어 사용이 분명하여 순조께서 대단히 기특하게 여겼다. 왕궁의 별실(別室)로 거처를 옮기게 되어서는 더욱 신중하고 침

---

21 죽은 뒤에 품계와 벼슬을 추증하던 일

착하여 스스로 자제하고 분수를 지켰다. 부지런히 공무에 종사하여 사사로운 인정에 매이지 않았으며 진심으로 사람들을 대우했다. 공은 평소에 산림과 자연을 좋아하여 동문 밖에 정자를 지어 놓고 거문고와 서책을 좌우에 두고 초연히 속세 밖의 세상에 마음을 두었다.

만년에 충청도 결성(結城)에 있는 선친의 묘소 옆에서 삼년상의 예를 지키려 했으나 병환이 깊어졌다. 집안사람들이 도성의 사가로 돌아가 의원의 치료를 받을 것을 간청했으나 듣지 않았다. 백씨께서 눈물을 흘리며 힘써 권한 뒤에야 마침내 길을 떠나 도성에 들어온 지 엿새 만에 졸하니 무진년(1868) 8월 25일이다.

왕이 부고를 듣고 슬퍼하여 특별히 상국에 추증하고 동원(東園)에 속한 기물을 부의로 보내어 상중의 예식과 장례를 의전에 따라 치르도록 했다.

계자(系子) 병삼(炳三)은 돈령부 참봉, 즉 증 이조참판인데, 일찍 죽어 조카 증 이조참판 병관(炳瓘)의 아들 덕균(德均)을 맞아들여 손자로 삼아 '덕규(德圭)'로 이름을 고치게 했다. 딸은 덕수이씨 이석영(李碩永)에게 출가하여 아들 종갑(種甲)을 두었다. 서자(庶子) 병수(炳洙)는 판관을 지냈고 아들 복규(復圭), 영규(寧圭)를 두었으며, 병하(炳河)는 무과에 급제하여 방어사를 역임했고 양자는 태규(泰圭)이다. 병룡(炳龍)은 음직[22]으로 도정(都正)을 지냈다. 그리고 딸 셋을 두었으니 맏딸은 은진송씨 송기헌(宋夔憲)에게 출가하고 다음은 은진송씨 송지순(宋誌淳)에게, 그다음은 완산이씨 이인섭(李寅燮)에게 출가했다.

공은 비록 일찍이 귀하게 되었으나 법도를 따르고 실천하여 40여 년 동안 궁궐에 출입하면서도 항상 겸손하고 자중자애하여 다섯 임금의 남다른 총애를 받았다. 현량한 의빈(儀賓, 왕실의 사위)이라고 칭송이 성대했으니, 참으로 자손들의 본보기가 될 만하다. 임금이 공의 죽음을 애도하여 내린 교시에 이르기를, "마음을 조심하고 언행을 삼가고 일생 동안 지조와 분수를 지켰다"고 했으니, 나 또한 잘 알고 있다. 아, 이는 백 세까지도 집안을 빛내기에 충분하다.

숭정 기원 이후 다섯 번째 임진년(1892) 6월 비석을 새로 세우다.

숭정대부 원임이조판서 독판내무부사 겸홍문관대제학 예문관대제학 지성균관사 규장각제학 한장석이 삼가 글을 지었고, 재종제 정헌대부 원임이조판서 의정부좌참찬 협판내무부사 시강원검교보덕 규장각직제학 김성근이 앞면의 글씨를 썼으며,

---

[22] 과거를 거치지 아니하고 조상의 공덕에 의하여 맡은 벼슬

자헌대부 공조판서 원임규장각직제학인 이종조카 윤용구가 뒷면의 글씨를 썼다.

해설

조선 23대 임금 순조는 왕비 사이에 1남 3녀를 두었다. 순원왕후 사이에 효명세자, 명온공주, 복온공주, 덕온공주가 있었다. 이 밖에 후궁 숙의 박씨 사이에 영온옹주를 낳았다. 자녀들은 세자, 공주로서는 드물게 문화예술 방면에 뛰어난 재능을 보였다. 그러나 불행하게도 모두 10~20대의 나이로 단명했다. 순조는 1830~1832년 3년 사이에 효명세자, 명온공주, 덕온공주까지 세 자녀를 먼저 보냈고 세자와 두 공주를 잇달아 여의면서 건강이 나빠졌다. 결국 명온공주가 죽은 지 2년 만에 세상을 떴다.

짧은 생애였지만, 자녀들은 문화의 여러 분야에서 소질을 나타냈다. 효명세자는 시문과 글씨에 능했으며 그림과 무용 등에도 재능이 있었다고 한다. 궁중 무용 '정재'를 정리했고, 동궐도 제작에도 관여한 것으로 알려져 있다. 시문집으로 『경헌집』, 『경헌시초』, 『학석집』 등을 남겼다. 오빠와 한 살 터울인 명온공주 역시 시와 산문에 재능을 보여 효명세자와 주고받은 편지와 '남매화답시男妹和答詩'가 남아 있다. 효명세자가 명온공주의 뜻이 고결하고 덕에서 향기가 느껴진다며 '매란여사'라는 호를 내린 것은 동생에 대한 사랑이 깊었기 때문이다. 조선의 마지막 공주였던 덕온공주 역시 한글 서예에 능해 그의 친필 자료들이 국립한글박물관에서 전시되기도 했다.

여러 공주 가운데 순조의 명온공주 사랑은 각별했던 것 같다. 장녀로서 총명하고 지혜로웠을 뿐 아니라 시집가서도 왕실의 법도를 잃지 않았으니, 아버지로서는 그만한 딸이 없었던 것이다. 순조는 딸의 부음을 들었을 때, 임금의 체통보다는 아버지의 정이 먼저 앞서 손수 제문을 지었다. "총명하고 슬기롭고 단정하고 예쁘고 순하고 온화했던 … " 자식을 앞세운 슬픔이 지나쳐 건강을 해쳤을 법도 하다.

명온공주가 죽자 성대하게 장례가 치러졌다. 국왕이나 왕후의 장례는 국장國葬이라 하고 세자, 공주, 대원군의 장례는 예장禮葬이라고 한다. 명온공주의 예장은 특별했다. 먼저 조정에서는 홍석주洪奭周에게 묘비문을, 김이양金履陽에게는 묘지문을 짓게 했다. 홍석주가 비문 작업에 참여한 것은 동생 홍현주가 정조의 사위라는 점도 있지만, 문장으로서는 당대 최고였기 때문이다. 뒷날 김택영은 홍석주를 '여한십가麗韓十家(고려~조선 10대 문장가)'에 포함시켰다.

또 하나, 조정에서는 명온공주의 장례 절차를 꼼꼼히 기록해 역사 문헌으로 보존하게 했다. 규장각한국학연구원에 남아 있는 『명온공주방상장례등록明溫公主房喪葬禮謄錄』이 그것이다. 조선조에 공주나 옹주의 결혼 의식을 기록한 가례 의궤나 등록은 꽤 남아 있으나, 공주의 죽음과 장례를 기록한 문헌은 명온공주의 것이 유일하다.

명온공주가 죽고 37년째 되던 1868년 동녕위 김현근이 사망했다. 김현근은 순조, 헌종, 철종, 고종 시대를 살며 종실의 일원으로 나라의 중요한 의식을 맡아 진행했다. 순조가 사망했을 때에는 빈전의 향관이 되었으며, 헌종이 왕위에 오르자 주청사奏請使로 청나라를 다녀오기도 했다. 철종이 돌아가자 그의 명정을 썼으며, 왕릉 제사를 주관했다. 고종 때에는 경복궁 중건을 지휘하고, 명성왕후 가례도감의 당상관으로 활동했다. 고종의 행차 장면을 그린 〈대한제국 동가도動駕圖〉에는 '동녕위 김씨'라는 서명과 함께 김현근의 모습이 담겨 있다. 1868년 김현근이 죽자 영의정에 추증되었고, 명온공주 묘에 합장되었다. 김현근의 비문은 명온공주 사망 60주년이 되는 1892년 한학자 한장석韓章錫이 썼다. 한장석은 명온공주 비문을 쓴 홍석주의 외손자이다.

당초 명온공주-김현근의 묘는 한양의 동부東部 숭신방崇信坊

종암리鍾巖里에 있었으나 1936년 일제의 토지구역 정리로 인해 망우산의 현 위치로 이장했다. 이장할 때 발굴된 명온공주와 남편 김현근의 묘지는 현재 전남대 박물관이 소장하고 있다. 원래 명온공주 묘역에는 이장 전에는 묘비, 장명등, 문인석, 석수 등이 있었다고 한다. 현재는 묘비와 상석, 그리고 오래된 장명등만 남아 있다.

5

박승빈
(朴勝彬, 1880~1943)

변호사·국어학자·교육자·사회운동가

호는 학범學凡. 강원 철원 출신으로 일본 중앙대학 법학과를 졸업하고 검사, 변호사로 활동했다. 법률가로서 한국인 변호사만으로 구성된 경성제2변호사회를 창립했으며 조선변호사협회 대표로 국제회의에 참석하기도 했다. 신생활 문화운동에도 참여하여 계명구락부의 조직과 잡지 《계명啓明》의 발간에도 힘썼다. 우리말에 조예가 깊어 보성전문학교 등에서 '조선어학'을 강의하고 그 내용을 『조선어학』에 담았다. 조선어학연구회를 조직하고 기관지 《정음正音》을 발간하며 조선어학회의 잡지 《한글》에 맞섰다. 그는 훈민정음에 기반한 과학적인 국어문법과 대중을 위한 철자법을 만들고자 했으나 크게 조명을 받지는 못했다.

비문

전면

學凡潘南朴公勝彬之墓(학범반남박공승빈지묘)

후면

檀紀 四二一三年 九月二十九日生(단기 4213년[1880] 9월29일 출생)

大韓帝國檢事 辯護士 普成專門學校長(대한제국 검사 변호사 보성전문학교 교장)

著 朝鮮語學(저서 〈조선어학〉)

檀紀 四二七六年 十月三十日卒(단기 4276년[1943] 10월 30일 별세)

室礪山宋氏 父榮晦(부인 여산송씨 아버지 영회)

해설

비석 뒷면에 쓰인 이력은 간단하다. 생애를 문장으로 쓰지 않고 생몰과 경력, 저서를 몇 개의 단어로 열거했을 뿐이다. 비문에 쓰인 박승빈의 이력은 법률가, 사회운동가, 교육자, 국어학자 등이다. 이를 바탕으로 다채로운 이력의 박승빈을 조금 더 들여다보자.

박승빈은 1880년 강원도 철원에서 태어났다. 어린 시절 집안에서 한학을 배운 그는 1898년 서울로 이사를 가 신문물과 신학문을 접하며 대한제국의 하급관리가 되었다. 이후 영어와 일어를 익힌 그는 일본에 유학하여 주오中央대학에서 법률학을 전공했다. 귀국 후 대한제국 시기 내내 그는 법률가로 활동했다. 그러나 검사로서 법률가를 지냈는지에 대해서는 명확한 기록이 없다.

1910년 일제가 조선을 강제합병하자 박승빈은 변호사 개업을 했다. 그의 변호사 활동은 1925년까지 지속됐다. 변호사 시절인 1913년 그는 한국인으로 구성된 경성제2변호사회(뒷날 조선변호사회)를 창립했으며, 1921년에는 조선 변호사를 대표해 북경에서 열린 국제변호사회에 참석했다.

변호사로 활동하던 시절 박승빈은 민족 계몽 활동에도 참여했다. 그는 최남선, 오세창 등이 1918년 발족한 '계명구락부'에 들어가 강연, 집필 등을 통해 어문, 예의, 의식주 등에 대한 민중 계몽, 교육 활동을 펼쳤다. 그의 이러한 사회봉사 활동은 1925년 보성전문학교(고려대 전신)를 인수하면서 교육사업으로 이어졌다. 그는 인촌 김성수에게 운영권을 넘겨줄 때까지 7년 동안 학교를 운영했으며 교장의 신분으로 보성전문학교와 중앙불교전문학교(동국대 전신)에서 조선어학을 가르쳤다.

박승빈은 『조선어학』(1935)을 비롯해 『조선어학강의요지』(1931), 『간이조선어문법』(1937) 등 네 권의 저서와 30여 편의 소논문을 발표했다. 그는 이들 저작을 통해 조선어학회가 제정한 한글맞춤법통일안에 반대해 자신들만의 한글 표기법과 국어 문법을 세우려 했다. 또 조선어학연구회를 조직하고 기관지 『정음』을 발간하며 조선어학회의 한글맞춤법, 국어문법 체계를 강하게 비판했다. 1930년대 최현배로 대표되는 조선어학회(한글파)와 박승빈의 조선어학연구회(정음파)의 한글철자법 논쟁은 격렬했으나, 결국은 한글파의 승리로 끝이 났다. 그것은 박승빈이 변호사로서 대중들에게 전문 국어학자로 인정받지 못했고, 그의 학문적 성과를 계승할 후학이 없었기 때문이다. 그러나 훈민정음 표기 체계에 기반한 음소 표기를 시도한 점, 각자병서보다 합용병서를 채택하고, 문자언어와 음성언어를 구별해 연구해야 한다고 주장한 점 등 귀 기울여야 할 대목도 적지 않다. 오늘날에도 국어학계에서 박승빈을 주목하는 이유다.

짧은 비문에 부인(여산송씨 宋秀卿)과 부인의 아버지(宋榮晦)를 새긴 것도 특이하다. 일반적으로 묘비에는 묘주의 가족이나 직계 후손들의 이름을 올리는 게 관례인데, 부인과 장인을 새긴 것은 무슨 까닭일까? 후손들이 모두 내로라하는 인사들인데 말이다. 장남 박정서朴定緖는 아버지처럼 변호사와 국어학자였고, 막내딸 박성원은 『박성원 일본어』로 이름을 날린 일본어학자였다. 손자 박찬웅(국어학자), 박찬기(독문학자) 역시 학계에서는 유명하다. 비문에 나타나 있지 않지만, 박승빈의 묘에는 부인과 장남(朴定緖)도 묻혔다고 한다.

6

박은혜
(朴恩惠, 1904~1963)

교육가·여성운동가

평남 평원 출생. 정신여학교를 졸업하고 1930년 이화여전 문과를 졸업했다. 미국에서 신학사와 종교교육학 석사학위를 받고 1935년 귀국하여 이화여전 기숙사 사감을 맡으며 종교학을 가르쳤다. 1937년 장덕수와 결혼하고 1946년 경기여중고 교장으로 부임하여 15년간 많은 제자를 길러냈다. 저서로는 수필과 연설문을 모은 『난석소품』(1955)이 있다.

비문(설산 장덕수 비문 중 박은혜 부분)

난석 박은혜 여사

박은혜 선생은 그 고매한 인격과 성실한 노력으로 스스로 금자탑을 이룩했고, 이십 세기 여성 중에 뛰어난 지도자로 역사에 오를 만한 업적을 남기고 간 우리들의 친구이다. 그 덕스러운 품격을 완성하기까지 그는 국내외 우수한 대학에서 꾸준히 연찬하여 특히 인문과학 분야에 해박한 지식을 얻었고 또한, 기독교적인 신앙이 두터운 부모 슬하에 자랐으므로 높은 종교적 교양과 깊은 신앙의 체험을 쌓아 그 성품과 능력이 뛰어난 인격자였다. 장덕수 선생과 결혼하여 이룩한 가정에는 언제나 평화가 깃들었고 부군을 내조하면서 사남매 양육하는 일에 부족함이 없는 현모양처이었다. 더구나 장덕수 선생이 흉탄에 쓰러지고 난 뒤 어린 자녀들을 이끌고 전란 속에서 헤매면서도 그 어린 마음에 상처를 주지 않으려고 애쓰던 그 갸륵한 모습은 영원히 우리가 잊을 수 없는 모성애의 본보기이기도 하다. 이화대학교 교단에 섰을 때는 입을 열면 웅변이요 붓을 들면 주옥을 엮어 놓은 듯 학생들의 인기를 독차지했으며, 후배를 가르치기에 여념이 없었다. 해방이 되자 경기여자고등학교 교장으로 추대되어 십육성상을 온갖 심혈을 기울여 이를 대한민국의 모범적인 여자고등학교로 발전시키는 데 큰 공을 세웠다. 말년에는 은석국민학교를 창설하여 몸은 비록 쇠했으나 교육에 대한 정열은 조금도 식지 않았음을 우리에게 다시 보여주었다. 여성운동에도 시간과 정력과 재물을 아낌없이 바쳐 열심히 협력하여 YMCA 여학사협회 등 우리 여성 단체의 발전을 위해 전력했고 더 나아가 국제여성 유대 확립에도 공헌한 바가 크다. 가정주부로 교육자로 혹은 사회인으로 이와 같이 우리들의 모범이 될 만한 우리 박은혜 선생은 一九六三(1963)년 一〇월 三〇일(10월 30일) 우리보다 앞서 영원한 나라로 가고 다만 그 유해를 그 부군과 함께 이곳에 묻어 이 작은 비석으로 표를 삼는다. 비록 이 돌은 닳아 없어지고 이 글은 희미하여 읽을 수 없게 되는 한이 있어도 그의 보람찬 생애는 남기고 간 사남매와 수많은 제자들을 통하여 기리 빛날 것이오. 그 인격의 향기는 우리 친구들의 마음속에 끝없이 퍼질 것을 확실히 믿는 바이다. 一九六六年(1996년) 十二月 二日(12월 2일) 우월 김활란은 글을 짓고 원곡 김기승이 글씨를 쓰다.

해설

박은혜는 평남 평원에서 목사인 박예헌의 장녀로 1904년 태어났다. 정신여학교를 졸업하고 1930년 이화여전 문과를 졸업했다. 이화여전 재학 시 김활란과 1932년 《여론女論》창간에 참여하면서 깊은 관계를 맺는다. 이해 8월 미국으로 건너가 아이오와주 더뷰크대학에서 석사과정을 수료하고 뉴욕 비빌리컬신학교(성서신학교)에서 종교교육학 석사학위를 받을 정도로

신여성이었다.

1932년 장덕수와 김활란, 박은혜는 미국에 있었다. 청춘 장덕수는 김활란에게 프로포즈를 했고, 유학생들 사이에서는 두 사람이 결혼할 것이라 생각하고 있었다. 어느 날 김활란은 "나는 이화와 결혼했다"라고 말하고 절교를 선언하며, 제자이자 후배인 박은혜를 소개한다. 장덕수는 10살이나 어린 박은혜와 사랑에 빠진다. 미국에서 두 사람은 약혼하고, 박은혜가 1935년 먼저 귀국하고, 2년 뒤 장덕수도 귀국해 백년가약을 맺었다. 둘 사이네 2남 2녀(딸 숙원·혜원, 아들 지원·사원)를 두었다.

장덕수가 정적에 의해 피살당하고 남편을 잃은 박은혜는 눈을 좋아해서 호를 설산雪山이라 지은 남편을 그리며 거실의 당호를 청설장聽雪莊(눈 오는 소리를 듣는 방)이라고 짓고는 남편의 타자기 치는 소리가 환청으로 들리면 바흐Bach의 〈G선상의 아리아〉를 틀어 놓고 남편을 그리워했다고 한다.

박은혜는 1946년 경기여중고 교장으로 부임하여 15년간 많은 제자를 길러냈다. 저서로는 수필과 연설문을 모은 『난석소품』(1955)이 있다. 1963년 10월 30일 제기동 자택에서 숙환으로 별세했다. 별세 직전 서울 은석초등학교를 창설했다. 향년 60세. 묘비는 1966년 12월 2일 남편의 기일에 세웠다. 비문은 김활란이 짓고, 김기승의 글씨로 새겼다. [수]

박현식

(朴顯植, 1894~1954)

교사

평남 내동군에서 태어난 오봉 박현식은 서울로 유학해 관립한성외국어학교, 경성제일고보 부설 교원양성소를 거쳐 교사가 되었다. 1913년 시작된 교사 생활은 재동학교, 중동학교 중등부 등에서 1933년까지 계속됐다. 1929년 11월 5일자 《동아일보》에는 박현식 교사 등 중동교의 4명이 우수 교원으로 표창을 받았다는 기사가 보인다.

비문

전면

五峰居士蔚山后人朴顯植之墓(오봉거사울산후인박현식지묘)

후면

즈레 이기고 떠나시는 길은 億里(억리) 역겨워 떠나시는 길을 아름다이 뽑으시고 간택하신 길이려니 仁慈(인자)함이 하늘에 있고 日明山川(일명산천)에 맑았었으니 甲午(갑오)에 피고 甲午(갑오)에 돌아가심은 靑望(청망)을 뿜으신 四十有二(사십유이) 漢榮(한영)이라 배움의 자리와 五峰(오봉)의 넋과 얼을 心血(심혈)에 놓고 가신 곳이니 어린 뼈 안겨 오신 그 자리에 常生(상생)을 맺음은 漢榮(한영)의 기폭이 安排(안배)한 바위 위에 바래고 두 다리는 사랑의 길이 되사 靜謐(정밀)²³의 꽃아름 피고 가심이 우리 겨레 즈레 비뜬 珍珠(진주) 비알이어라. 이제 사랑의 높고 낮음이 이곳에 없거니와 하늘 따(땅) 오가는 통곡의 가시밭에 스승이시여 太陽(태양) 보고 피 吐(토)하는 사내 있다면 薰風(훈풍)에 속삭여 가르쳐 빛내소서.

단기 4287년 6월 30일

한영고등학교 제3학년생 沈錫愚(심석우) 謹題(근제)

한영중학교　제3학년생 鄭完澤(정완택) 謹書(근서)

(현대어역)

23　靜謐(정밀): 고요하고 편안함.

스승의 떠나는 길은 수 만리의 길이지만 떠나는 길은 아름다운 날로 잡으셨습니다. 하늘로 가신 스승은 너무도 인자하셔서 맑은 햇살에 산천도 아름다웠습니다. 만 60년을 살아온 가운데 42년을 젊은 학생들과 함께하셨으니 그 역사는 한영학원의 색바랜 교기에서 알 수 있습니다. 스승의 일평생은 사랑의 길이었기에 가시는 길마다 고요와 평안이 넘칩니다. 하늘과 땅 사이의 가시밭길에서 통곡하며 피 토하는 젊은이가 있다면 스승이시어, 따뜻한 가르침으로 인도하여 주소서.

좌면

子 熙昱 熙叡 熙暄 熙旼(아들 희욱 희정 희훤 희민)

韓榮高等學校 敎職員 卒業生 學生 一同(한영고등학교 교직원 졸업생 학생 일동)

우면

檀紀(단기) 4227년(1894) 12월 3일 生(생)

檀紀(단기) 4287년(1954) 3월 9일 逝(서)

해설

 망우리에 묻힌 이들에게 어찌 인생의 곡절과 사연이 없을까? 오봉 박현식의 무덤 앞에 서면 진정한 스승이란 어떠해야 하는가를 되새기게 한다. 오봉 박현식은 한때 독립자금 모금활동을 벌이다 검거된 전력이 있고, 조선어학회 회원으로 한글맞춤법통일안 제정에 크게 기여했지만, 그의 천직은 교육자였다.

 1933년 4월 박현식은 서울 삼각지에 한영고등학원을 설립하고 학원장에 취임한다. 이후 그는 학교 이사장과 교장을 함께 맡아 학생 교육과 학교 발전에 전력을 기울인다. 이러한 공로로 그는 1953년 10월 대한교육연합회로부터 교육 공로자 표창을 받았다. 박현식은 1954년 3월 9일 교정 조회 시간에 훈화를 하다가 뇌일혈로 숨지면서 40년 교육자의 삶을 마감한다.

 장례를 치르고 3개월 뒤에 비석이 세워졌다. 비석 왼쪽 면에 쓰인 내용을 보면 비석 건립은 가족과 한영학원이 주관한 것으로 되어 있는데, 실상은 학교에서 주도했다. 비석 뒷면의 비문을 보면 알 수 있다. 놀랍게도 비문을 작성하고 글씨를 쓴 이는 교사나 학교 관계자가 아니라 학생이었다. 한영고 3학년 학생(심석우)이 쓴 문장을, 한영중 3학년생(정완택)이 글씨를 써서 비석에 새겼다. 교사가 학생에게 지시하거나 권유했을 수는 있다. 그러나 교장 선생님에 대해, 그것도 고인이 된 선생님에 대해 글을 쓴다는 것은 지시한다고 할 수 있는 건 아니다. 고인의 평소의 가르침에 깊이 감화받지 않으면 쓸 수 없는 문장이다.

오랜 옛날 공자는 귀족들 사이에서 교육이 이뤄지는 계급사회에 반기를 들고 평민의 제자들을 받아들여 가르치기 시작했다. 일반 서민을 상대로 한 최초의 교육을 시행한 것이다. 오늘날 공자를 '지성선사至聖先師', 즉 '무척 거룩하신 첫 번째 스승'이라고 높여 부르는 것은 공자가 동양 역사에서 최초의 전문적인 교사였기 때문이다. 공자는 가르침에 계급의 차별을 두지 않았을 뿐 아니라 어질고 사랑스런 마음으로 제자들을 대했다. 이에 감화받은 안연은 스승 공자를 "우러러볼수록 더욱 높고, 파고들수록 더욱 견고하구나"라고 칭송했다.

제자가 쓴 스승 박현식에 대한 비문을 안연의 공자에 대한 평가와 견준다면 지나친 일일까? 박현식은 일제가 국공립 기관을 틀어쥐고 식민 교육에 박차를 가하던 일제강점기에 학교를 설립해 진정한 교육을 일으키고자 했다. 한영학원은 설립자 박현식이 학원장을 맡은 뒤, 장남 박조욱이 제2대 교장에 취임해 1959년까지 학교를 운영했다. 1998년에는 학교법인이 한영학원에서 동원학원으로 바뀌었다.

한영고등학교는 오랜 역사에 걸맞게 서울의 명문 사학의 자리를 굳건히 하고 있다. 반면 학교 설립자의 묘소는 관리가 제대로 되지 않아 방치되고 있어 안타까움을 더한다. 비석은 앞으로 기울어진 상태이고 봉분은 떼가 죽어 누런 흙이 드러나 있다. 공원 순환로 가까이 있지만, 표지판조차 없어 찾는 이도 없다. 공원 관리 주체인 중랑구가 묘역 알리기와 선양에 적극 나서야 한다. 학교 측의 관심도 필요하다.

8

박희도
(朴熙道, 1889~1951)

종교인·언론인·독립운동가

황해 해주 출생. 3·1운동 때 YMCA 간사로서 학생 동원에 큰 역할을 했다. 33인의 기독교 대표로 참여하여 2년간 복역하고 출옥 후에도 최초의 사회주의계 잡지 《신생활》을 발간하며 독립운동을 전개했다. 1928년 유아교육의 효시가 된 중앙보육학교를 설립하여 교육에 힘썼으나 1939년부터 일문 잡지 《동양지광》의 사장을 지냈다. 1949년 반민특위의 조사를 받고 풀려난 후 근신하다 전쟁 중에 별세했다.

비문 _____

전면
기미년 독립 선언 민족 대표 삼십삼인 중

고 박희도 선생 지묘

배위 김희신 합부

후면

고 선생은 단기 四二二二년 八月 十一(단기 4222년 8월 11일)에 해주에서 출생하여 그 후 기미독립선언 민족대표 삼십삼인 중의 한 사람으로 항일 투쟁을 하다 투옥되었으며 출감 후에도 계속해서 민족의 신생활 운동 교육사업에 이바지하던 중 단기 四二八四년 九월 二六(단기 4284년 9월 26일)일에 서거하다.

단기 四二九一년 七월 八일(단기 4291년 7월 8일) 건립

육군정훈학교장병 일동

해설

박희도의 묘는 관리사무소 왼쪽 산책로를 따라 올라가다 한용운 연보비를 조금 지나면 길 왼쪽에 푯말이 있어 쉽게 찾을 수 있다. 그 아랫길로 내려가면 아래쪽이 박희도 부부 묘, 위쪽이 아버지 박계근朴桂根과 어머니 변루邊累의 묘이다.

박희도는 1889년 황해도 해주 출신으로 최연소 민족대표로 독립선언서에 민족대표로 서명하고 독립선언식에 참석했다

가 체포됐다. 그는 예심 판사의 신문에 "피고는 조선독립의 목적을 달할 줄로 생각했는가?"라는 질문에 "나는 독립이 될 줄로 생각할 뿐 아니라 언제든지 독립이 될 것이라고 믿고 있다"라고 답했고, 판사는 "피고는 금후에도 조선 독립운동을 할 것인가?"라는 질문에도 "그렇다"라고 확실히 답변했다. 그는 이때만 해도 독립에 대한 신념이 확고했기에 징역 2년을 선고받고 옥고를 치렀다.

석방 후 1920년대 초반에는 사회주의자들과 연대해 민족운동의 새 방향을 모색했다. 그는 1922년 3월 잡지 《신생활》을 창간하여 사장이 되었으며, 그해 11월 발간한 러시아혁명 기념 특집호가 문제가 되어 함흥 감옥에서 2년 동안 옥고를 치렀다.

일제의 군국주의가 기승을 부리던 1930년대 들어서 박희도는 독립을 포기하고 일본 제국으로부터 자치권을 얻고자 하는 친일파로 변신했다. 해방 후 1949년 반민족행위특별조사위원회의 조사를 받았고, 이듬해 풀려나 근신하다가 1951년 9월 26일 병으로 사망했다.

처음에는 미아리공동묘지에 장사 지냈으나 1958년 7월 8일 망우리로 옮겨 왔다. 박희도 가족이 이곳으로 오는 데는 육군 정훈학교의 도움이 컸다. 이 학교 이원복 중위의 제안으로 박남표 학교장(준장)이 53기 학생과 기간병 등이 5만 환을 모아 이장과 묘비(10일)를 세웠다. 부인 김희신金熙信은 1968년 1월 27일 향년 75세로 별세해 정릉감리교회에서 영결식을 하고 망우리에 합장했다. 박희도와 슬하에 1남 2녀를 두었다. 여동생 박영복과 남동생 박희성도 독립유공자(미주방면)이다. [수]

설태희
(薛泰熙, 1875~1940)
유학자·계몽운동가

개화기 및 일제강점기에 활동한 개혁유학자이자 사회운동가다. 1875년 함남 단천 출생으로 전통 한학을 배운 뒤 젊은 날에는 한약업에 종사했다. 20대 후반 일본 명치대학에 유학했으며 귀국하여 대한자강회, 대한협회 등에서 계몽운동을 했다. 1908년 갑산군수로 잠시 관직에 나아갔으나 3·1운동 이후 서울로 이주하여 유교회를 설치하여 경서를 연구하는 한편 민우회, 조선물산장려회에서 활동했다. 그의 유학은 화담의 실학을 계승하여 양명학을 절충하는 등 전통 유학을 현실에 맞게 개혁하려 했다. 저서로 『학림소변』, 『신대학강의』, 『다반갱작』 등이 있다.

비문

梧村薛公墓碑

去歲 普爲先輩梧村薛公 校其論學諸著 既已刊. 私謂公老且病痼矣 憂猶不在身家 而無由自慰塞 幸數卷書行 而有心者讀而契之 或不卽契 而與爲反復公善俗之願 尙有寄焉. 踰年 病忽進 竟不起 距其生洪陵己亥年六十六. 於是舊老次第前卒 士友會訣獨推兪白隱擧式乃引. 公諱泰熙 字國卿 咸南端川人. 十一喪二親 所有一屋 賣以殮竁 已以幼弟寄父交 身就族翁 助販藥. 尋又轉更數主. 久之 始能自操賈 稍能家矣. 卽止不復事 曰吾豈長爲是哉.

値光武中內外多 故益交四方豪儁 且設維新校郡中. 癸卯上書政府 請悉驛屯田予民 基其財立銀行 以維財政. 是時言治務者 未有及此 獨公先處之. 而是歲客游固城 其義興校 公助立也.

丙午至京 與同志爲自强會 以敎育孔急約 分擔各地 而公首創漢北興學會以立校 附設師範速成料. 自是畿湖嶠南關東 皆應尋北歸 規置自强支會 招募學子. 旣至見維新校窘甚 敎師不以時酬 意大悵 身自代敎 遷延不卽南. 會上內禪 自强會亦解. 公念民生日罙 欲振起産業 試自其鄕 則謀之邑人 用股式鳩財 五萬版爲會社 曰興業貿易 遠近直達 不由他介此. 在當時又公先啓之迹 公前後所營畫 或成不成.

遭時代屯邅 大抵製始而少斁然 炯識炳先 獨軋關牡 過時皆可追思 又其苦心所萃不自有 已有績則推右同人 己在後任勞而已. 惟其不自有 故居恒舉此區宇而心腹腎腸之. 方自强會初起 公同道名士 多以西北別徽 公則謂此時安南北 務主持全體 胥效其力 由是公得眾 轉不若他名士之盛 而知者以爲若公後人所宜則也.

公没 白隱謂普 曰谷陵之初 守士之吏 存二人焉. 崇蘭之取義尚矣 梧村之潔 亦豈夫人所能跂及哉. 先是 北路搶攘 觀察使李範來 按行諸邑 過公談時 事因傾心 固要共事. 未幾 薦任甲山守 公拊循疲羸 勞動備至. 甲山人謂自有邑後 未嘗見如此好官 而踰年移永興. 及秋葉歸. 此白隱所稱也.

然普則謂公生平自苦 其忱惘過絶於人 若出處不苟 在公猶非難者. 既家居意氣未休 挈家至京 糾民友物産二會 皆不克展. 年且老 癯然唾血 見者哀之.

公幼已異敏 艱瘁中猶不廢學誦 迨閱事多參驗 心物得於中者獨沈而間習遠西譯書 頗廣用相資助 恍然悟聖人立教非親民無以明德 而諸經微言 皆人倫日用六藝六行六德 與民共之 後世嗣之 以漫衍馴致 多岐而遠於實. 於是 作學林小辯 續理氣辯 大學新講義 及語錄志 欲用以裨 秋毫不爲名高計 深惡頹墮自沮. 嘗曰落望者助亂者也.

公没以陽曆四月九日 没之七日 葬舊果川瑞草里牛眠山 普病未視

窆. 夜獨臥見微月照几上 公書在焉 因念是耿然者 壁以阻 則流放窗疏. 公晚年 治經籍以自達其懷 猶是也. 意慘愴久之 兹因公諸孤之求銘 稍敍端未 而幷及於此 以見存沒之恨.

薛氏系出新羅國師元曉子弘儒侯聰. 其後貫籍淳昌. 世祖時郡守義祖始北遷利城 其子禦侮正淮 又自利城遷端川 凡十有四世 而公始南還. 曾祖諱仁衡 祖諱奎明 考諱昌鎬 三世皆有風義文學. 所居有梧桐樹 傳梧山梧石三梧之號 而公亦以梧自號云.

妣鎮川金氏道永女. 公娶完山李氏議官枝英女. 子男女五人 長男元植 次義植 次貞植 次道植 女貞筍適金枓白你. 孫男女七人 男國煥 女順鳳元植出 男珉煥文煥女順姬義植出 男熙幹貞植出 男熙澈道植出. 公體躯中人 少貌豊 晚而下削 視衰常帶 晶茂髯中 望之邃儼. 銘曰

粵有君子 發跡崎嶇 興衰是謨 市燈店雨 波濤山聳 助以風颰 孤花自操 不移其儀 維進之苦 維行之艱 耿耿愈凝 于翳有爛 識啟衆先 跡斂人後 苟神斯民 名於何有 一官如塵 拂袖不留 逝返故褐 苢佩彌修 吝女衆士 無携以地 南北東西 一體股臂 破屋少客 悉惻獨遠 寧以是孤 忍仰伊散 皓眉胡攢 燕坐胡唱 映景蠹編 期貞人志 期勖厥實 重植厥本 諸子能養 祈禱克謹 董我典獻 芳臭有倚 公身先逝 徒忻其始 柔毫有恨 有彌曷罄 漢水泬泬 尙永後慶

〈번역문〉

오촌 설태희 묘비명

지난해(1939), 나 정인보(鄭寅普)는 선배인 오촌(梧村) 설태희(薛泰熙) 공을 위해 그의 학문을 논한 여러 저서를 교열하여 간행했다. 그때 속으로 이렇게 생각했다. 공은 늙고 병환이 깊었지만, 그의 걱정은 오히려 자기 몸이나 집안일에 있지 않았다. 스스로 위안을 받고 허전함을 메울 길이 없었으니, 몇 권 책이 간행되어 뜻있는 이가 읽고 마음이 통하면 다행이고, 혹 마음이 통하지 않더라도 풍속을 아름답게 하고자 하는 공의 바람을 반복해서 실천하는 중에 오히려 마음 붙일 곳이 있으려니 생각했다. 이듬해(1940) 병이 갑자기 악화되어 끝내 일어나지 못했으니, 그가 태어난 고종 을해년(1875)으로부터 치면 나이 예순여섯이었다. 그때는 옛 어른들이 앞서거니 뒤서거니 돌아가셔서 친구들이 모여 공을 떠나보낼 때, 백은(白隱) 유진태(俞鎭泰)를 추대하여 발인을 했다. 공의 성함은 태희(泰熙), 자는 국경(國卿)이니, 함경남도 단천 사람이다. 공은 열한 살의 나이에 부모를 잃었다. 그때 가진 것이라고는 집 한 채뿐이었는데, 그것을 팔아 장례를 치렀다. 그런 뒤 어린 동생은 아버지 친구에게 맡기고 자신은 집안 어른에 의지하여 약 장사를 도왔는데 여러 번 주인을 바꾸게 되었다. 오래지 않아 혼자 힘으로 장사를 하게 되었는데, 살림을 꾸릴 만하게 되자 곧바로 장사를 그만두었다. 이후 그는 다시는 장사를 하지 않겠다며 "내 언제까지 이 일을 할 것인가"라고 다짐했다.

고종 광무 연간에 나라 안팎으로 변고가 많이 일어나자 전국의 뛰어난 인물들과 교제를 넓히면서 단천군에 유신학교(維新學校)를 설립했다. 계묘년(1903)에는 정부에 글을 올려 역둔전(驛屯田)을 백성에게 팔아 그 재산을 기반으로 은행을 세워 정부의 재정을 만들자고 청했다. 이때 정치를 하고 있는 사람조차도 생각이 여기에 미친 자는 없었는데, 공 혼자서 이것을 생각해 낸 것이다. 이 해에 떠돌다 고성(固城)에 머물렀는데, 그곳에 의흥학교(義興學校)가 건립되는 데 공의 도움이 컸다.

병오년(1906)에 서울에 와서 동지들과 자강회(自强會)를 만들었으니 교육이 시급했기 때문이다. 전국 각지에서 일을 나누어 맡기로 약속했는데, 공이 맨 먼저 한북흥학회(漢北興學會)를 창립하여 학교를 세웠고, 부설로 속성 교사 양성과를 두었다. 그러자 경기·충청·경상·강원도에서 모두 이에 호응했다. 얼마 안 있다 북으로 돌아가 규정대로 자강회 지회를 설치하여 학생을 모집했다. 유신학교가 경제적으로 어려워 교사들에게 보수를 주지 못하게 되었을 때에는 마음이 아파 자신이 대신 가르치느라 서울로 내려가는 일이 지연되곤 했다. 그러나 고종이 황제

자리를 순종에게 넘기게 되자 자강회는 해산되었다.

공은 민생이 날로 어려워지는 것을 염려하여 산업을 일으키기 위해 고향에서 사람들과 의논하여 주식으로 재산을 모아 오만 냥의 회사를 만들어 흥업무역(興業貿易)이라 했다. 이 회사를 통해 원근의 사람들이 직접 물자를 주고받았으며 다른 중간상인은 끼어들지 못했다. 이 또한 당시로서는 공이 먼저 개척한 업적 가운데 하나이다. 공이 경영하거나 계획한 일들은 어떤 것은 성공하기도 했으나 어떤 것은 성공하지 못하기도 했다. 이는 불운한 때를 만나 대개 시작은 해놓고 마무리를 한 것이 드물었기 때문이다. 그러나 뛰어난 식견은 남보다 앞서 빛났으며, 혼자서 빗장을 풀어 문을 나설 때 그제야 모두들 생각이 미칠 수 있었다. 또한 고심해서 이뤄놓은 일은 자기 소유로 여기지 않았으며 업적이 있을 경우에는 동료들을 추켜세우고 자신은 뒤에서 힘든 일을 떠맡을 뿐이었다. 자신의 공적으로 여기지 않기 때문에 온 세상 사람이 그를 친구와 심복처럼 생각했다.

자강회를 처음 시작할 때 공과 뜻을 같이한 인사들이 대부분 서북지역의 깃발을 들고 갈라졌는데, 공은 "이런 때에 어찌 남북이 있으리오?"라며 전체를 보듬고 서로 힘을 합치는 일에 힘을 쏟았다. 이로 말미암아 공은 여러 사람의 호응을 얻게 되고 다른 명사들만큼 이름을 드날리지 않았다. 그러나 아는 이들은 공이야말로 뒷날 사람들이 마땅히 본받아야 할 분이라고 여겼다.

공이 세상을 뜨자, 백은 유진태가 나에게 이렇게 말했다. "세상이 크게 변하기 시작한 때, 선비의 절개를 지킨 관리가 둘 있었네. 숭란(崇蘭) 홍범식(洪範植)이 의로움을 위해 목숨을 버린 일이야 말할 것도 없지만, 오촌(梧村)의 청렴함 또한 보통 사람이 노력한다고 해서 되는 일이 아니다."

앞서 북쪽 지방이 어지러울 때 관찰사가 여러 고을을 순찰하며 살피다가 공을 찾아가 시국을 이야기한 뒤 마음이 통해 함께 일할 것을 권했다. 얼마 있다가 군수로 임명되었는데, 공이 정성을 다해 백성을 위로하고 격려하자 갑산(甲山) 사람들은 "고을이 생긴 뒤로 이처럼 훌륭한 분은 처음이다"고 칭찬했다. 공은 이듬해 영흥(永興)으로 옮겨갔고 가을에 그만두고 고향으로 돌아갔다고 했다. 이는 모두 백은의 말이다.

그러나 내 생각으로는 평생을 고생 속에 살았지만, 진실된 마음은 누구도 따라갈 수 없어 관직에 나아가고 물러나는 데 연연해하지 않은 것은 공에게는 어려운 일이 아니었을 것이다. 관직을 떠나 집에 있을 때도 그의 기상은 쉴 줄을 몰랐다. 가족을 이끌고 서울로 와서 민우회(民友會)와 물산회(物產會)를 조직했으나 발전시키지는 못했다. 나이가 들고 몸이 여위어가면서 각혈을 하기도 해, 보는 이들의 마음을 안타깝게 했다.

공은 어려서부터 유달리 영민하여 가난 속에서도 공부를 그만두지 않았다. 세상일을 겪으면서 체험을 통해 마음으로 터득한 바가 특히 깊었다. 간간이 서양의 번역서를 읽어 사람들에게 도움을 준 게 꽤 많았다. 공은 성인의 가르침은 백성을 가까이해 도덕을 밝히는 일이고, 경전의 말씀은 모두 인간 윤리와 일상에 관한 것이며, 그래서 유교의 가르침은 백성과 더불어 하는 것에서 벗어나지 않는다고 생각했다. 그런데 후대 사람들은 이를 이어받으면서 더욱 복잡하고 다양하게 만들어 실체에서 멀어지고 있다고 그는 판단했다. 그래서 『학림소변(學林小辯)』, 『속이기변(續理氣辯)』, 『대학신강의(大學新講義)』, 『어록지(語錄志)』를 지었으니 이는 사람들에게 보탬이 되도록 하려는 뜻에서였지 이름을 드날리려는 생각은 아니었다. 공은 태만과 무기력을 몹시도 미워하여 늘 이렇게 말했다. "희망을 꺾는 자가 바로 혼란을 부추기는 자이다."

공이 돌아가신 날은 양력 사월 초아흐레였다. 그로부터 이레만에 과천(果川) 서초리(瑞草里) 우면산(牛眠山)에 장사 지냈다. 나는 병 때문에 공의 장례를 모시지 못했다. 밤에 홀로 누웠는데 책상 위에 비치는 희미한 달빛에 공의 편지가 눈에 띄었다. 그

때, 비록 벽으로 막혀 있었지만 공에 대한 생각과 기억이 창살 사이로 흘러들어오고 있음을 깨달았다. 공이 만년에 경전을 연구하며 자신의 생각을 풀어냈다는 데 생각이 미치니 마음이 오래도록 서글펐다. 이에 공의 여러 아들의 요청에 따라 묘비명을 적다가 여기에 이르러 공의 삶과 죽음의 한(恨)을 드러내 보이고자 한다.

설씨(薛氏)는 신라의 국사 원효의 아들인 홍유후(弘儒侯) 설총(薛聰)에게서 나왔고 그 후 순창에서 내리 살았다. 세조 때 군수 의조(義祖)가 비로소 이성(利城, 전북 전주)으로 옮겼고 그 아들 어모장군(禦侮將軍) 정회(正淮)가 이성에서 단천으로 옮겼으니 14대가 흘러 공에 이르러 비로소 서울로 내려왔다. 증조할아버지의 성함은 인형(仁衡)이요, 할아버지는 규명(奎明)이며 아버지는 창호(昌鎬)다. 3대가 모두 기품과 기개, 문장으로 이름이 났다. 살던 곳에 오동나무가 있어 오산(梧山)·오석(梧石)·삼오(三梧)라는 호를 지었으며, 공 또한 오(梧) 자를 따서 자호했다.

어머니는 진천김씨(鎭川金氏) 도영(道永)의 따님이다. 또 완산이씨(完山李氏) 의관(議官) 기영(枝英)의 따님에게 장가들어 아들딸이 다섯이니, 아들 맏이는 원식(元植), 다음은 의식(義植), 다음은 정식(貞植), 다음은 도식(道植)이며, 딸 정순(貞筍)은 김두백(金枓白)에게 시집갔다. 손자 손녀는 일곱인데, 손자 국환(國煥)·손녀 순봉(順鳳)은 원식 소생이고, 손자 민환(珉煥)·문환(文煥)·손녀 순희(順姬)는 의식 소생이며, 손자 희간(熙幹)은 정식 소생이고, 희철(熙澈)은 도식의 소생이다.

공의 몸은 보통 사람보다 크며, 젊어서는 풍모가 있었는데, 늙어가면서 하관이 여의었다. 시력도 쇠하여 늘 안경을 썼고 숱 많은 수염은 깊고 근엄했다. 삶을 묘비명에 쓴다.

아! 군자 한 분 계셨으니 / 출세하기까지 삶은 기구했네

저잣거리 등불 아래 비 오는 가게에서 / 쇠망에서 부흥하길 꾀했다네

파도는 산더미인 양 치솟고 / 태풍까지 곁들었건만

외로운 키 손수 잡아 / 그 방향 틀어지지 않았네

아! 나가기 괴로웠고 / 아! 가기도 어려웠건만

빤짝빤짝한 생각은 더욱 굳세어 / 그늘에서도 찬란했네

그 앎은 남들을 앞섰건만 / 그 공적은 남의 뒤에 두었으니

진실로 백성들을 돕기만 한다면 / 이름 따위 무슨 상관 있으랴

벼슬을 헌신짝 보듯 / 털어내고 마음에 두지 않았으니

가난한 삶으로 돌아가 / 향기를 지닌 채 더욱 수양했네

아! 여러 선비들이여 / 지역색 따라 패거리 짓지 마소

동, 서, 남, 북 모두가 / 한 몸의 다리요, 팔뚝이니라

집안 기울고 찾아오는 이 없어 / 근심과 서러움만 유독 깊었네
어찌 이 고달픈 신세에 / 차마 민심 흩어지는 것 보지 못해
허연 눈썹 어찌 모으고 / 한가히 앉아 한숨만 쉴까
늘그막에는 좀이 슨 책에서 / 사람의 마음 곧게 하길 기약했네
참되기에 힘쓰기 기약하고 / 근본 거듭 세우기 기약했네
여러 아들 그 뜻 받들 줄 알아 / 바라던 바 능히 삼가
우리의 문헌 전공하여 / 그 향기 길이 전하리라
공의 몸은 먼저 가셨으나 / 시작을 여는 일 기뻐하노라
다만 글쓰기에 여한이 있으니 / 언제가 다 끝날 수 있을까
한강물 굽이져 흐르니 / 뒤에 이어질 영광은 영원하리라

해설

조선의 멸망은 지식인들에게는 혼돈 그 자체였다. 가장 큰 충격을 받은 지식계층은 유학자들이었다. 조선의 유교 통치이념을 제공해온 그들이었기에 일제의 조선 합병은 자신들의 존재 근거를 송두리째 앗아갔다. 유인석의 말대로, 한말 유교 지식인이 택할 수 있는 길은 의병을 일으키거나 해외로 망명하거나 자결하는 길밖에 없었다. 유인석은 국내 의병이 실패하자 투쟁의 근거지를 만주로 옮겨 갔다. 황현과 홍범식은 자결했

다. 황현의 친구 김택영은 일찌감치 중국 망명길에 올랐다.

그러나 일제강점기 유학자들 앞에 놓인 길이 이처럼 도학적 원리주의만 있었던 것은 아니다. 이건창, 박은식, 정인보는 조선 성리학의 공리공담을 반성하며 양명학을 재조명하기 시작했다. 이들에 의해 조선 후기 정제두, 이광사, 이긍익에 의해 이어져 온 조선 양명학은 강화학파라는 개명 유학자들에 의해 더욱 깊어졌다.

고루한 전통 유학을 벗어던지고 계몽사상으로 무장한 유학자들도 있었다. 이들은 중국의 강유위, 양계초의 영향을 받아 유교의 개혁과 함께 신유학에 의한 애국계몽운동에 뛰어들었다. 《황성신문》 등 언론을 통해 애국계몽에 나선 장지연, 유교의 종교문화운동을 주창한 이병헌과 이승희 등이 여기에 속한다.

설태희도 유학의 개혁을 통해 변화된 사회에 기여해야 한다는 신념을 가진 개신 유학자 그룹의 한 명이었다. 그러나 설태희는 장지연이나 박은식, 김택영 등과 비교하면 그다지 알려진 인물이 아니다. 최근 설태희의 『대학』 해석, 문화운동, 조선물산장려회 활동에 대한 논문이 발표되었으나, 다른 유학자에 대한 연구나 관심에 비해서는 아주 미미한 수준이다. 그것은 설태희의 유학 연구가 사승師承 관계가 분명하지 않고, 학맥도 별로 없기 때문으로 보인다.

  이런 점에서 볼 때 망우리 묘지에 세운 '오촌설공묘비'는 설태희에 대한 최초의, 그리고 사실에 근거한 객관적인 기록이라고 할 수 있다. 이 비문은 가까이에서 설태희를 지켜보고 따랐던 후배 국학자였던 위당 정인보의 문장이어서 신뢰를 더한다.

  묘비는 신도비, 묘갈, 묘표 등 지상에 세우는 것과 무덤에 묻는 묘지명으로 나뉜다. 정인보가 쓴 설태희 묘비는 지상에 썼지만, 형식은 묘지명을 따랐다. 흔히 묘지명은 망자의 생몰년, 가계, 일생의 행적을 기록한 산문의 지誌와 글 전체를 운문으로 요약한 명銘의 두 부분으로 구성되는데, 설태희 묘비는 이 양식을 충실히 따랐다. 정인보와 같은 한학에 정통한 대문장가가 아니면 쉽게 쓸 수 없는 글이다.

  정인보는 열여덟 살 많은 설태희를 선배라고 부를 만큼 가깝게 여겼다. 그래서 설태희의 저작을 교정보면서 그의 학문과 정신을 따르고 싶었던 것이다. 두 사람은 서당 공부에서 출발한 전통적인 유학자였지만 민족정신을 드높이는 데 헌신한 개혁 지식이라는 공통분모를 가지고 있다. 설태희가 학교 설립을 통한 교육문화운동에 치중했다면, 정인보는 조선의 역사와 문학 연구를 통해 민족정신을 고취하려 했다.

  정인보는 설태희의 유학 정신을 '친민親民'과 '명덕明德'으로 요약했다. 이는 백성들과 더불어 하면서 도덕을 밝히는 일이다. 유학의 근본이야말로 일상 속에서 윤리와 도덕을 실천하는 일이라고 보았던 설태희는 교육과 산업 진흥을 통한 자강만이 국권 회복의 방도라며 조선물산장려 운동 등에 적극 나섰던 것이다. 설태희가 타계하자, 《동아일보》는 "화담(서경덕) 실학을 계승하며 양명학에 절충함으로써 유가의 독창적인 견해를 세웠다"는 부음을 내보냈다. 정인보가 조선 양명학의 계보를 읽는 강화학파의 마지막 인물로 평가받고 있는데, 설태희 역시 조선 유학을 새롭게 해석하고 실천하려 한 양명학자라는 사실을 기억해야 할 것이다.

한편, 설태희의 차남 소오小梧 설의식은 《동아일보》 편집국장으로 재직하던 1936년 8월 손기정의 일장기 말소사건으로 신문사를 떠난 바 있는 언론인으로 1953년에는 이순신의 『난중일기(抄)』를 한글로 처음 번역했다. 삼남인 오원梧園 설정식은 시인, 소설가, 영문학자인데 월북 문인이라 오랫동안 그 이름을 드러내지 못하다 1988년 해금 후 그의 시가 단편적으로 소개되었고, 2012년 『설정식 문학전집』이 설정식의 3남 설희관에 의해 출간되면서 알려지기 시작했다. 설정식은 1953년 남로당계 숙청 과정에서 박헌영, 임화 등과 함께 간첩 협의를 받고 처형당했다.

10
아사카와 다쿠미
(淺川巧, 1891~1931)
민예연구가

일본 야마나시현 출생. 총독부 산림과 임업시험장에서 근무하며 조선의 산림녹화에 이바지하는 한편, 형 노리다카와 함께 조선의 민예에 깊은 관심을 두고 1924년 경복궁 내에 조선민족미술관을 설립하고 『조선의 소반』, 『조선도자명고』를 출간했다. 청량리에 살며 평생 기독교의 사랑을 실천하고 유언으

로 이 땅의 흙이 되었다.

우측 비문

전면

淺川巧功德之墓(아사카와 다쿠미 공덕지묘)

후면

서기 1931년 4월 2일 졸

서기 1966년 6월 일

임업시험장 직원 일동

좌측 비문

전면

한국의 산과 민예를 사랑하고 한국인의 마음속에 살다간 일본인 여기 한국의 흙이 되다

후면

아사카와 다쿠미 1891.1.15 일본 야마나시현 출생, 1914-

1922 조선총독부 산림과 근무, 1922-1931 임업시험장 근무, 1931.4.2 식목일 기념행사 준비 중 순직. 주요업적: 잣나무 종자의 노천매장발아촉진법 개발(1924), 조선의 소반(1929), 조선의 도자명고(1931) 저술

우면
1984년 8월 23일 임업시험장 직원 일동

상석 전면
삼가 유덕을 기리며 명복을 빕니다

상석 좌면
평성9년(1997) 4월 2일 봉헌
아사카와 다쿠미 선생의 탄생지 일본국 다카네초
1997년 4월 2일 건립
한국 신림청 임업연구원 홍림회

상석 우면
1891년 1월 15일 탄생
일본국 야마니시현 기타고마군 다카네초 5초다

1931년 4월 2일 별세

한국 서울특별시 동대문구 청량리동

해설

무덤 오른쪽 작은 비석 '아사카와 다쿠미 공덕지묘'는 1966년에, 좌측의 검은 단비는 1984년에 임업시험장(현 산림과학원) 직원들이 세운 것이다. 임업시험장 퇴직자 모임인 홍림회가 묘역을 오랫동안 관리해 왔다.

 무덤 앞쪽의 항아리 조각품은 다쿠미가 생전에 좋아한 백자를 형상화한 조각품으로, 조각가로도 활동한 그의 형 노리다카(伯教, 1884~1964)가 다쿠미 타계 1주기 때 세운 것이다. 노리다카는 조선 전국 700여 곳의 가마터를 답사해 조선 도자의 역사를 정립하고 광복 후에도 미군정의 의뢰로 이곳에 남아 연구 결과를 정리하고 돌아간, 당대 최고의 조선 도자 전문가였다. 상석은 다쿠미의 고향 다카네초(2004 이후 호쿠토시)의 지원으로 홍림회가 세운 것이다.

 다쿠미는 임업시험장 직원으로 산림녹화에 힘쓴 한편, 조선의 민예를 연구했다. 저서『조선의 소반』과『조선도자명고』는 지금도 읽히는 불후의 명작으로 꼽힌다. 개인의 삶에서도 국경을 초월한 기독교의 사랑을 실천했다.

이웃 조선인들과 진정으로 교유한 다쿠미는 식목일 기념행사 준비로 과로한 나머지 급성 폐렴에 걸려 만 40세의 나이에 사망했다. 유족은 아사카와에게 한복을 입혀 입관했다. 상여를 내보낼 때는 30여 명의 이웃이 생전의 은혜를 갚은 길이 없어졌다며 마지막 길에 서로 상여를 메겠다고 나서는 바람에 이장이 그중에서 10명을 골라야 했다. 묘도 조선식의 봉분으로 만들었다.

1942년 이문리 묘지가 없어지면서 묘는 망우리공동묘지로 이장됐다. 해방 후 오랫동안 국교가 단절된 상태에서 다쿠미의 묘소는 돌보는 이 없이 덤불 속에 가려지고 조각품도 쓰러져 뒹굴고 있었다. 1964년 화가 가토가 다시 찾아내고 임업시험장 한국인 후배들이 관리를 자청하고 나서 그들의 이름으로 1966년 공덕비가 세워졌다.

지금은 아사카와형제현창회(회장 이동식)라는 단체가 해마다 추모식을 열고 있다. 일본대사관의 공사와 중랑구 거주 일본인들도 매년 참석하고 있다. 한일 친선의 중요한 매개체요 상징이라 할 수 있다. [식]

11

안봉익
(安鳳益, 1910~1957)

기업가

함북 경성 출생. 경성고등공업 광산과를 졸업하고 고바야시광업에서 일했다. 1952년 대한중석의 초대 사장으로 부임하여 중석산업의 현대화를 추진하고 한미중석협정의 체결에 중추적인 역할을 했다. 당시 중석은 총 수출액의 56%(1952)까지 차지한 구국의 자원이었다. 중석산업을 통한 구국에 헌신하다가 47세에 순직했다. 2006년 '한국을 일으킨 엔지니어 60인'에 선정되었다.

비문

전면

故安鳳益先生之墓(고안봉익선생지묘)

후면

선생은 하로도 편히 쉴사이 없이 한국 광업계의 발전에 공헌하고 중석광 생산과 처리의 현대화에 진력하여 한국경제 재건에 분투하던 중 아깝게도 사십팔세를 일기로 세상을 떠나시다
평소에 선생의 굳은 신념과 뜻을 받들어 일하던 동지들로서 선생을 추모하는 마음을 둘 곳 없어 말 없는 돌에나마 정성으로 글자를 새겨 기리 애도의 정을 표하나이다

좌면

檀紀 四二四三年 十二月 二十七日 咸鏡北道 鏡城郡 鏡城面 勝岩里 三二七番地에 出生. 鏡城高等普通學校 京城高等工業學校 鑛山科를 畢하여 邇來 鑛業界에 投身 地下資源開發에 盡力한지 二十餘年으로 解放後 四二七九年 九月 大韓重石鑛業會社 理事 四二八五年 二月 仝會社 社長으로 被任하여 韓國重石鑛業의 地位를 世界的으로 有名케 했으나 四二九○年 八月 九日 殉職함 그의 遺愛에 令閨 馬玉筍 女史 令息 澤俊 鎔俊 및 令愛 律子 堯子 光惠 永惠가 有함

(번역문)

단기 4243(1910)년 12월 27일 함경북도 경성군 경성면 승암리

327번지에 출생. 경성고등보통학교 경성고등공업학교 광산과를 필하여 이래 광업계에 투신 지하자원개발에 진력한 지 20여 년으로 해방 후 4279(1946)년 9월 대한중석광업회사 이사 4285(1952)년 2월 동회사 사장으로 피임하여 한국중석광업의 지위를 세계적으로 유명케 했으나 4290년 8월 9일 순직함. 그의 유애(遺愛)에 영규(令閨) 마옥순 여사 영식(令息) 택준 용준 및 영애 율자 요자 광혜 영혜가 유(有)함

우면

商工部 直轄 大韓重石鑛業株式會社(상공부 직할 대한중석광업주식회사)

常務取締役 李相裘(상무취체역 이상구)

仝 金鳳昊 金成九 姜漢仁(동 김봉호 김성구 강한인)

取締役 李柱榮 李彩煥(취체역 이주영 이채환)

常任監査役 崔昶德(상임감사역 최창덕)

監査役 黃昌旭(감사역 황창욱)

檀紀 四二九〇年 八月 十五日 建立(단기 4290년[1957] 8월 15일 건립)

해설

조봉암 묘에서 능선을 올라가 중랑구를 바라보는 너른 자리에

묘가 있다. 망우리공원에 다양한 분야의 인물이 있지만, 산업계의 인물로는 안봉익이 대표적이라 할 수 있다. 유족의 제보로 알게 되어 자료를 조사해 보니 과연 산업계의 위인이라 할 만한 인물이다.

2006년 10월 20일, 한국공학한림원·서울공대·매일경제는 '한국을 일으킨 엔지니어 60인'을 선정 발표했다. 일제강점기와 6·25전쟁으로 불모지와 다름없던 한국의 산업을 이만치 키우는 데 공헌한 엔지니어 60인 중 맨 앞의 선배가 대한중석의 초대 사장 안봉익이다.

안봉익은 경성고등공업학교 광산과를 우등으로 졸업하고 고바야시광업 등에서 일하고 해방 후에 광산을 경영하다가 1952년 2월 대한중석의 초대 사장으로 임명되었다.

6·25전쟁으로 전 국토가 폐허가 되어 나라를 먹여 살릴 수출 자원이 거의 없어 외화 부족으로 단돈 1달러의 지출도 대통령이 직접 결재하던 시절, 1952년 3월 말에 체결된 한미중석협정(5년간 1만 5천 톤)으로 본격적으로 시작된 수출로 중석은 우리나라를 기사회생케 한 '구국의 자원'이 되었다. 『대한중석 70년사』에 따르면, 한미중석협정이 체결된 1952년 국가 총수출 2,660만 달러 중 중석이 1,650만 달러(56%)를 차지하고, 53년에는 3,960만 달러 중 2,072만 달러(52%)를 차지하며 50

년대에는 압도적으로 매해 1, 2위의 순위에 올랐다. 60년대에 들어서도 10대 수출업체에 대한중석은 1964년 3위, 1966년에는 2위(1,096만 달러)를 정점으로 1969년에도 8위(1,300만 달러)를 차지했으니 60년대까지 중석이 우리 경제에 끼친 영향은 막대했다.

과로로 인해 순직한 안봉익은 부인 마옥순과의 사이에 2남 4녀를 두었다. 맏사위 이동헌 위스콘신대 교수는 농구 국가대표 출신으로 MIT가 1984년 펴낸 『경제학 석학 인명록』에 한국인으로는 유일하게 등재된 세계적 경제학자이다. 장남 안택준은 유타대학 학부와 대학원에서 광산학(비철금속)을 전공하고 28세인 57년에 돌아와 서울대 교수를 제의받았으나 세계적인 광업회사를 만들 야망으로 대한금속광업(주)을 설립, 1966년 한국 100대 회사로까지 키우며 부친의 유지를 잇고자 노력했으나 시운이 맞지 않아 결과는 여의치 못했다. 부인 오봉림(38년생, 경기여고·이화여대 졸)과의 사이에 2남 2녀를 두어 장손 안재현은 현재 SK디스커버리 사장, 차손 안재용은 SK바이오사이언스 사장으로 산업계의 중추적 역할을 하고 있다. 두 손자는 어릴 때부터 망우리 조부의 산소를 다니며 느낀 바가 있어 편한 공직을 마다하고 기업을 선택했고 지금도 중요한 일이 있을 때마다 망우리를 찾아와 조부와 침묵의 대화를 나눈다고 한다. [식]

12

오긍선
(吳兢善, 1878~1963)

교육자·의사

오긍선의 호 '해관海觀'은 인류를 생각하면서 세계를 바라본다는 뜻이다. 해관은 우리나라 '최초'의 타이틀이 많다. 한국인 최초의 의료선교사이며, 한국인 최초로 고아원(1919년 경성보육원)도 설립했다. 연세대학교 의과대학 전신인 세브란스의학전

문학교 최초 한국인 교장을 역임하고 현대의학 도입과 발전에 기여했으며, 우리나라 의학발전과 사회사업에도 헌신했다.

비문

전면

海觀吳博士兢善之墓(해관오박사긍선지묘)
夫人密陽朴氏祔左(부인밀양박씨부좌)

海觀吳兢善博士墓表

西紀一九六三年癸卯五月十八日 貫海州吳公諱兢善沒 公基督敎人也 仍其月二十二日 以延世大學校醫科大學葬 擧行式典於新門內禮拜堂 堂斧之封 在市東忘憂里卯向原 公字重克 號海觀 考仁默 妣韓山李氏 高宗 戊寅十月四日生公於忠淸南道公州邑第 壽八十六 公一番來去在吾東土 行治甚鉅且夥 殊非貞珉可容將詳於世 故略於墓 但序次其踐履 付於末 當銘誦之煌煌也

配密陽朴氏永大女 子漢泳醫學博士保健部長官 震泳弘益大學敎授 李永俊 崔榮奎 崔永泰 女壻也. 重根 長根 泰根 民子 典子 孫男女也 沈東燮 李宗珍 金龍雨 孫壻也 寅煥 益煥 貞煥 美鈴 慶仁 閏祿 曾孫男女也 海泳從姪也

舊韓國時主事 獨立協會幹事 培材學堂卒業 美國센트란大學 루이빌大學校醫科大學卒業 醫學博士 群山光州木浦耶蘇敎病院長 群山永明中學校安樂學校龜巖長老敎會設立 세브란스 學專門學校敎授皮膚科長 基督保育院京城養老院設立 歐美各國醫學界視察研究 세브란스 醫專校長 센트랄大學名譽理學博士 루이빌大學名譽法學博士

社會部長官社會事業功勞表彰 大韓基督敎書會 中央基督敎靑年會 大韓聖書公會理事長 서울女醫大理事 韓國社會事業聯合會長 세브란스醫大功勞表彰 大韓醫學協會功勞表彰 延世大學校名譽法學博士 大韓民國公益褒賞勳章 소파賞 文化勳章大韓民國章追贈

一九六四年五月十八日 男震泳謹撰幷書

(번역문)

해관 오긍선 박사 묘비문

서기 1963년(계묘년) 5월 18일 본관이 해주인 오긍선이 세상을 떴다. 공은 기독교인으로 그달 22일 연세대학교 의과대학장으로 신문내예배당(새문안교회)에서 식전을 거행했다. 묘소는 시 동쪽 망우리의 묘(卯) 방향 언덕이다. 공의 자는 중극(重克), 호는 해관(海觀)이다. 아버지는 인묵(仁默)이고 어머니는 한산이씨

(韓山李氏)로, 고종 무인년(1878) 10월 4일 충청남도 공주읍에서 태어나 86세를 살았다. 공이 이 땅에 태어나 이루어 놓은 것은 매우 크고 많아 비석으로 세상에 상세히 전할 수 없어 묘에서는 생략한다. 다만 그의 이력은 차례로 써서 비석 끝에 붙여 새겨서 분명하게 전하는 게 마땅하다.

부인은 밀양박씨 영대(永大)의 따님이고, 아들 한영(漢泳)은 의학박사로 보건부 장관, 진영(震泳)은 홍익대학 교수이다. 이영준, 최영규, 최영태는 사위이다. 중근, 장근, 태근, 민자, 전자는 손주이다. 심동섭, 이종진, 김용우는 손녀사위이고, 인환, 익환, 정환, 미령, 경인, 윤록은 증손주이며 해영은 오촌 조카이다.

공은 대한제국 시기에 주사와 독립협회 간사를 역임했다. 배재학당을 졸업하고 미국 센트럴대학, 루이빌대학교 의과대학을 졸업했다. 의학박사이며 군산, 광주, 목포의 예수교 병원장을 맡았고 군산영명중학교, 안락학교, 구암장로교회를 설립했다. 세브란스의학전문학교 교수, 피부과장을 역임했고 기독보육원 경성양로원을 설립했다. 구미 각국의 의학계를 시찰, 연구했으며 세브란스 의학전문학교 교장을 역임했고 센트럴대학 명예 이학박사, 루이빌대학 명예박사이다. 사회부장관 사회사업공로 표창을 받았으며 대한기독교서회 중앙기독교청년회 대한성서공회이사장, 서울여의대 이사, 한국사회사업연합회장을 맡았다. 세브란스의대 공로표창, 대한의학협회 공로표창을 받았다.

연세대학교 명예법학박사, 대한민국 공익포상훈장, 소파상, 문화훈장 대한민국장을 추서받았다.

1965년 5월 18일 아들 진영이 삼가 비문을 짓고 글씨를 썼다.

연보비

海觀 오긍선 선생

(1878~1963, 교육자 의사)

연세대학교 의과대학 전신인 세브란스의학전문학교 최초 한국인 교장을 역임하고 현대의학 도입과 발전에 기여하였으며 일생동안 우리나라 의학발전과 사회사업에 헌신하시다

※ 오긍선 부친 오인묵(1850~1933) 적선비

(오긍선 묘소가 있는 해주 오씨 선영 입구에 위치)

전면

監察 吳仁默 積善碑(감찰 오인묵 적선비)

積善遠惡 선을 쌓고 악을 멀리하며

推己及人 자신을 돌아보며 다른 사람을 생각한다

愛稀世俗 세상의 풍속을 아끼고 귀하게 여겨

恩敷陽春 은혜가 봄날의 햇살처럼 퍼져 나간다

尊兼三達 존귀하기는 삼달(지혜, 어짊, 용기)을 겸하니

領聞四隣 아름다운 이름이 사방으로 알려지네

想其後裔 그 후손들을 생각하니

餘慶有眞 그들은 진정 경사를 누리리라

후면

沃溝郡 開井面 助村里

丙寅 二月 一日 立

發起人 蔡東岩 朴敬天

옥구군 개정면 조촌리에 병인년(1926) 2월 1일 비석을 세운다. 발기인은 채동암, 박경천이다.

옆면

距今十四年前 丙寅春 自小作人會立此碑 於先考之所有土地區内 而先考卽為埋碑于地下. 至于再昨年矣 該土地 適因羣山府擴張 盡入于工場地帶. 故為其子者 恐或有踐踏之慮 運搬于墓下 建之.

昭和十四年 己卯 五月 日

吳兢善 謹識

(번역문)

지금부터 14년 전 병인년(1926) 봄 소작인 모임에서 이 비석을 선친 소유의 토지 구역에 세웠으나 선친께서는 곧바로 이 비를 땅에 묻었다. 재작년에 그 토지가 군산 시가지의 확장으로 인해 공장지대로 다 편입되었다. 그래서 자식으로서 이 비가 사람들에게 짓밟힐까 걱정이 되어 지금 이곳 선영 아래로 옮겨와 세운다.

소화 14년 기묘해(1939년) 5월 일

오긍선은 삼가 기록한다

해설

나란히 의사의 길을 걸었던 지석영(1855~1935)과 오긍선(1878~1963)은 한국 의학의 쌍두마차였다. 지석영이 우리나라 최초의 국립의학교 교장이었다면, 오긍선은 사립의학교에서 한국인 최초로 교장을 역임했다. 1899년 설립과 함께 지석영이 교장을 맡은 대한제국 관립의학교는 후에 대한의원, 경성의전을 거쳐 현재의 서울대 의대가 되었다.

오긍선은 1912년 외국인 선교사 교파 연합으로 설립된 세브란스에 파견되면서 세브란스연합의학교와 인연을 맺는다. 1917년 이 학교가 세브란스연합의학전문학교로 총독부의 인가를 받으면서 그는 피부과 교수로 활동한다. 당시 세브란스의전의 설립자이자 교장은 에비슨O. R Avison이었다. 오긍선은 에비슨을 도와 근대 서양의학과 병원 체계를 구축하고 한국인 의사 양성에 전력을 기울인다. 이러한 공을 인정받아 에비슨이 교장에서 물러나면서 제2대 교장에 취임한다. 이후 세브란스의전은 연희전문과 함께 종합대학인 연세대학교로 발전하게 된다. 세브란스의학전문학교가 외국인 선교사 에비슨에 의해 설립되었지만, 한국인 의사 오긍선은 그의 뒤를 이어받아 연세대 의대로 발전해 가는 가교 역할을 담당했다고 할 수 있다.

85세를 살았던 오긍선은 의사로서뿐 아니라 다양한 분야에서 많은 자취를 남겼다. 아들 진영이 비문에 적은 이력만 보더라도 오긍선은 독립협회에서 활동했고, 전라도 지역의 예수교에서 설립한 병원의 원장을 맡았으며, 교회와 학교를 설립했다. 또 보육원, 양로원을 설립해 운영했으며 그가 세운 보육원은 지금도 운영되고 있다. 이와 함께 성병 예방을 위한 계몽활동에도 힘을 기울였으며 그 일환으로 기독교 인사들과 공창제도 폐지 운동을 벌이기도 했다.

오긍선의 묘소는 그의 가족 묘역인 망우리 해주 오씨 선영의 맨 윗자리에 있다. 그의 묘 아래에는 세브란스의전 병원장과 보건부 장관을 역임한 장남 오한영 부부의 묘가 있고, 왼쪽에는 사촌의 묘가 있다. 오긍선 가족묘의 봉분은 전통적인 방식을 따르지 않고 검은 돌을 지붕 모양으로 깎아 만든 독특한 모습을 하고 있다. 또 묘역 아래쪽에 부친 오인묵의 적선비積善碑가 눈에 띄는데, 원래 전북 군산에 있던 것을 1939년 망우리로 옮겨온 것이다.

오긍선 가족 묘역 입구에 세워진 그의 연보비에는 "세브란스의학전문학교 최초로 한국인 교장을 역임하고 현대의학 도입과 발전에 기여했으며 일생 동안 우리나라 의학발전과 사회사업에 헌신하시다"라고 적혀 있다. 의학과 사회사업에 끼친 그의 공로는 적지 않다. 그러나 일제강점기를 살았던 많은 지도층 인사들이 그랬듯이, 오긍선도 중일전쟁 이후 일제 침략전쟁의 광풍 속에서 조선지원병제도를 지지하는 등 친일 행적을 보였다. 화려한 이력 뒤에 가려진 그림자도 함께 살펴야 한다.

이경숙
(李景淑, 1924~1953)

교사·기독교인

경기 개성 출생. 호수돈여고 입학 시 가정형편으로 우울한 성격이었으나 유달영(서울대 교수)을 스승으로 만나 큰 영향을 받고 졸업 시에는 수석을 차지했다. 개성 교외 시골 학교에서 교편을 잡고 어린이들의 교육 상담을 위해 스승 유달영을 자주 찾았으며 페스탈로치 같은 삶을 살고자 했다. 유달영의 MRA(도덕재무장) 운동에 남편과 함께 참여했다. 비석의 글은 유달영이 짓고 썼다.

비문

전면

李景淑(이경숙) 무덤

후면

少女時節(소녀시절)엔 日政下(일정 하) 民族愛(민족애)의 꽃

靑年(청년) 때엔 情熱的(정열적)인 어린이의 스승

壯年(장년)엔 크리스챤 홈의 太陽(태양)

이 나라 MRA 運動(운동)의 開拓者(개척자)의 하나

純粹(순수)한 信仰(신앙)과 착한 德行(덕행)의 三十年(삼십년)

一生(일생)은 이 고장 女性(여성)의 永遠(영원)의 거울

우면

一九五三年 十一月 十八日(1953년 11월 18일) 서울大學校(대학교) 敎授(교수) 柳達永(유달영) 씀

해설

역사에 큰 업적은 남긴 분은 아니지만, 유달영 선생이 비석의 글을 짓고 써서 비석의 문화적 가치가 크다. 수석으로 여학교를 나왔지만, 초등학교 교사 외로는 사회활동에 크게 나서지 못하고 주부와 기독교인으로 일생을 마친 우리 근대의 평범한 여성의 모습이 여기에 있다. 스승 유달영을 도와 남편과 함께 한국의 MRA 개척에 공헌했다. 유족이 2024년 이장했으나 가

묘와 비석을 남겼다.

유달영은 상록수의 주인공 최영신 등 우리나라 여성 사회 운동가에 대한 글도 몇 편 남겼는데, 이경숙에 관해서는 그의 수상집 『눈 속에서 잎 피는 나무』(1967, 중앙출판공사)에 자세히 나온다. 일부를 옮긴다.

"이 여사는 내가 본 가장 아름답고 숭고한 여성이었다. 나는 그를 사랑하고 사모하고 또 존경한다. 내가 이 나라에서 이 여사를 만나본 것만으로도 이승에 태어난 보람은 크다고 믿는다. 공중을 떠다니는 비누풍선 같은 종로와 명동 거리의 여성들을 우두커니 서서 바라볼 때마다 나는 이 여사를 간절하게 회상한다. 이 나라의 썩은 끄트러기에서 돋아날 희망의 움이 있다면 그것은 가정에서 구해야 할 것이다. 나는 이경숙 여사의 짧은 인생에서 내가 가슴에 그리는 이 나라 여성의 영원의 거울을 발견하였다고 믿는다."

유족은 화장한 재를 강에 뿌리고자 했으나 유달영이 이곳 망우리의 묘를 마련하여 묻어 주었다. 어린 제자들이 성장해서 또 자식들과 친구들이 이 무덤을 찾을 때마다 그 아름다운 인격을 추억하는 시간을 갖도록 하자는 생각에서였다.

우리의 역사는 세상이 알지 못하는 이런 사람들에 의해 지탱되어 가는 것이고 또 발전되어 갈 것이라고 하며 그 옛날에 망우리에 묘를 마련하고 비문을 남긴 유달영 박사의 판단은 옳았다. 비록 이경숙은 망우리의 다른 유명인처럼 사회에 뚜렷한 흔적을 남기지는 못했지만, 유달영 박사가 남겨준 비석으로 인해 우리는 평범하되 신앙의 힘으로 아름답게 살다간 한 여성의 삶을 생각하게 된다. [식]

14

이영준
(李榮俊, 1896~1968)

정치인·의사

이영준은 의사와 의학자이자 국회의원, 국회부의장 등을 역임한 정치인이다. 대구 출신으로 그곳에서 초등학교를 마친 뒤 서울로 올라와 양정고보, 세브란스의학전문학교를 졸업했다. 이후 일본에 유학하여 도쿄제국대학에서 의학박사학위를 받았다.

귀국 후 세브란스의전 교수 및 부속병원장, 세브란스의학전문학교장 등을 역임하며, 교육자로서 의학도 양성에 힘을 쏟았다. 세브란스의학전문학교에서 의학자 오긍선을 만나 수제자가 되었으며 오긍선에 이어 세브란스의전 3대교장을 지냈다. 광복 후에는 제헌의회, 4~6대 국회의원으로서 국회부의장을 역임하는 등 정치인으로 활약했다.

비문

전면

杏儂李榮俊博士之墓(행농이영준박사지묘)

옆면

子 貞植 仁植 甲植 孝植(아들 정식 인식 갑식 효식)

孫 秀雄 富雄 哲雄 弼雄 賀雄 瑞雄 俊雄 東雄(손자 수웅 부웅 철웅 필웅 하웅 서웅 준웅 동웅)

孫婿 柳英培(손자 사위 유영배)

후면

이영준 박사는 신의학계의 태두이며 교육가요 또한 지조 높은 정치가다. 1896년 9월 17일 대구 출생. 1968년 8월 18일 73세를 일기로 서울에서 長逝(장서)[24]. 호는 杏儂(행농). 본관은 公州(공주). 一世祖(일세조) 諱(휘) 天一公(천일공)의 51世孫(세손)이며 父(부)는 諱(휘) 炳勛(병훈) 母(모)는 鄭氏(정씨)다. 일찍이 세브란스의학전문학교를 졸업, 동경제국대학에서 의학박사 학위를

---

24 영영 가고 돌아오지 아니한다는 뜻으로, 사람의 죽음을 완곡하게 이르는 말.

취득, 모교 세브란스의학전문학교 교수, 동부속병원장 등을 역임, 의학계에서 25년간 종사했다.

그러나 그의 애국충정은 조국 해방을 계기로 제헌국회 국회의원 문교사회분과위원장, 제4, 5, 6대 민의원 의원, 연4대 국회의원에 연속 피선, 제5대 민의원 부의장 등을 역임하는 동안 야당의 원로로 독재부패정치를 바로잡는 구국운동에 평생을 바쳤다. 李博士(이박사)의 높은 지조와 불의에 굴치 않는 애국정신은 길이 후손에게 더욱 빛나리다. 부인은 崔世理(최세리). 본관은 海州(해주)며 호수돈여고 출신. 1968년 8월 18일 서거. 향년 73세. 슬하에는 4남이 있다.

서기 1969년 추석 海葦 尹潽善 撰(해위 윤보선 찬)

海峰 鄭弼善 書(해봉 정필선 서)

해설

이영준의 삶은 해방 이전과 이후로 구분할 수 있다. 일제강점기에 의사, 의학자의 길을 걸었다면, 해방 이후에는 정치인의 삶을 살았다. 둘 다 개인적으로나 사회적으로 의미 있는 행로였다고 볼 수 있다.

그가 타계했을 때 《경향신문》(1968년 8월 19일자)은 '5대 민의원 부의장 이영준 박사'라는 제목으로 짧은 부음을 알렸다. "5대 민의원 부의장을 역임한 이영준 박사가 18일 밤 8시 40분 서울 제기동 자택에서 노환으로 별세했다. 향년 73세. 이 박사는 세브란스의전 교장을 지냈으며, 제헌의원을 비롯, 4선 의원으로서 제5대 민의원 부의장을 역임했다. 영결미사는 22일 상오 11시 명동성당에서."

이 박사의 죽음을 알리는 부음 기사는 세브란스의전 교장을 지낸 의사의 이력과 제헌의회와 민의원 의원을 지낸 정치인의 경력을 소개하고 있다. 그러나 제목에서 '민의원 부의장'을 내세우면서 정치인의 행보를 강조하고 있다.

'정치인 이영준'을 내세우는 것은 묘비문에서도 보인다. 25년간 의학계의 이력은 의전 졸업, 의학박사 학위 취득, 의전 교수·병원장 역임 등 사실 기술로 그친 데 반해, 정치인의 활동에서는 "야당의 원로로 독재부패정치를 바로잡는 구국운동에 평생을 바쳤다"면서 이영준 박사의 높은 지조와 불의에 굴치 않는 애국정신을 강조하고 있다. 전직 대통령 윤보선이 비문을 짓고, 당대 최고의 서예가 정필선이 글씨를 쓴 것도 고인의 정치 이력과 무관치 않다.

그러나 고인의 삶을 돌아볼 때 의사의 이력이 정치인의 업적에 비해 결코 낮다고 할 수는 없다. 오히려 그 이상이었다.

일제의 교육계 침탈과 탄압이 가속화되던 1930~40년대 모교 세브란스의전 교수와 부속 병원장으로 의학전문학교와 병원을 지켜낸 것은 한국의학사와 병원사에 기록할 만한 사건이라 할 수 있다.

세브란스의전 부속 2대 병원장을 역임한 오긍선의 제자이자 후배인 이영준은 스승을 그림자처럼 따르며 존경했다고 한다. 이영준의 무덤이 오긍선의 묘소 아래에 자리한 것은 우연이 아니다. 이영준이 정치인에 앞서 스승 오긍선과 함께 서양의학과 의술을 이 땅에 소개하고 정착시킨 의사와 의학자로 기억되었으면 하는 바람을 가져본다.

장덕수
(張德秀. 1894~1947)
정치가·언론인·독립운동가

일제강점기와 해방 후 언론인, 교육자, 독립운동가, 정치가로 활동했다. 1894년(고종 31) 황해도 재령 빈농 집안에서 장붕도의 3남으로 태어났다. 일본 유학 후 여운형과 신한청년당을 결성했고,《동아일보》창간 후 초대주필과 부사장이 되었다. 미국에 유학하여 이승만 지지 활동을 하다 귀국했다. 1938년 흥업구락부 사건을 계기로 일제에 협력했다. 해방 후 송진우·김성수·조병옥·윤보선 등과 한국민주당을 창당하

여 우파 이론가로 활동하다 1947년 암살당했다.

비문

전면

雪山張德秀博士(설산장덕수)

蘭石朴恩惠女史之墓(난석박은혜여사지묘)

雪山張德秀碑銘(설산장덕수비명)

張公(장공)의 이름은 德秀(덕수)요. 本貫(본관)은 結城(결성)이니 雪山(설산)은 公(공)의 號(호)이다. - 一八九四年(1894년)에 黃海道(황해도) 載寧(재령) 農家(농가)에서 아버지 鵬道(붕도)와 어머니 金玄妙(김현모) 夫人(부인) 사이에서 태어났다. 公(공)의 十二歲(12세)에 아버지가 돌아가니 孤兒(고아)로 남은 五男妹(5남매)는 뛰어나게 賢淑(현숙)한 金夫人(김부인)의 敎養(교양)으로 成長(성장)했다. 公(공)은 어릴 때부터 才質(재질)이 非凡(비범)하여 鄕里(향리)에서 小學校(소학교)를 마치고 一時(일시) 鎭南浦(진남포)의 日本人(일본인) 機關(기관)이었던 理事廳(이사청)의 使童(사동)으로 있었다. 苦楚(고초)를 겪는 中(중)에도 講義錄(강의록)으로 獨學(독학)하여 그때의 普通文官(보통문관) 考試(고시)에 合格(합격)한 것이 十七歲(17세) 때의 일이다. 그는 배운 것이 試(시)했을 뿐이요. 細使(세사)가 되려 함이 아니라면서 志(지)를 結(결)하고 日本(일본)에 留學(유학 早稻田大學(조도전대학＝와세다대학) 政經科(정경과)를 二位(2위)로 卒業(졸업)했다. 이때는 우리 全國民(전국민)이 擧族動員(거족동원)으로 三一運動(삼일운동)을 일으킬 形勢(형세)가 激浪(격랑)같이 물결칠 때이다. 上海(상해＝상하이)로 亡名(망명)하여 新韓青年黨(신한청년당)을 組織(조직) 後(후) 秘命(비명)을 띠고 歸國(귀국)했다가 敵警(적경)에게 잡혀 獄苦(옥고)를 겪고 荷衣島(하의도)에 流配(유배)되었다가 다시 呂運亨(여운형)과 함께 東京(동경)에 가서 日本(일본) 全國記者(전국기자) 앞에서 朝鮮獨立(조선독립)의 大義(대의)를 力說(역설)하여 日本朝野(일본조야)를 驚駭(경해)케 했다. 歸國(귀국) 後(후) 民族紙(민족지) 東亞日報《동아일보》의 主幹(주간) 兼(겸) 主筆(주필)로 諤諤(악악)의 論戰(논전)을 편 것이 二十六歲(26세) 때이다. 筆戰(필전) 五年(5년) 後(후) 三十歲(30세)에 美國(미국)에 留學(유학) 오레곤大學(대학) 新聞學科(신문학과)와 컬럼비아大學(대학) 政經科(경제학과)를 마치어 碩士學位(석사학위)를 얻고 다시 英國(영국)으로 건너가서 런던大學(대학)에 螢雪(형설)의 功(공)을 쌓은 結果(결과) '쁘리티쉬·메도드 어브 인더스트리얼 피-스(British Methods of Industrial Peace. 영국산업평화에 관한 방법론)'라는 論文(논문)으로 컬럼비아

大學(대학)에서 哲學博士(철학박사)의 學位(학위)를 받았으니 美英留學(미영유학)이 凡(범) 十三年(13년)이었다. 歸國(귀국) 後(후) 普成專門(보성전문) 敎授(교수)로 後進(후진) 養成(양성) 中(중)에 一九四五年(1945년) 光復(광복)을 맞으니 그 深奧該博(심오해박)한 國際知識(국제지식)은 一世(일세)의 指導者(지도자)이었다. 三八線(38선)으로 兩斷(양단)된 祖國(조국)과 勢力角逐(세력각축)의 美蘇共委開會(미소공위개회) 中(중) 韓國民主黨(한국민주당)의 政治部長(정치부장)으로 心血(심혈)을 傾注(경주)하여 自主獨立(자주독립)을 위해 싸우다가 一九四七年(1947년) 十二月(12월) 二日(2일) 저녁 七時(7시) 祭基洞(제기동) 自宅(자택)에서 兇彈(흉탄)에 遇害(우해)하니 享年(향년) 五十四歲(54세)이었다. 親友(친우)로는 仁村(인촌) 김성수(金性洙) 古下(고하) 송진우(宋鎭禹)와 善(선)했다. 仲兄(중형) 德俊(덕준)은 一九二一年(1921년) 琿春事變(혼춘사변) 取材(취재) 中(중) 日軍(일군)에게 被殺(피살)되고 그후 伯兄(백형) 德冑(덕주)는 日警(일경)의 拷問(고문)으로 致死(치사)하고 아우 德震(덕진)은 上海(상해)에서 獨立運動費(독립운동비)를 調達(조달) 中(중) 被殺(피살)되니 一門(일문) 四兄弟(사형제)가 모두 나라 일에 殉國(순국)한 것이 史上(사상) 稀有(희유)의 일이다. 夫人(부인) 朴禮黙(박례묵) 牧師(목사) 長女(장녀) 恩惠(은혜) 女史(여사)와 사이에 知元(지원) 師元(사원) 두 아들과 淑元(숙원) 惠元(혜원) 두 딸이 있고 누이 德善(덕선)이 있다. 公(공)은 祖國愛(조국애)의 情烈(정렬)이 倍人(배인)하되 細心(세심) 周到(주도)하여 옆의 사람이 그 深淺(심천)을 엿보기 어렵고 人(인)을 對(대)함에 和氣(화기)가 넘치면서도 大義(대의)를 위하여는 勇敢(용감)했다. 國(국)이 難(난)하매 賢相(현상)을 생각하기 간절할 때 公(공)을 凶彈(흉탄)에 잃으니 아! 어찌 天道(천도) 무심하다 하지 않으랴. 公(공)의 墓(묘)는 政黨社會聯盟葬(정당사회연맹장)으로 忘憂里(망우리)에 安葬(안장)되었다. 一九六六年(1966년) 十二月(12월) 二日(2일) 種石(종석) 유광렬(柳光烈) 撰(찬) 原谷(원곡) 金基昇(김기승) 書(서)

연보비

전면

설산(雪山) 장덕수 선생
(1894-1917 독립운동가. 정치가. 언론인)

조선 민중의 표현 기관으로 자부하노라. 민주주의를 지지하노라. 문화주의를 제창하노라.
-「주지(主旨)를 선언하노라」에서

해설

장덕수의 묘역는 망우리공원 위쪽에 있는 동락정 삼거리에서 서울 방향 좌측 언덕에 있다. 지붕돌을 씌운 방부규수方趺圭首 형식의 큰 비석으로 망우리공원에서는 이 크기의 비석은 흔치 않다. 이 비 4면에는 설산과 부인 박은혜 여사의 행장도 함께 기록했다. 묘소 아래 서울 방향 길가에 연보비를 세웠는데, 《동아일보》창간호에 게재한 〈주지主旨를 선언하노라〉의 일부이다. 비석은 19주기인 1966년 12월 2일에 세웠고, 종석 유광렬柳光烈이 글을 짓고, 당대 최고의 서예가 원곡 김기승의 글씨를 썼다.

설산은 1894년 12월 10일 황해도 재령군 남율면 강교리에서 아버지 장붕도와 어머니 김현묘 사이 4남 1녀 중 셋째로 태어났다. 설산은 13년간 미국과 영국에서 체류하다 1937년 1월 귀국했다. 하지만 《동아일보》는 일장기 말소 사건으로 무기정간 상태여서 고려대 전신인 보성전문학교 교수로 부임했다. 일제강점기 후반 중일전쟁 발발 전까지는 합법적인 공간에서 독립운동과 사회운동을 활발히 전개했다.

1938년 9월 '흥업구락부' 사건을 계기로 변절, 총독부체제에 순응하면서 일제의 협력자가 된다. 그러나 1940년《동아일보》가 폐간되고, 이즈음 일제가 권고한 창씨개명을 거부했다. 1941년 오사카大阪에 머물면서 비밀조직 '조선독립청년당'을 결성하려다 체포되기도 했으나 2002년 민족연구소는 그를 친일명부에 올려놓았다.

설산은 광복 후에는 정치인으로 변신했다. 1945년 9월 김성수·송진우 등과 한국민주당을 창당했다. 1947년 10월 제2차 미·소공동위원회가 결렬되자 남한 단독정부 수립을 지지하고 김성수와 함께 미국특사 워드마이어와 만나 담판을 벌이기도 했다. 11월 단독정부 수립을 공언하고 조병옥·윤보선 등과 한국민주당의 선거 전략을 수립하고 총선거 준비에 들어갔다. 하지만 12월 2일 오후 7시경 제기동 자택 청설장에서 장총을 든 2인조 괴한에 암살당했다. 이틀 뒤 미군정은 범인으로 박광옥 경사와 배희범 교사를 체포했으며, 이듬해 1월 16일 수도청장 장택상은 또 다른 살해 혐의로 한독당 중앙위원 김석황을 체포했다.

설산은 민족주의 세력의 젊은 리더로서 청년회 연합운동을 주창하다 사회주의 세력의 공격을 받아 결국 흉변凶變을 당한 것이다. 향년 53세. 그의 죽음은 사회적으로 큰 충격이었다. 1945년 12월 30일 송진우 피살, 1947년 7월 19일 여운형에 이어 지도자들이 연속 테러를 당했으니 다음은 누구일까 두려움에 휩싸였다.

장례식은 12월 8일 서울시청 앞에서 엄수되었다. 설산을 따르던 군중과 이승만, 김구, 김성수를 비롯한 좌우 정치인 대부분이 참석했고 애도의 만장이 가득했다. 많은 국민이 슬퍼하는 가운데 설산의 운구는 망우리에 멈췄고, 망우리공원 제일 높은 곳에 누웠다. [수]

16

장형두
(張亨斗, 1906~1949)

식물분류학자, 보관문화훈장

뒤늦게 발굴된 '한국 식물학의 선구자'이다. 장형두는 1906년 광주에서 출생해 1922년 일본으로 건너가 동경부립원예학교를 다니다 1923년 관동대지진으로 일시 귀국, 이리농림학교에서 공부하고 다시 일본으로 건너가 동경고등조원학교(현 사립 동경농대)를 1928년 졸업했다. 1949년 10월 26일 국회본회의에서 신현모 의원은 우리나라의 '유일한 식물학자'요, 서울사대 교수인 장형두 씨가 시내 중부서에 어떤 혐의로 검거되어 인천경찰서에 압송된 후 23일 돌연 사망한 사실을 알렸다. 장형두는 일제강점기라는 어려운 여건에서도 토착 식물에 바람꽃·애기똥풀 등 우리말 이름을 붙이고 『학생식물도보』를 편찬해 한글과 우리말 수호에 기여한 공로를 인정받아 2025년 한글날에 한글발전 유공 '보관문화훈장'을 받았다.

비문

전면

서울大學校師範大學副敎授(서울대학교사범대학부교수)

仁同張公亨斗之墓(인동장공형두지묘)

해설

장형두의 묘는 순환로 좌측으로 올라가 한 굽이 돌아서 우측 위편에 판자 울타리를 둘러친 묘가 보이는 그 너머에 있다. 그의 묘는 최근 '발굴'되었다. 정확히 말하면 중랑구청이 발주하고 (사)한국내셔널트러스트가 수행한 '2021년 망우리공원 묘역 전수조사 학술용역업'에서 그의 묘가 존재를 드러냈다.

 망우리 묘역에서 묘가 '발굴되었다'거나 '발견되었다'라고 말한다면 적절치 않다. 묘역의 묘들은 이미 서울시 망우리묘역 묘적부에 망자의 이름, 생몰년 등 인적사항이 올라 있고, 방치된 극히 일부의 묘를 제외한다면 모든 묘는 유족들이 돌보고 있기 때문이다. 여기에서 '발굴' 또는 '발견'은 일반인에게 유명 인사의 묘로 확인되었다는 뜻이다.

 장형두의 '발견'이 늦은 것은 그동안 묘소에 이렇다 할 표지가 없었기 때문이다. 묘소 왼쪽 귀퉁이에 '仁同張公亨斗之墓'라고 적힌, 무릎 높이의 대리석 비석이 있었지만, 그나마 일부가 땅에 묻혀 있었다. 눈에 띄지 않았을 뿐 아니라 '장형두'에 대한 설명이 없어 그냥 지나친 것이다. 그러던 중 2019년 '서울대학교 사범대학 부교수'의 직함이 쓰인, 눈에 띄는 비석이 세워지면서 '식물학자 장형두'의 묘임이 확인되었다.

　장형두는 일반인에게 낯설지만, 식물학계에서는 큰 인물이다. 장형두는 일제강점기와 해방 전후의 시기에서 활동한 식물학자다. 그의 전공 분야는 식물분류학 또는 식물지리학이다. 일제강점기 한국의 식물학은 일본인을 비롯한 외국인들이 주도했는데, 장형두는 당시 왕성하게 활동한, 손꼽히는 한국인 식물학자 가운데 한 명이었다. 특히 식물 연구의 기본이라 할 식물 채집에서는 타의 추종을 불허할 정도였는데, 그의 채집 활동은 백두산에서 제주도까지 한반도 전역에서 진행되었다. 해방 후 서울대 교수로 임용된 그는 식물학자로 꽃을 피우던 40대 초반의 나이에 석연치 않은 이유로 경찰의 고문을 받아 사망했다. 아직 제대로 평가받지 못하고 있는 식물학자 장형두의 삶을 연보 형태로 적는다.

1906년　　　광주시 누문동 출생.

1917년	도쿄원예학교 연구과 입학. 졸업하고 귀국하여 익산의 이리농림학교를 다님.
1923년	이후 《조선일보》 문화부, 숭실전문학교 근무
1928년	도쿄대학 농학과의 전신인 동경고등조원造園학교 졸업. 조원학교 시절 '일본 식물학의 아버지' 마키노 도미타로(1862~1957)에게 식물분류학을 배움.
1927~1943년	백양산, 내장산, 제주도, 서울, 동해안, 백두산 등 전국을 돌며 식물 채집 활동. 이를 바탕으로 『전라남도 수목의 종류와 그 분포지』, 『조선식물과 그 분포상의 탐구』 등을 저술. (1932년에는 채집 표본 7,000여 점을 연희전문에 기증했으나, 지금은 남아 있지 않음. 제주도 채집 표본 등 2,000여 점은 일본에 전함.)
1933년 5월	조선박물연구회 창립 멤버로 참여.
1935년 3월	정태현 이덕봉 박만규 석주명과 함께 조선식물학연구회 창립. 『조선식물향명집』, 『조선식물명집』 발간.
1936년 8월	《조선일보》 주최 백두산탐험단에 식물학회 간사로 참여.
1946년 7월	경성대학 강사로 활동.
1948년 9월	서울대학교 사범대학 부교수 임용.

『학생식물도보』(수문관) 간행. 한글학자 최현배의 영향을 받아 '묻사리'(식물), '높산묻사리'(고산식물), '사철나무'(상록수), '바늘닢나무'(침엽수) 등 식물 관련 용어를 순우리말로 표기.

1949년 10월   좌익 연루 혐의로 경찰에 연행된 뒤 3일 만에 고문으로 사망.

2025년 10월   한글발전 유공 '보관문화훈장' 수상.

조봉암

(曺奉岩, 1899~1959)

정치가

인천 강화 출신. 일제강점기에는 사회주의 이념을 바탕으로 항일운동을 했다. 1945년 광복 후 공산주의에서 전향해 대한민국 건국에 참여했다. 초대 농림부장관과 국회의원, 국회부의장을 역임했으며 진보당을 창당하고, 대통령에 두 번 출마했다. 1958년 1월, 국가보안법 위반으로 체포되어 1959년 7월 사형이 집행되었다. 2011년 1월, 대법원의 무죄판결로 복권되었다.

비문

전면

竹山曺奉岩先生之墓(죽산조봉암선생지묘)

후면

내용 없음

좌우면

내용 없음

연보비

죽산 조봉암 선생

(1899~1959 정치가)

"우리가 독립운동을 할 때 돈이 준비되어서 한 것도 아니고 가능성이 있어서 한 것도 아니다. 옳은 일이기에 또 아니 하고서는 안 될 일이기에 목숨을 걸고 싸웠지 아니 하나."
- 「어록」에서

후면[25]

1898[26] 경기도 강화군에서 출생

1919 3·1 독립운동 가담 1년간 복역

1922 일본 중앙대 유학중 〈흑도회〉 가담

1925 「조선공산당」「고려공산청년회」 간부로 모스크바 코민테른 회의 참석

---

[25] 다른 연보비의 후면 연보는 비문의 내용과 중복되어 생략했지만, 조봉암의 비석에는 글이 없으므로 후면의 연보를 여기 적는다.

[26] 연보비 앞면은 1899로 되어 있다. 원래 1898로 되어 있었는데 평전을 쓴 이원규 작가의 조사에 의거 8을 9로 고쳤다.

1930 항일운동에 연루되어 신의주 감옥에서 7년간 복역

1946 조선공산당과 결별. 중도통합노선 제시

1948 「제헌국회」의원. 초대 농림부장관 역임

1950 국회부의장 역임

1952 제2, 3대 대통령 출마

1956 「진보당」 창당 위원장 역임 및 평화통일 주창

해설

조봉암의 묘역은 관리사무소에서 구리시 방향 왼쪽 순환로에서 동락천 약수터를 지나 한용운 묘역에서 조금 오르면 오른쪽 나지막한 곳에 자리를 잡고 있다.

죽산의 묘비는 독특하다. 전면에는 '죽산 조봉암 선생 지묘'라 적었지만, 비의 후면과 좌·우면은 깨끗하다. 죽산의 묘비는 생졸生卒이나 유족 이름은 고사하고 행적이나 치적 등 아무것도 말하지 않는 벙어리 비석인 '백비白碑'이다. 이 백비도 당시에는 세우지 못하고 자유당 정권 몰락 후인 1961년에 세웠는데 그때도 묘비 전면의 글을 쓴 서예가 일중 김충현은 이 일로 조사를 받았다고 한다.

죽산의 행적을 조금이나마 알 수 있는 것은 묘역 아래 있는

연보비다. 전면에는 죽산의 어록이 후면에는 약력이 적혀 있고, 좀 더 알려면 무덤 앞으로 가 서울시가 세운 안내 동판을 읽어 내려가야 간다.

죽산은 강화군 선원면 금월리의 빈농 집안에서 아버지 조창규와 어머니 강릉 유씨 사이에 넷째 아들로 1899년 9월 25일 태어났다. 강화에서 3·1운동에 참여했다가 1년간 투옥되었다. 조선공산당과 고려공산청년회 참여 등 일제강점기에는 주로 사회주의 항일운동을 전개했다.

해방 후 죽산은 사회주의에서 전향을 선언하고 대한민국 건국에 참여했다. 초대 농림부장관과 국회부의장도 지냈으며, 농림부장관에 있을 때 농지개혁을 실시했다. 대통령 선거도 1952년과 1956년 두 번 출마해 정치적 기반과 위상을 확실히 끌어올렸고 진보당을 창당했다. 사방이 정치적 적이던 질풍의 시대, 죽산은 청천벽력의 소식을 접하게 된다.

1958년 1월 서울 경찰국은 진보당 간부들이 북한과 내통하여 사회주의 제도로 정부를 전복하려 했다는 것에 이어 다음 달 육군 특무대는 죽산이 북한의 공작금을 받았다는 일명 '양명산 사건'을 발표했다. 죽산과 진보당 간부 다수가 간첩죄와 국가보안법 위반 혐의로 체포됐다.

1959년 2월 대법원은 조봉암의 사형 판결이 최종 확정됐고,

이해 7월 사형이 집행됐다. 속전속결로 진행된 이 재판은 대한민국 헌법 사상 최초의 '사법살인'으로 불린다. 향년 60세.

조봉암 사건은 그 당시부터 사회적 논란에 휩싸였으나 대안은 없었다. 1980년대 민주화운동이 일어나자 재점화됐고, 2007년 9월 '진실·화해를 위한 과거사정리위원회'가 이 사건에 대해 국가의 사과와 재심을 권고, 2011년 1월 대법원은 죽산의 모든 혐의를 벗기고 결국 무죄를 선고했다. 사형집행 51년 만이다.

유족은 원래 재심 결과가 나오면 비석에 글을 새길 예정으로 비문까지 준비해 두었는데, 무죄 판결 후에 다시 곰곰이 생각해 보니 글 없는 비석 또한 시대의 아픔을 증거하는 유물이라는 생각에 그대로 두었다고 한다. [수]

18

지석영
(池錫永, 1855~1935)

의학자·국어학자

지석영은 서울 관훈동에서 한의사 지익룡의 넷째 아들로 태어났다. 어릴 때부터 중국의 서양의학서를 탐독하며 의학에 관심을 가졌고, 특히 우두접종법에 주목했다. 한의사 박영선이 일본에서 우두법을 배워오자 이를 전수받아 국내 처음으로 종두 접종을 시행했다.

이후 일본에 건너가 백신 제조법을 익혔으며 전주, 공주 등지에 우두국을 설치하며 종두 보급에 힘썼다. 또 『우두신설』을 저술하는 등 종두 보급의 이론적 기반을 마련했다. 1894년 정부가 위생국을 설치하고 이듬해 국민 의무 접종제를 시행하자, 지석영은 종두 보급의 중심인물로 활약했다. 1899년 관립의학교가 설립되자 초대 교장으로 취임하여 근대 의학교육의 토대를 닦았다. 한일합병 이후에는 소아과의원을 개업하고 한

의사협회 회장을 맡아 한의학 발전에 힘썼다.

지석영은 의학과 의료 교육 분야에서 선구적 역할을 했다. 또 우리말에도 관심이 깊어 국문연구소 설치와 '신정국문' 공표에 기여했으며, 국내 첫 한자사전 『자전석요』를 간행해 국어 발전에도 큰 족적을 남겼다.

비문

전면

松村居士池公錫永之墓(송촌거사지공석영지묘)

후면

公諱錫永 字公伯 號松村. 高麗平章事 宗海之后. 祖諱 應源. 考諱 翼龍. 白蓮池雲英之弟也. 辛巳 渡日 入'牛痘種繼所' 痘苗製造 及 種痘實施法 研究 歸國. 翌年 全北 全州 牛痘局 開設施行. 高宗 甲申 登科及第 副司果 歷典籍 司憲府持平, 戊子 司憲府掌令. 坐於謀陷 流配康津新智島 當時 字典釋要 著述. 乙未 刑曹參議 承政院副承旨 漢城府尹 大邱判官. 甲申 東來觀察使. 丁酉 釜山裁判所判事 中樞院議官 己亥 大韓醫學校創設 初代校長. 戊申 以 國民研究所副委員長 太極勳章 授與. 庚戌 正三品通政大夫 勳四

等八卦章 陞進. 乙亥二月一日卒 享年 八十一. 初配 驪興陳氏 再配金海金氏 有五男.

　嗣子 盛周　盛一　盛濬　盛吉　盛鳳

　嗣孫 弘昌　世昌

　孫 英昌　大昌　光昌　石昌　錦昌　禹昌

壬寅八月十二日 坡平后人 藥雲 尹禧采 書

(번역문)

공의 이름은 석영이고 자는 공백, 호는 송촌이다. 고려평장사 지종해의 후손이다. 조부의 이름은 응원이고 아버지는 익룡이다. 백련 지운영의 동생이다. 신사년에 일본으로 건너가 '우두종계소'에 들어갔으며 백신 제조 등 종두 실시 방법을 연구하고 귀국했다. 이듬해에 전북 전주에 우두국을 개설해 시행했다. 고종 갑신년(1884)에 과거에 급제해 부사과에 오르고 성균관 전적, 사헌부 지평을 거쳤다. 무자년(1888)에 사헌부 장령이 되었는데 모함 사건에 연루돼 강진, 신지도로 유배됐다. 이때 『자전석요』를 저술했다. 을미년(1895)에 형조참의, 승정원부승지, 한성부윤, 대구판관을 지냈다. 병신년(1896)에 동래관찰사를, 정유년에 부산재판소 판사, 중추원의관을 역임했다. 기해년(1899)에 대한의학교를 창설해 초대교장이 되었다. 무신년

(1908)에 국문연구소 부위원장을 맡아 태극훈장을 수여받았다. 경술년(1910)에 정삼품 통정대부가 되어 팔괘장 사등 훈장을 받고 승진했다. 을해년(1935) 2월 1일에 세상을 떴다. 향년 81세. 첫 부인은 여흥 진씨이고 두 번째 부인은 김해 김씨이며 5남을 두었다.

　아들　성주 성일 성준 성길 성봉

　장손자　홍창 세창

　손자　영창 대창 광창 석창 금창 우창

1962년(임인년) 8월 12일 파평후인 약운 윤희채가 글씨를 썼다.

연보비

松村(송촌) 지석영 선생

(1855~1935 의학자. 국어학자)

우두 보급의 선구자이며 의학 교육자. 한글 전용을 제창함. 사회, 경제, 문화 각 영역에 걸쳐 선각자. "우리 가족에게 먼저 실험해 보아야 안심하고 쓸 수 있지 않겠느냐."

- '1880년 가족에게 우두를 접종하면서'

해설

　송촌 지석영은 망우리공원의 근대 역사 인물 가운데 가장 연배가 이른 어른이다. 조선 후기인 1855년 태어나 1935년까지 팔순을 살았다. 그가 망우리공원에 묻힌 것은 경성부립망우리공동묘지가 개장한 지 2년 뒤로, 안장된 시기도 무척 빠르다. 묘역이 망우산 북쪽 능선 끝자락의 전망 좋은 곳에 위치하고 있다. 동남쪽으로 구리시와 한강을 굽어보고 있어 풍수를 모르는 이가 봐도 좋은 자리임을 알 수 있다.

　볕이 잘 드는 자리여서 식생도 좋다. 앞으로는 아름드리의 살구나무가 아름다운 수형을 자랑하고, 오른쪽에는 수령이 꽤 된 물오리나무, 벚나무, 팥배나무가 자란다. 뒤쪽으로는 물박달나무, 잣나무 등 심은 지 얼마 되지 않은 나무들도 여러 종이 있다. 아마 망우리공원에서 가장 많은 종의 식물을 거느리고 있는 곳이 지석영 묘가 아닐까 싶다.

　묘역은 크지만, 석물 등 기념물은 단출하다. 봉분 앞에 놓인 비석이 전부다. 무슨 연유인지 오른쪽에 있는 아들 지성주의 묘에는 상석이 있는데, 지석영 묘에는 그조차 없다. 실사구시적인 지식인이어서 유교의 예절이나 격식을 크게 따지지 않아서일까. 봉분도 아들보다 작고, 관리가 안 되어 붉은 흙이 드러나 있는 게 안타깝다.

앞면에 '송촌거사 지석영의 묘'라고 쓴 지석영 묘비의 뒷면에는 그의 삶의 이력과 공적이 쓰여 있다. 한자로 적었지만, 단어를 열거하는 수준으로 문법에도 맞지 않은 곳이 많다. 게다가 1896년의 간기 丙申(병신)을 甲申(갑신)으로, 國文硏究所(국문연구소)를 國民硏究所(국민연구소)로 잘못 적는 등 사실의 오류까지 보인다. 누가 비문을 지었는지에 대한 내용도 없다. 공들여 쓴 비문은 아닌 것 같다.

한글 전용을 제창한 고인의 유지를 받들어 비문을 한글로 지었으면 좋았겠다. 1948년 대한민국 정부는 '한글전용에 관한 법률'을 제정하여 한글을 공식적으로 전용하는 정책을 시작했으니, 비석이 세워진 1962년이라면 한글 전용 인식이 꽤 퍼진 시기이다. 온통 한문으로 쓰인 묘비보다 묘 입구에 세워진 한글 연보비가 눈에 잘 들어오고 이해도 쉽다. 연보비의 마지막 문장은 지석영이 종두법을 시행할 때 다들 주사 맞기를 두려워하자 가족을 실험 대상으로 삼으며 했다는 말이다.

지석영이 종두법에 집착한 것은 당시 천연두로 숨지는 어린이들이 많았기 때문이다. 당대의 중요하고 시급한 일부터 처리해야 한다는 사고는 실학의 실사구시, 이용후생의 정신과 통한다. 그의 실학 정신은 다산 정약용의 『아학편』에 영어, 일본어, 중국어 독음을 추가하여 여러 언어를 익히도록 한 일이나, 옥편 『자전석요』를 간행하여 한자 해석의 새로운 방법을 제시한 데에서도 드러난다. 또 보리의 가치를 논한 『중맥설』이나 서구의 예방의학적 지식을 소개한 『신학신설』을 간행한 것도 백성들의 건강과 이익을 앞세우는 실학 정신과 통한다. 지석영은 조선 후기 실학의 맥을 잇는 지식인이었다. 지석영을 정약용의 뒤를 잇는 근대 실학자의 시각에서 조명하는 작업도 필요하다.

차숙경
(1890~1948)
여성운동가

망우리공원 사색의 길 동락정 정자 정면에서 구리시 쪽으로 난 오솔길을 30미터 내려가다 좌측에 민족대표 33인 이갑성의 부인 차숙경의 커다란 묘가 보인다. 차숙경은 3·1운동의 자금 모집을 위해 조직된 여성 단체 혈성애국부인회(후에 대한민국애국부인회)에 참가했고 남편 대신 학생들과의 비밀연락 활동을 도왔다. 차숙경의 남편 이갑성은 기미 33인 중 가장 마지막까지 생존하고 1981년 3월 25일 94세로 별세했다.

비문

전면

延安車氏淑卿之墓(연안차씨숙경지묘)

후면

略歷(약력). 庚寅(경인) 12월 2일 서울시 唐人里(당인리)에서 탄생. 培花學堂(배화학당) 수업. 18세 결혼. 생 2남 2녀. 기미년 3월 1일 독립만세사건 당시 조선 민족대표 33인 중 1인으로 夫君(부군) 투옥. 독립운동을 부군으로부터 계승하야 秘密連絡員(비밀연락원)으로 필사의 노력과 아울러 부군의 옥바라지와 子女育成(자녀육성)에 주력하시다. 부군 옥중생활 4년 망명 생활 10여년 구금 3년. 극빈과 日警(일경)의 迫害下(박해하) 품팔이로 생활을 유지하여 자녀를 최고학부까지 수업시키시다. 癸亥年(계해년) 경성여자기독청년회 이사에 피임, 社會部救濟部(사회부구제부)를 전담. 乙酉年(을유년) 8월 15일 해방 후 애국부인회 중앙집행위원, 여자기독청년회 이사 재피임. 節制會(절제회) 이사, 교회 간부, 洋裁學院(양재학원) 원장. 침식을 잊으시고 自朝至夕(자조지석) 활동하시다가 과로로 인하여 무자년 2월 한 번 병석에 누우시매 부군과 자녀의 지극한 정성도 효험을 얻지 못하시고 8월 18일 오후 한 시 40분 59세를 일기로 영면하시다.

좌면

단기 4281년
서기 1948년 8월 18일

우면

夫 李甲成(남편 이갑성)

嗣子 南熙 次子 用熙 長女 善熙 次女 慈熙(장남 남희, 차남 용희, 장녀 선희, 차녀 자희)

孫 在賢 在福 在仁 在明 在善 在淑 在榕 (손주 재현 재복 재인 재선 재숙 재용)

外孫 李昌瑄 昌根(외손주 이창선 창근)

해설

"3·1독립선언서 서명 33인 중의 한 분인 이갑성 씨 부인 차숙경 여사는 18일 하오 2시 신장염으로 돈암동 자택에서 별세했다.(《한성일보》 1948. 08. 19) 기미독립선언 당시에 1인이신 이갑성 씨의 부인으로 30년간이나 여자기독청년회 이사로 또는 애국부인회 중앙위원으로서 애국운동에 공헌이 많은 차숙경 여사는…."(《부인신보》 1946. 8. 19)

사람들은 차숙경을 모른다. 혹 안다고 해도 이갑성의 부인 정도로 기억할 뿐이다. 이갑성은 삼일운동 민족대표 33인의 한 명으로 1920년대 물산장려운동, 민립대학설립운동 등 민족운동을 활발하게 벌인 독립지사이다. 물론 차숙경은 독립운동가의 아내로서 이갑성의 독립운동을 측근에서 도왔다. 삼일운동으로 이갑성이 투옥되었을 때는 2년 6개월 동안 지극정성으로 옥바라지를 했다. 그런가 하면 4남매의 어머니로서 자녀 교육에도 헌신적이어서, 둘째 아들 이용희는 서울대 교수와 통일원 장관을 역임했다. 여기까지만 놓고 본다면, 차숙경을 현모양처의 표상이라고 해도 지나친 말은 아닐 것이다.

그러나 망우리공원에 묻힌 차숙경을 이갑성의 부인으로만 평가해서는 안 된다. 그는 단순한 독립운동가의 아내요, 내조가가 아니었다. 일제강점기에 그는 기독교 운동에 참여해 경성 YWCA 이사로 활동했다. 1924년 10월 경기도에서 발급한 대외비 문서 '검찰 행정 사무에 관한 기록2'에는 조선기근구제회 집행위원 차숙경의 이름이 보인다. 그녀는 독립운동의 전면에 나서지는 않았으나, 독립운동가의 가족으로서, 그리고 여성운동가로서 민족운동을 뒷받침하는 역할을 수행한 것으로 보인다.

해방 후 이갑성이 대한독립촉성국민회에 참여하고 남조선과도입법위원 의원에 당선되는 등 정치권으로 나아갔을 때, 차숙경은 YWCA 이사, 애국부인회 중앙집행위원을 맡아 여성운동, 통일운동을 이어갔다. 남편이 정치인의 길을 걸어갈 때,

그녀는 남북통일, 계급 및 여성문제 해결에 전력했다. 비문에 쓰인 대로 "침식을 잊으시고 자조지석自朝至夕(아침부터 저녁까지) 활동하다 과로로 인해" 영면한 것이다.

차숙경의 묘소는 망우리공원 순환도로 끝부분에 있다. 옥개석을 씌운 검은 돌의 비석에는 '延安車氏 淑卿之墓'(연안차씨 숙경지묘)라고 쓰여 있다. 차숙경 혼자 묻힌 단장묘이다. 1981년 애국지사 이갑성 옹이 별세해 서울현충원 애국지사 묘역에 안장되었을 때, 차숙경의 유해는 옮겨가지 않았다. 현재 현충원 이갑성의 묘소에는 두 번째 부인 최마리에(?~1997)가 합장되어 있다고 한다.

망우리공원에 묻힌 차숙경은 혼자 묻혔지만, 쓸쓸하지는 않다. 비교적 넓은 묘역에 봉분도 커서 오히려 당당해 보인다. 옆에 있는 작은 무덤의 주인공은 손자로 알려져 있다. 생전에 할머니의 옛이야기를 듣고 자랐을 손자는 저승에서도 할머니의 옷자락을 잡고 졸졸 따라다닐지 모른다.

차숙경은 독립운동가의 아내이면서 본인 역시 민족운동, 종교운동에 참여하며 조국의 독립에 기여했다. 해방 후에는 여성운동가로서 여성 문제 해결에 앞장섰다. 차숙경의 삶과 업적은 오늘날에도 한국 여성운동과 독립운동사에서 중요한 의미를 지닌다. 남편의 그늘에 가려진 그녀의 삶을 제대로 조명할 필요가 있다. 그 일은 차숙경의 민족운동 행적을 발굴해 독립지사로 서훈하는 데에서 시작해야 한다.

최병석
(崔秉錫 1897~1971)

변호사·사정위원장

서울 출신. 대한변호사협회 초대 회장. 총독부 임야조사위원회에서 근무하며 독학으로 1930년 조선변호사시험에 합격하였다. 임야조사위원회의 경력으로 『조선소작조정령 해설 및 서식』(1934)을 출간했다. 일제강점기에는 조선공산당 재건 사건(31) 등에 무료 변론을 맡았다. 1948년 정부 수립 후 감찰위원회 감찰국장, 1952년 초대 대한변호사협회장에 선출되었다. 1959년 대법원 판사, 1960년 사정위원장(현 감사원장)을 역임했다.

비문 _____

전면

慶州崔公秉錫 孺人金海金氏之墓(경주최공병석 유인김해김씨지묘)

후면

경력

1930년 朝鮮辯護士試驗合格(조선변호사시험 합격)

1946년 城南高等學校理事 進明女子中高等學校理事(성남고등학교 이사 진명여자중고등학교 이사)

1947년 法務部刑政局長(법무부 형정국장)

1948년 監察委員會監察局長(감찰위원회 감찰국장)

1949년 法務部檢察局長兼大檢察廳檢事(법무부 검찰국장 겸 대검찰청 검사)

1951년 서울辯護士會 大韓辯護士會 會長(서울변호사회 대한변호사회 회장)

1953년 高等考試委員(고등고시 위원)

1959년 大法院判事(대법원 판사)

1961년 査正委員長(사정위원장)

사자: 正淵 正烈(정연 정열) 녀: 正恩(정은) 손: 성진 태진 석진 손녀: 정진

자부: 박용희 서(사위): 조현종 외손: 윤성 윤건 외손녀: 상희

(우면)

考²⁷(고) 1897년 음 1월 1일생

　　　 1971년 음 10월 10일졸

(좌면)

妣(비) 1895년 음 5월 28일생

　　　 1967년 6월 3일졸

해설

오긍선 묘역의 좌측에 있다. 일제강점기에 독학으로 변호사 시험에 합격하고 독립운동가의 무료 변론도 맡았으며 해방 후 초대 변호사협회장을 지냈음에도 이름이 크게 알려지지 않았다.

　최병석은 1914년 진주농업학교를 졸업하고 총독부 임야조사위원회에서 통역생으로 근무하며 독학으로 공부해 1925년 9월 조선변호사시험 예비시험에 합격했다. 1927년 서울법정학교 2부(야간)를 졸업하고, 서기로 승진한 1930년 9월 조선변호사시험에 최종 합격하였다. 응시자 277명에 최종 합격자는 11명이고 그중 조선인은 5명이었다. 그해 12월 낙원동 자택을

27　考(고)는 돌아가신 아버지, 아래의 妣(비)는 돌아가신 어머니를 뜻한다.

사무소로 하여 변호사 개업을 하였는데 임야조사위원회의 경력으로 임야 관계 사건에 능력을 발휘할 것으로 주목받았다. 그래서인지 『조선소작조정령 해설 및 서식』(1934)과 『조선농지령 해설부(附)관계법령』(1935)이라는 저서도 출간했다.

한편 그는 개업 초창기에는 선배 변호사 김병로, 이인 등과 함께 아래와 같은 여러 정치적인 사건에 자진하여 변호를 맡았다.

1931년 2월 23일 '함북 공산당 사건' 공판이 열렸다. 1930년 5월 검거된 장채극 등 6명에 대한 치안유지법 위반사건의 공판이 경성복심법원에서 열려 최병석은 이인, 이창휘와 함께 참석하여 변론하였다.

1931년 4월 6일 '민중대회 사건' 공판이 열렸다. 이 사건은 1929년 11월 3월 광주학생운동이 일어나자 신간회가 중심이 되어 안국동 네거리에서 전국적 시위와 조선의 XX(독립)을 위하여 민중대회를 열기로 계획했으나 사전에 발각, 체포되어 허헌 등 6인이 재판을 받은 사건이다. 최병석은 이인, 김용무, 정구영 등 한국 변호사 18인에 이름을 올렸고 일본 변호사 2인도 참여했다.

1931년 9월 17일 '조선공산당 재건 사건' 공판이 열렸다. 조선공산당의 복흥(재건) 활동을 벌인 김철수, 권오직, 고명자 등

거물급 23명이 1930년 4월 중순 체포되어 치안유지법과 출판법 위반죄로 경성지방법원에서 첫 공판을 받았다. 최병석은 김병로, 이인, 이창휘와 함께 무료 변호를 맡았다.

1932년 4월 22일 '간도 5.30 폭동사건' 공판이 열렸다. 1930년 5월 30일 중국공산당 소속의 조선인 당원들이 간도 지방에서 경찰서 등 관공서 습격, 철도와 교량 파괴 등의 폭동을 일으켜 김근 등 34명이 경성지방법원에서 재판을 받았다. 이때 주모자 김근을 최병석 1인이 담당하고 나머지는 모두 관선(국선) 변호사 야마나카가 담당하였다.

1932년 11월 3일 '경성제대 공산당 사건' 공판이 열렸다. 《조선일보》는 1931년 11월 4일 '초유의 반제 비밀결사와 학생 중심의 조선공산당'이 검거되었다는 뉴스를 호외로 냈다. 경성제대 법과생 신현중, 이치카와, 의과생 조규찬 등 19인의 재판에 최병석은 김병로, 이인, 이종하, 사구마, 다자이 등과 변호에 나섰다. 이후 1935년 4월 경성조선인변호사회 부회장, 1938년 10월 일본인변호사회와 통합한 경성변호사회 상의원 常議員, 1940년 경성변호사회 부회장을 맡았다. 해방 후, 1946년 미군정하의 행형과장, 1947년 형정(형사)국장, 1947년 11월 서울고검 부장검찰관이 되었다.

정부 수립 후인 1948년 9월 감찰위원회(위원장 정인보) 감찰국장이 되었는데, 특기할 만한 것은 1949년 4월 임영신 상공부 장관의 비리를 적발하여 파면 처분을 결정한 사건이다. 임영신이 국회의원 안동 보궐선거를 준비하며 선거자금을 불법 수뢰한 것이 확인되었다. 기소까지 된 상태에서 임영신 장관은 6월 6일 사직하였다. 그러나 이런 식으로 '살아있는 권력'에 손을 댄 감찰위원회는 정부와 국회의 지속적인 압박 속에서 일을 제대로 처리하기 어려웠다. 뜻을 펼칠 수 없다는 것을 절감한 정인보는 1년 만에 위원장을 사직하였고 최병석도 얼마 후에 뒤를 따랐다.

1952년 서울변호사회장(46대), 초대 대한변호사협회장(52.07~53.4)에 선출되었다. 1959년 5월 대법원 판사에 임용되고 1960년 4·19 후인 6월 25일 사정위원장(현 감사원장)에 임명되었다. 그러나 이번에도 제대로 일할 여유도 없이 사정위원회는 두 달 후인 8월 31일 폐지되며 그는 변호사로 다시 돌아왔다. [식]

경서노고산천골취장비

비문

전면

京西老姑山遷骨聚葬碑

전면 하단

古者 野廟碑中 有言碑悲也, 未知其果有脂於字學乎否而用. 今此之碑, 則其爲然, 固無俟乎學也, 尤有甚於廟也, 夫下里所在, 或樹石以表之, 而就所常宅既足傷心, 況在遷徙之餘, 比諸民生而有流離之概者耶, 單憑孤魄尙堪悵懷, 況在聚屯之初, 比諸兵凶而有京觀之感者耶. 雖然勢有必至, 神其知之矣.

達燮奔走半生, 年漸向衰, 懼業蹟之未立, 軫衆胞之靡室. 糾鳩同人, 經紀營造, 盖將墮高增卑, 列以屋廬, 寧有負於神, 勿負生人者, 牢決於邁歲. 而京口之老姑山麓, 蔚當選首, 逮其方略楠就, 物力稍集, 督丁舉錘, 從事削平, 在所不免, 而哀哀衆骨, 均蒙出土之難, 於是, 謹卜東郊忘憂里之茲原, 輦之而合封焉, 此其所以有此碑也. 惟茲聚葬之制, 於情則率, 於禮則疑. 然是猶之大廈於同庇·大盖於同燾·大被於同覆. 而又悉胞族, 莫有與雜焉. 其視夫各散分乖, 與螻蟻伍, 而共蛇蚓編者, 即以情禮, 彼之瘳此, 可得而言? 況神氣無方, 處廣不窕, 入郄不偪, 共居於是, 有何不形者乎? 抑嘗聞有夏之興, 群神執玉於會稽, 防風以後期見誅, 今僉靈睒佑古師, 惠裕遺萌, 疾防風之詭衆, 踵群神之豈弟, 渾然一體, 棄故而卽新, 永安是阜, 亦執玉之懿爾.

乃揮涕抆淚而爲之銘曰:
離老姑懷, 聚忘憂阪.
泯姓遺氏, 友於混沌.
是崇如者, 至德之闉.
邦人君子, 誰無所本.

礪山後人 宋達燮 謹撰

首陽山人 吳世昌 謹隷

富春山人 金 洽 謹書

老姑山莊宅地經營株式會社

  取締役 社長 朴晉陽

  專務取締役 宋達燮 謹竪

(번역문)

옛날 들녘 사당의 묘비에 "비석의 '비'(碑) 자는 '슬프다'(悲)는 의미다"라는 구절이 있었다. 이 말이 과연 문자학(文字學)에 부합되게 사용한 것인지는 알 수 없다. 그러나 지금, 이 비야말로 정말로 그 말과 같으니, 문자학을 기다릴 것이 없을 뿐만 아니라 들녘 사당의 비석보다도 더 슬프다.

일반적으로 사람이 묻힌 곳에는 비석을 세워 묘소임을 표시한다. 누구나 무덤에 이르면 슬퍼지는 게 인지상정이다. 하물며 이장한 무덤 자리를 보면 어떻겠는가? 백성들이 흩어져서 떠돌아다니는 모습에 비교될 것이다. 홀로 떠도는 외로운 혼백도 슬픔을 견뎌내기가 쉽지 않다. 하물며 외로운 혼백들을 모아 놓는다면 어떻겠는가? 전쟁 중에 죽은 적들의 시체를 쌓아 올린 언덕을 보는 느낌에 비교될 것이다. 그렇지만 지금은 어찌할 수 없는 상황인지라, 신(神)만이 그것을 알 것이다.

달섭(達燮)은 반평생을 분주하게 살아왔다. 나이는 점점 들어가는데 이뤄놓은 게 없어 걱정스러웠다. 그러던 차에 집 없는 사람들이 눈에 밟혔고, 마음이 맞는 사람들을 모아 건설회사를 경영하게 되었다. 대개 건설이란 높은 곳을 허물고 낮은 곳을 메워 집들을 줄지어 들어서게 하는 일이다.

최근 들어 확고해진 생각은 차라리 신을 저버릴지언정 산 사람을 저버려서는 안 된다는 것이었다. 마침 서울 입구의 노고산(老姑山) 기슭이 첫 후보지로 정해졌다. 계획이 대략 세워지고 물자와 인력이 갖추어져 일꾼들을 감독하며 착공에 들어갔다. 공사 과정에서 언덕을 깎아 평평하게 만드는 일은 당연한 수순이었다. 그런데 아, 슬프게도 유골들이 드러나는 어려운 상황이 벌어졌다. 그래서 서울 동쪽 교외의 망우리(忘憂里) 언덕에 자리를 잡아 그것들을 옮겨다가 함께 모아 봉분을 만들었다. 이것이 이 비를 세운 연유이다.

유골을 한데 모아 묻는 일은 인정으로 말하면 거칠 수밖에 없고, 예의를 따지자면 의문이 일어나지 않을 수 없다. 그렇지만 이는 큰 건물에서 함께 살고, 큰 우산을 함께 쓰며, 큰 이불을 함께 덮고 자는 것과 같은 격이다. 또 모두가 동포여서 다른 종족과 섞일 일도 없으니 어찌 각각 흩어지고 나뉘어 어그러지는 것과는 비교할 수 있겠는가. 개미와 함께 지내고, 뱀이나 지렁

이와 함께 엮이는 것보다는 인정과 예의에 있어서도 이곳이 낫다고 할 수 있을 것이다. 게다가 신령은 장소에 구애받지 않아 넓은 곳에 있어도 꽉 차고, 틈새 구멍에 들어가도 좁지 않으니 이곳에 함께 있는 것이 어찌 옳지 않겠는가? 일찍이 듣건대 중국의 하(夏) 왕조가 일어났을 때, 여러 신이 회계산(會稽山)에 모여 옥을 잡고 있었는데, 방풍씨(防風氏)는 늦게 와 죽임을 당했다고 한다. 지금 모든 신령은 옛 서울을 보살피고 망국의 백성들을 은혜로써 베풀면서 방풍씨가 무리를 속이는 것을 미워하고 여러 신의 화락하고 착한 모습을 따를 것이다. 모두 혼연일체가 되어 옛것을 버리고 새것으로 나아가시라. 이 망우리 언덕은 길이 편안할 것이요, 옥을 잡는 신들처럼 아름다울 것이다. 이에 흐르는 눈물을 닦으며 신령들을 위해 명을 짓는다.

노고산의 품을 떠나 망우리 언덕에 모였네
성도 이름도 다 잃고 이제는 친구로서 하나라네
이렇게 높은 곳에 있으니 장수의 지극한 덕이리라
이 나라 군자들이여, 누군들 근본이 없겠는가

여산후인 송달섭이 삼가 비문을 짓고
수양산인 오세창이 비석 앞면의 예서를 썼으며

부춘산인 김흡이 삼가 비문의 글씨를 썼다.

노고산장택지경영주식회사
　취체역 사장 박보양
　전무취체역 송달섭이 삼가 비석을 세운다

해설

1930년대 도시화와 함께 서울이 급속도로 팽창하자 일제는 시내의 공동묘지에 대한 정비를 단행했다. 1933년 망우리 일대를 경성부 부립공동묘지로 지정한 것은 그 시작이었다. 이후 도심 내 공동묘지들을 정리하는 과정에서 여러 지역의 무연고 분묘들이 망우리로 이장되었다.

묘지 이장 가운데 최대 규모는 1936년 진행된 이태원묘지였다. 당시 유관순 열사의 묘를 비롯해 이태원묘지 무연고묘 28,000여 기를 화장한 후 망우리묘지로 옮겨 합장했다. 이때 세운 비석이 바로 망우리공원 초입에 세워진 '이태원묘지무연분묘합장묘' 비다.

서울 서쪽 노고산(서강대 뒷산) 공동묘지 유해 이장은 이태원공동묘지보다 두 해 늦은 1938년 9월에 이루어졌다. 이러한 일련의 과정은 당시 서울의 도시 개발과 공동묘지 정비 정책을 반영하는데, 노고산천골취장비는 그 역사적 맥락을 보여주는 중요한 유산이라고 할 수 있다.

노고산 공동묘지 이장 작업은 택지개발회사인 노고산장택지경영주식회사(사장 박보양)가 주도했다. 이 회사는 이장을 마친 뒤 합장 분묘를 만든 뒤 앞에 비석을 세웠다. 기단 위에 자연석을 탑 형식으로 쌓아 만든 뒤 '京西老姑山遷骨聚葬碑(경서노고산천골취장비)'라고 새겼다. 예서체로 된 비석의 큰 글씨는 위창 오세창이 썼다. 기단에 새긴 비문에는 글은 노고산장택지경영주식회사의 전무 송달섭이 짓고 글씨는 김흡이 썼다고 기록되어 있다.

그러나 비문의 찬자는 송달섭이 아니라 당대 문장가 변영만 卞榮晩(1889~1954)이다. 변영만은 자신의 문집 『산강재문초』에 노고산천골취장비의 원문을 '망우천비忘憂阡碑'라는 제목으로 실어 자신이 대작代作했음을 밝혔다. 묘지 이장 작업을 주도한 택지개발회사에서 변영만에게 비문 제작을 요청했던 것으로 보인다. 망우천비忘憂阡碑는 '망우리 공동묘지에 세운 비'라는 뜻이다.

변영만은 위당 정인보와 함께 우리나라 한문학 역사의 마지막 페이지를 장식한 인물이다. 그는 한학자이면서 서양의

문학과 사상을 폭넓게 수용하며 전통과 신학문을 아우른 근대 문필가였다. 관립법관양성소를 졸업하고 판사, 변호사로 활동하며 독립운동가들의 변론에 앞장섰으며, 해방 직후 반민특위 재판장을 맡았다. 또 성균관대 교수를 역임하며 한문학을 강의하고 격조 높은 산문과 소설, 시를 발표했다. 동생 변영태(전 국무총리), 변영로(시인, 영문학자)와 함께 '삼변'三卞으로 불린다.

지금도 정치인이나 기업 회장들의 연설문은 본인보다는 대리인이 작성하는 경우가 많은데, 노고산천골취장비의 비문을 보면 이는 오래된 관행이었던 것 같다. 변영만이 자신의 문집에서 대작 사실을 밝히지 않았다면, 이 비문은 영원히 송달섭의 글로 전해졌을 것이다. 안내판에는 아직도 송달섭이 지었다고 되어 있는데, 수정되어야 한다.

4부

그대 넋 우리와 함께 있으니

- 서민의 비석

서민묘역의 비문을 소개하는 일은 쉽지 않았다. 비석 가득히 업적이 새겨졌거나 자료가 풍부한 유명 인사들과 달리, 짧은 비명(碑銘)만으로 서민들의 생애를 추출하기가 어려웠기 때문이다. 다만 서민의 비문을 통해 무엇보다 세월이 지나도 변치 않는 죽음에 대한 인간의 슬픔을 드러내고 싶었고, 평범한 사람의 죽음이 갖는 사회적 의미를 찾고자 했다. 비록 불우하고 애틋한 죽음일지언정, 모두 최선을 다해 '잘 사신 분들'이라고 생각했다. 따라서 서민묘역 부분은 죽음에 대한 원초적 슬픔과 사회적 의미 그리고 필자 개인이 가치를 부여한 묘비들로 구성되었다.

글을 쓰면서 고인들의 삶을 왜곡하거나 비명의 진의를 훼손하지 않으려 숙고를 거듭했다. 그러함에도 부정확한 추측과 성급한 판단이 글 곳곳에서 확인될 것임을 알고 있다. 혹시라도 이글이 고인의 유족 누군가에게 읽힌다면, 미리 머리 숙여 사과의 뜻을 전하고 싶다.

이 글을 쓰면서 천국의 의미를 생각해 보게 된다. 종교적 의미의 하늘나라가 아닌 한 시대의 아픔과 고뇌를 앓던 자가 끝내 다다를 거처 말이다. 필자의 결론은 그곳이 '있다'가 아니라 '있어야 한다'이다. 그리고 그 천국은 우리의 '기억' 속에 있다. 누군가가 한 사람의 삶에 대해 추억한다면, 그는 천국에서 안식을 누리고 계신 것이다. 유명 인사가 아닌 일반 서민의 짧은 비명을 통해 얼굴은 알지 못하나 이 글에 기록된 분들의 삶과 죽음을 기리는 바이다.

1

강창룡(1879~1959),
안화춘(1875~1950)

비문

효자 강창룡은 진주인 은렬공의 후예로서 고 강복래 씨와 고 이복례 씨와의 1천일 간의 정성어린 산신기도로 태생된 3대 독자로 1915년 12월 3일 통천(고저)에서 출생 18세에 전 가족이 금강산(백엽산)에 입산 수도생활 20여 년간 강인한 의지와 체력 연마로 힘이 장사이고 성격은 매우 온순 동정심 의협심이 강할 뿐 아니라 효심은 남달리 높아 어려운 생활 속에서도 극진한 공양과 정성어린 병간호며 "출필고 반필면"[28]으로 부모를 항

---

28 출필고 반필면(出必告 反必面)은 무릇 자식은 밖에 나갈 때는 반드시 부모에게 가는 곳을 말하고, 밖에서 돌아왔을 때는 반드시 부모에게 얼굴을 보이고 돌아 왔음을 알려야 한다는 뜻이다.

상 즐겁게 해드렸고 남의 부모도 내 부모와 같이 공경하므로 1956년 9월 10일 김태선 서울시장의 효자표창장을 받았고 그 후 부친 별세 후에는 일백일 간의 시묘살이 등등이 세간에 파급되어(돈암동 거주시) 1959년 10월 3일 이승만 대통령의 효자표창장도 받은 바 있으며 아울러 부인 안화춘은 순흥인 안문성공의 후예로서 6·25 피란 시 어려운 역경 속에서도 홀시부 봉양과 병간호의 남다른 바 있어 1957년 10월 3일 김태선 서울시 시장으로부터 효부표창장을 받았으며 또 이 부부는 20년이 지난 오늘날까지 매월 삭망일에는 꼭 성묘를 하며 묘지의 벌초는 "맨손 풀 뽑기"로 하는 등등 그의 효심은 후세 젊은이들에게 귀감이 되겠기에 우리 추진위원들은 이를 높이 찬양하여 이 비를 세워 영원히 (공개)코자 한다. 1986년 9월 6일

해설

서민의 비명碑銘이지만 시대적 특성과 사회적 통념을 잘 간직하고 있는 묘비이다. 특히 비명의 내용이 현재의 기성세대와 그리 멀지 않은 시기에 일어난 기록임에 새삼 놀라게 된다. 여기서 '놀라움'은 과거에 추구했던 삶의 방식과 가치관이 짧은 시간 동안 갑작스러운 변화를 뜻한다. 비碑가 세워진 시기

도 1986년에 불과하다. 아주 멀지 않은 시기지만, 이제 잊혀 가는 낯설어진 기억과 단어들이 비명에 등장한다. 한때 익숙했던 낱말로 효孝에 뿌리를 둔 '효자孝子', '효부孝婦'가 그것이다. 이 단어들은 어느새 우리 시대에서 부담스러운 낱말이 되었다. 누구도 되길 원치 않으며 개인에게 강요할 수도 없는 시대가 되었고, 노인복지에 대한 국가의 역할이 중요해졌다. 그 외에도 '일백일 간의 시묘살이', '홀시부 봉양과 병간호', '맨손 풀뽑기' 등 현재 세대가 내용과 의미를 짐작할 수 있으나, 미래 세대에게 단절될 기억이 마치 그림처럼 비문에 형상화되었다. 효자효부 묘는 애국지사 서동일 묘지에서 100미터 밑에 자리 잡고 있다.

2

권영욱
(?~1962)

비문

후면

31세의 꽃다운 청춘을 안고 순직하여 가신 벗이여 그대 넋 우리와 함께 있으니 고이 잠드시라… 1962년 6월 15일 한일은행 직원 일동. 한일은행 직원으로 순직

해설

1962년 6월 14일, 다음과 같은 《동아일보》 기사가 실렸다. "新貨 실은 軍 트럭이 전복해 타고 있던 은행원 1명이 사망. 한일은행 묵호지점 행원 권영욱(31)"

짧은 비문과 젊은이의 안타까운 죽음을 알리는 단신 기사 속에서 여러 가지 정황들을 확인할 수 있다. 1961년 군사 쿠데타로 집권한 박정희는 1962년 6월 10일 2차 화폐 개혁을 단행한다. 퇴장 자금[29]을 끌어내 경제 개발 재원으로 활용함과 동시에 과잉 통화를 수축시켜 인플레이션을 수습하기 위함이었다. 1962년 군사정부의 화폐 개혁으로 돈의 호칭이 '환'에서 '원'으로 변경되었다.

기사에 실린 '新貨(신화)'는 화폐 개혁에 따라 원으로 발행된 신권을 뜻한다. 군사정부 치하에서 한일은행에 지급되는 신권을 수령하러 군용트럭에 탑승했다가 변을 당한 것이다. 당시 그의 나이는 31세.

2020년 들어 故 권영욱의 묘를 처음 접했다. 당시 망우리 공동묘지 최초의 인문학서인 『그와 나 사이를 걷다』(개정판 『망우역사문화공원 101인』)의 김영식 작가와 함께였다. 김영식 작가는 권영욱 선생과의 인연을 설명해 주셨는데, 서울 상대를 졸업하고 한일은행에 입사한 사람이라고 했다. 그리고 김영식 작가 여동생의 시아버님이 가까운 친구였는데, 그(시아버님)의 여동생과도 혼담이 있었다고 한다. 아마 권영욱 선생 작고 후, 김영

---

29   유통되지 않고 저장되어 있는, 부정축재자가 은닉하고 있을 것으로 예상되는 화폐.

식 작가와 맺게 된 사돈 관계로 알게 된 모양이다.

 서울 상대를 졸업해 한일은행에 입사한 촉망받았던 사람. 묘비에는 '31세의 꽃다운 청춘'이라 새겨져 있는데, 사고 당시 그는 결혼하지 않은 혼자의 몸이었을까? 아니면 신혼의 단꿈에 젖어있을 새신랑이었을까? 결혼하지 않았다면 그의 죽음은 혼담이 오가던 상대 여성에게 차라리 행운이었을까? 결혼했다면 청상靑孀이 된 여성에게는 그와의 만남이 불행이었을까? 때로는 한 치 앞도 모르는 인간사에서 타인에 대한 슬픔보다 불행을 피하게 해준 인연에 안도할 때도 있다.

김규오
(金圭푬, ?~1968)

비문

후면

1968년 1월 1일 영면

형 규남 형수 노금숙

벗이여!
여기 우리의 벗 규오형의 넋이 있노라 슬픔과 역경을 헤치고 불우한 자신의 운명을 달래가며 굳굳이 살아왔든 벗의 넋이 말없이 잠들고 있습니다 잠시나마 세월이 가도 인자했든 형의 주위에는 천만가지 꽃이 만발하고 형의 친구들의 따뜻한 우정의 눈물을 뿌려 외롭지 않을 것입니다 벗이여 부디 평안히 잠

드소서

1968 년 1월 7일 벗을 추모하며 친구일동

해설

친하게 지내던 동료의 죽음을 슬퍼하며 친구들이 세운 비석이다. 다 아는 처지이기에 굳이 나이와 죽음에 이르게 된 이유를 기록하지는 않은 듯하다. 불행과 아픔이 만연한 시대였던 터라 고인이 된 친구가 "슬픔과 역경을 헤치고 불우한 자신의 운명을 달래가며 굳굳이 살아왔다"라는 짧은 표현만으로도 읽는 이로 하여금 모든 상황을 이해하거나 짐작할 수 있을 법하다. 하지만 그래서 친구의 죽음이 더 믿어지지 않는다. 그렇게 성실하고 인자했으며 고통을 인내하며 꿋꿋하게 살아가던 친구가 왜 앞서가야 했는지 알 수 없는 노릇이다.

후면에 기록된 유족에는 형과 형수의 이름만 기록된 것으로 볼 때, 미혼으로 생을 마감한 것을 알 수 있다. 고생 고생을 하던 친구가 가족도 이루지 못한 채 쓸쓸히 생을 마감하면 친구들의 슬픔은 이루 말할 수 없다. 어린 시절부터 추억을 공유하며 친밀하게 지낸 이의 죽음은 마치 자기의 마지막 모습으로 투사되기도 한다. 그렇게 장례 기간 내내 친구의 죽음을 슬퍼하다가 땅속에 묻히는 친구의 마지막을 보며, 알 수 없는 독기로 맞짱 뜰 용기가 생겨나기도 한다. '운명아! 엿이나 먹어라.'

비석에서 고인이 된 친구를 '형'으로 호칭했다. 형이라는 호칭은 나이 많은 이에게 사용하기도 하지만 가까운 동료나 동년배끼리도 '김형', '이형'이라 부른다. 그리고 죽은 친구나 동료에게도 애도의 호칭으로 '형'이라 부르기도 했다.

故 김규오는 1961년 1월 1일에 영면했고 비석은 엿새 지난 1월 7일에 세워졌다. "형의 친구들의 따뜻한 우정의 눈물을 뿌려 외롭지 않을 것입니다"라는 표현에서 1월의 추위에도 불구하고 많은 친구가 함께했음을 짐작할 수 있다.

시간이 지나 故 김규오의 기일에 맞춰 친구들은 매년 이 자리에 모여 그를 추도했을 것이다. 그리고 몇 주기가 지나면서 친구들은 알게 됐을 것이다. 우리의 벗 김규오가 죽던 날, 우리가 슬펐던 건 이 세상에 존재하지 않는 친구 때문만은 아니라는 것을. 죽은 자를 위한 눈물은 결국 시간이 지나면 아픔도 잊혀, 더는 슬퍼할 수조차 없다는 것에 대한 미안함이었음을. 그러하기에 슬픔을 이기고 매번 돌아오는 봄이 새로울 수 있는 거라고.

4

김립분
(金立粉, 1875~1957)

비문

당신의 크신 사랑이 있었기에 나의 오늘이 있을 수 있었건만 이 시간 이 자리를 함께 누리지 못함에 못내 가슴이 저립니다 부디 편치(편히) 잠드소서 1987년 4월 손자 경섭

해설

조모 사후 30년 만에 손자가 세운 비석. 비석은 일반적으로 고인의 자녀들에 의해 세워지며, 건립 시기도 특별한 경우를 제외하고 사후 그리 오랜 시간이 지나지 않기 마련이다. 하지만

고 김립분[30]의 묘비는 사후 정확히 30년이 지나(1987년) 손자에 의해 세워졌다. 여러 가지 궁금증을 자아낸다. 묘비를 세운 손자의 부모는 어떻게 된 것일까? 비문을 반복해서 읽어보면 속된 말로 '쌔한 느낌'으로 전해지는 바가 있다.

"당신의 크신 사랑이 있었기에 '나의 오늘'이 있을 수 있었건만"이라는 표현은 주로 부모님을 일컬을 때 사용하는 수사이기에 비문은 조모가 부모를 대신했음을 은연중 드러내고 있다. 그로 인해 "이 시간 이 자리를 함께 누리고픈 나의 오늘"이라는 표현을 통해 어느 정도 사회적 성공을 이룩한 손자의 감사함과 함께하지 못한 안타까움이 묻어난다. 내용상 정성이 지극하게 애틋한 마음을 표현하고 있어 마치 친부모에게 전하는 인사 같은 느낌이다. 아마도 성장기 조모의 손에서 자란 손자가 사회적 성공을 거둔 후, 뒤늦게 비석을 세운 것으로 추측된다.

손자가 어떻게 조모의 손에서 자랐는지 알 수 없다. 다만 조모가 손자까지 보게 된 나이를 대략 50대 중반으로 추정한다면, 손자 경섭은 1930년대 중반에서 40년대 초반 무렵 태어난 것으로 짐작할 수 있다. 그의 부모는 어떻게 된 것일까? 그

---

30 립분(立粉)은 '이쁜이'를 한자로 가차한 것이다.

가 태어난 것으로 추정되는 시기부터 성장기까지를 살펴보면, 일제강점기, 분단과 6·25 전쟁 등 힘겨운 시절을 겪어야 했다. 만연했던 안타까운 현실 속에 경섭 부모의 부재도 섞여 있었으리라 짐작만 할 뿐이다.

김찬일
(金贊一, ? ~1961)

비문

전면

加恩嘉興金公贊一之墓(가은가흥김공찬일지묘)

후면

三時流光四十年(삼시유광사십년) 세 번의 시절 흘러 흘러 어느덧 사십 년

兩大戰爭亂離中(양대전쟁난리중) 두 번의 큰 전쟁과 난리 속이었네.

時兮艱險地不平(시혜간험지불평) 시절은 참으로 험난하고 세상은 평탄하지 않아

生兮離鄕死莫歸(생혜리향사막귀) 살아서 떠난 고향, 죽어서도 돌

아가지 못했네.

烈女事無如事生(열려사무여사생) 열녀는 죽은 자보다 산 자를 섬기기를 더 중히 여겼고

孝子繼志將述業(효자계지장술업) 효자는 선대의 뜻을 이어 그 업적을 계승해야 하리.

日月江山千古存(일월강산천고존) 해와 달, 강산은 천고 때부터 변함이 없듯이

春秋風雨爻象新(춘추풍우효상신) 세월의 풍우 속에서도 세상의 상징(爻象)은 늘 새롭구나.

옆면

단기 4323년 6월 사자 권식 읍립

동양문화연구소 소장 徐正淇(서정기) 근찬 金禾洙(김화수) 근서

해설

비록 서민이지만 고인의 내력에 궁금증을 유발하는 묘가 있다. 중랑망우공간 좌측 양지바른 곳에 자리한 김찬일의 묘가 그렇다. 고인은 출생 연도가 분명치 않으나 1961년 사망으로 표기돼 있다. 그리고 묘비는 단기 4323(1990)년 6월 사자嗣子

권식이 "눈물로 세웠다(읍립, 泣立)"라고 쓰여 있다. 고인이 사망한 후 30년 가까운 세월이 흘러 이 비석이 세워진 것이다.

칠언율시七言律詩 형식의 8개 연으로 구성된 이 시는, 4연까지 고인이 겪었던 전쟁의 참화 속에서 생사를 달리하던 시대를 읊었다. "두 번의 큰 전쟁과 난리"는 고인이 사망한 1961년에 비춰봤을 때, 그가 생전에 겪었던 태평양전쟁과 한국전쟁으로 추측된다. 시詩에서 드러난 것처럼, 그 시절 전란의 참상은 험난하고 평탄치 않아 죽어서도 고향에 돌아오지 못하는 이가 부지기수였다. 이 때문에 열녀는 죽은 이에 대한 추모보다 살아 있는 이를 부양하고 섬겨 험난한 시대를 극복해야 했고, 효자는 그 어느 때보다 선대의 뜻과 업적을 어려운 상황에서 엄숙히 계승해야 했다.

이 시에서 고인 김찬일이 어떤 시대적 난관을 겪으며 살아왔는지 세밀하게 기록돼 있지는 않다. 하지만 정제된 칠언율시를 통해서도 그 시대의 아픔을 겪은 사람들이라면 누구나 공감할 수 있는 상황을 그리듯 새겨 넣어 감정적 이입을 도모했다. 격변의 시대를 살아간 고인의 삶과 죽음을 기리며, 그 뜻을 잇고자 하는 후손의 의지를 담은 매우 품위 있는 한시로 평가된다.

김화선
(1915~1956)

비문

전면

慶州金氏化善之墓(경주김씨화선지묘)

후면

咸興名地 利原(함흥명지 이원) 땅에/金氏家(김씨가)에 탄생하니

化善(화선)이라 이름 짓고/辛文(신문)에 出嫁(출가)하여

辛利善(신이선)과 짝이 되니/天定配匹(천정배필)이 않인가

新義州(신의주)의 복음 자리/安樂(안락)도 하였는데

八·日五(팔·일오)에 부는 바람/漢江(한강)으로 引導(인도)하네

龍山(용산)에 자리 잡고/天壽(천수)를 기약할제

梅蘭菊竹 피를 이어/네 姉妹(자매) 키울 적에

어른이 먼저 가고/뒤따라 또 가시니

그 얼굴 그 목소리/어느 곳에 듣고불제

恨(한) 많은 이 世上(세상)이/어이 그리 짧았던가

子女(자녀)들 애통하여/돌을 깎아 세워 놓고

伏願奉祝(복원봉축) 비옵나니/極樂天國(극락천국) 드옵소서

좌면

女 辛淑子 淑姬 淑慶 淑仁(여 신숙자 숙희 숙경 숙인)

戊辰年五月瑞午 謹立(무진년오월서오 근립)

우면

乙卯年三月二十五日生(을묘년 삼월 이십오일생) 丙申年四月十九日卒

(병신년 사월 십구일 졸)

해설

1956년 42세의 나이로 고인이 된 어머니의 묘에 32년이 지난 1988년, 오월 단오 戊辰年 五月 瑞午에 딸들이 추모의 글을 담아 비석을 세웠다. 1930~40년대 여성의 결혼 적령기가 대략 20세

로 알려지는데, 모친이 사망한 시기로 환산하면 장녀의 나이는 20세에서 그 미만으로 추정된다. 장녀 아래로 여동생이 셋이 있었으므로, 모두 10대이거나 막내는 그보다 어릴 수 있다. 어머니의 사후 32년 만에 세운 비석이므로, 그 무렵 딸들은 50대 초중반이거나 40대 중후반의 나이였을 것이다.

비명碑銘의 내용이 국한문이 혼용되었지만 비교적 쉬운 내용으로 구성되었다. 눈여겨볼 부분은, 1945년 8월 15일 광복을 맞아 신의주에서 가족들과 월남한 내용이다. 고인 김화선은 월남하기 전인 1930년대 중반 무렵, 辛利善(신이선)과 결혼했을 것이고 슬하에 자녀 몇은 두었을 것으로 추측된다. 비명의 내용에 월남 전, "신의주의 보금자리가 안락도 했다"라고 기록됐는데, 경제적으로 그리 부족함이 없었던 모양이다. 1930년대 중반부터 해방까지는 우리 민족이 일제에 의해 혹독한 착취를 당하던 시기였다. 1937년 중일전쟁을 시작으로 1941년 태평양전쟁으로 전선이 확대되면서, 조선인 대다수는 일제에 의한 징용과 각종 공출로 피폐한 삶을 살아야 했다. 고인 김화선의 남편이 신의주에서 어떤 일에 종사했기에, 그 가족들이 곤궁한 생활을 다소나마 피할 수 있었는지에 대해서는 알 길이 없다.

다만, 해방을 맞아 월남해 용산에 정착한다는 대목을 "8·15

에 부는 바람 한강으로 인도하네"라고 표현하고 있다. 해방 후 한반도가 남쪽은 미군정, 북쪽은 소련군의 영향 아래 놓이면서 정치적, 이념적 성향을 달리해 월남하는 경우가 있었다. 공산주의 정권을 수립하면서 토지개혁, 산업국유화 등을 단행하면서 재산을 몰수당한 지주, 자본가, 민족주의 계열 인사 등 반공 성향의 사람들이 그러하다.

정치·이념적 갈등 외에 해방 직후 북의 혼란을 피해 남쪽에서 새로운 기회를 찾아 월남하는 사례도 많았다. 그 외 기독교인들이 종교적 자유를 찾아 남으로 내려오는 사례도 있었는데, 비명碑銘의 내용에 극락천국極樂天國이 모두 적힌 것을 미루어, 해당하지 않아 보인다. 결국 해방 이후, 고인 김화선의 가족은 정치적 이념적 상황으로 인해 북쪽에서 기존의 '안락'을 보장받지 못하거나, 더 큰 새로운 기회가 남쪽에 있다고 판단했을 것이다.

하지만 고향을 등지고 한강 변 용산에서 네 자매를 키우는 일이 녹록하지 않았던 모양이다. 몰년이 표기되지 않으나 '어른', 즉 아버지가 먼저 사망하고 곧 김화선도 뒤따라 고인이 된다. '뒤따랐다'라고만 기록돼 있을 뿐, 구체적으로 죽음에 이르게 된 경위에 대해서는 생략되었다.

어머니 나이가 42세였다면 먼저 떠난 아버지도 비슷한 나이에 명을 달리했을 것으로 추측된다. 보통 몇 년의 차이를 두고 부부가 사망했더라도 같은 묘역에 나란히 봉분을 조성하는 데 반해, 망우리 공동묘지에는 고인 김화선의 묘만 홀로 쓰였다. 네 자매의 어머니가 당시 지아비 곁에 묻힐 수 없었던 특별한 사정이 있었던 것일까? 32년 만에 세워진 비석에는 "恨(한) 많은 이 世上(세상)이 어이 그리 짧았던가"라고 한탄할 뿐이다.

월남한 실향민 부모마저 일찍 잃은 네 자매가 헤쳐나가야 할 세상이 얼마나 가혹했을지 짐작하고도 남는다. 그리고 중년의 나이로 접어든 네 자매가 32년 동안 품어왔던, 차마 비문에 넣지 못한 그들만의 응어리를 그제야 풀어냈을 것이다.

지금은 네 자매가 구순에 가깝거나 팔순을 넘기는 시기. 자매 중 어떤 이는 어머니인 김화선 곁으로 떠났거나, 어떤 이는 과거의 기억마저 가물가물한 나이에 접어들었을지 모른다.

보이지 않는 것을 존재하지 않는 것이라 단정 지을 수 없는 일. 쓰러져가는 비석에서 그리고 오래된 낡은 서적에서도 사랑을 잃고, 아픔을 가슴에 품고 방황했던 영혼들을 만날 수 있다. 그것은 과거의 일이거나 사라져 버린 사실이 아니라, 지금 우리 곁에 실제 벌어지고 있는 현실이기도 하다.

7

류은경
(柳恩慶, 1926~1956)

비문

전면

晉州柳氏恩慶之墓(진주류씨은경지묘)

우리의 젊은 엄마

1926. 5. 26. ~1956. 3. 30.

후면

Tears, idle tears, I know not what they mean,

Tears from the depth of some divine despair

Rise in the heart, and gather to the eyes,

In looking on the happy autumn-fields,

And thinking of the days that are no more…

Alfred Tennyson

눈물, 하염없는 눈물, 까닭 모를 눈물이
어떤 신성한 절망의 심연에서 솟아
가슴에 차오르더니, 두 눈에 고이네,
행복한 가을 들판을 바라보며
더는 오지 않는 옛 시절 생각할 때면.[31]

해설

망우리공원에 최초의 영문 비석이 세워졌다. 2023년 4월 어느 날, 순환로 포장도로를 벗어나 산 능선을 타고 오르는 중이었다. 평소 알고 지내던 망우리 묘지 관리사 한 분이 등산로에서 작업 중이었는데, 장난스럽게 "통행료 없이는 못 지나갑니다"라며 길을 가로막는다. 산등성이 오솔길 옆 무너져가던 봉분은 그의 손에 의해 잔디가 입혀진 채 제대로 된 무덤의 모습

---

31 시인이자 영문학자, 번역가인 여국현 작가의 번역이다.

을 갖추고 있었다. 그리고 봉분 앞으로 잔디가 심어진 널찍한 공간까지 조성됐는데, 주변에 '출입금지' 라인까지 설치해 놓았다. 무엇보다 눈에 띄는 건 비석 뒷면을 빼곡하게 채운 영문 시였다.

"망우리 최초로 영문 비석이 이곳에 세워지네요"라고 말하자 "아, 말도 마십쇼. 그 긴 시를 다 적어달라는데 제가 사정사정해서 일부만 새겨 넣은 거예요"라며 의뢰한 분과 아웅다웅한 일화를 전했다.

의뢰한 이가 누구인지 묻자, 묘지 관리사분은 본인이 알고 있는 내용만 토막토막 말했다. 엄마가 일찍 돌아가셔서 어린 나이에 미국으로 입양됐다는 것, 그리고 70세 넘어 최근에 엄마 묘를 수소문해서 망우리공원에서 찾아냈고 자신에게 정비를 부탁했다는 등의 내용이다.

"미국에서 오신 따님이 이번 5월에 여기서 추모 음악제를 연다고 하던데요"라는 말로 미루어 미국 현지에서 어느 정도 성공한 사람으로 짐작되었다. 하긴 70년 가까이 살아 온 이국 땅에서 귀국해 돌아가신 엄마의 묘역을 찾아내 단장할 정도이니 말이다.

묘비의 앞면을 살펴봤다. "우리의 젊은 엄마"라고 기록되었고 생몰 연도(1926~1956)를 살펴보니 31세로 세상을 떠난 분이었다. '너무 젊은 나이에 돌아가셨구나. 그래서 미국으로 입양된 딸은 젊은 엄마로밖에 기억할 수 없었겠구나.' 가슴이 저릿했다.

젊은 엄마를 기억할 정도라면 갓난아기 시절 헤어진 것은 아닐 테고 적어도 대여섯 살 돼서야 미국으로 입양됐을 것으로 추측된다. 한국으로 돌아온 딸 나이가 70세 넘은 것을 고려하면, 대략 1950년 또는 그 초반에 태어난 것으로 짐작된다.

그 시기는 얼마나 어려웠던 시절이었던가. 전쟁통에 먹고 사는 것뿐만 아니라 삶과 죽음이 촌각에 뒤바뀌는 참담한 시간이었을 것이다. 어린 나이의 딸은 젊은 엄마의 죽음으로 인해 입양된 것이지, 엄마 생전에 입양된 것인지 알 수는 없다. 그 후, 오랜 시간이 흐르도록 낯선 미국 땅에서 '우리의 젊은 엄마'에 대한 그리움은 봉분에 새로 돋아나는 잔디처럼 마음을 뒤덮었을 것이다. 그래서 미국에서 돌아온 딸은 젊은 엄마의 묘비 뒷면에 알프레드 테니슨Alfred Lord Tennyson(1809~1892)의 시 〈눈물, 하염없는 눈물Tears, Idle Tears〉를 새겨 넣었는지 모를 일이다.

묘비 전면에 새겨진 '우리의 젊은 엄마'. 고인의 딸은 묘비를 통해 또 다른 형제가 있음을 암시하고 있다. 어린 나이에 미국으로 입양됐던 그녀가, 혈육인 언니 또는 동생과 상봉했는지도 알 수는 없다.

박동훈
(朴東薰, 1941~1960)

비문

전면

朴東薰 墓(박동훈 묘)

그는 正義(정의)와 情熱(정열)이 불타는 青年(청년)으로 不正(부정)과 腐敗(부패)에 抗拒(항거) 우리나라 民主主義(민주주의)의 蘇生(소생)을 위하여 一九六十(1960)·四·一九(사일구) 그 先頭(선두)에 섰다 享年(향년) 二十(이십)으로 이곳에 자다. 一九六十(1960)·五·八 立(오월팔일 립)

후면

薰(훈)의 영전에

해설

1960년 4·19혁명에 참가했다가 발포로 숨진 故 박동훈의 묘터에 남은 비석이다. 당시 서울대 법학과 신입생이었으며, 4월 19일 경무대 근처 경찰의 발포로 좌측 가슴에 총상을 입고 병원을 전전하다가 사망한 것으로 알려졌다. 이날 경무대 앞 경찰의 발포로 사망한 서울대생은 故 박동훈을 비롯해 6명에 이른다.

유해는 망우리 공동묘지 안장됐다가 4·19 국립묘지로 이장되었다. 망우리에 남겨진 묵직한 직육면체 사각형 비석 앞과 뒤로 글이 새겨있다. 비록 봉분은 사라졌다 하더라도 빈 숲속 나뭇가지 사이사이로 흐트러짐 없이 또렷한 자세의 비석을 확인할 수 있다. 일반적으로 이장을 하면 비석을 함께 옮기거나 그럴 여건이 되지 않으면 유해를 파낸 자리에 묻게 된다. 하지만 유족들은 故 박동훈의 비석이 캄캄한 지하에 묻히길 원치 않았던 것으로 보인다. 비록 故 박동훈의 육신은 다시 땅에 묻을지언정, 진실이 담긴 비석은 차마 숨길 수도 묻을 수도 없다 여겼을 것이다.

각진 사각 비석은 빈 숲에서 기울어짐 없는 모습으로 반듯하게 세워져 있다. 국한문을 섞어 정갈하게 바탕체로 쓰인 비문은, 아무도 없는 숲에서 누군가에 의해 낭독되고 있었을 거라는 착각마저 들게 한다. 잡목이 우거지고 잡초가 무성한 시기의 숲속조차 비문이 담긴 엄숙함을 숨기지 못한다.

비록 이장된 묘지의 비석일지라도 숭고한 죽음으로 이룩한 민주주의 역사에 대한 기록을 이 숲속에 쓸쓸히 방치해야 하는지 안타까운 마음이 든다. 이것이 우리가 역사를 대하는 태도의 일면은 아닐까.

4·19혁명은 이승만 정권의 3·15 부정선거에 의해 촉발된 것은 다 아는 사실이다. 이승만 정권을 몰아내는 시위에서 가장 많이 희생당한 건 어린 학생들이었다. 부정선거에 항의하다가 경찰이 발사한 최루탄이 눈에 박혀 사망한 고등학교 1학년(당시 16세) 김주열 군의 유기된 시신이 마산 중앙부두에 떠오르면서 시위는 전국으로 확산했다. 그리고 이승만 정권이 퇴진하기까지 벌인 시위에서 186명의 사망자와 6천여 명의 부상자가 발생한다. 사망자는 대부분 10대와 20대의 어린 중·고등학생과 대학생들이었다.

"享年(향년) 二十(이십)으로 이곳에 자다"는 문구를 읽으며 故 김주열, 박동훈처럼 자식을 앞세운 부모 마음은 어떠했을까 헤아려본다. 비문에 숭고한 희생과 결연한 행동이 열거돼 있다고 한들, 자식이 죽은 마당에 위로가 될 수 있을까. 부패한 독재정권이 갈라놓은 부모와 자식 간의 잔인한 운명은 민주주의는 피를 먹고 자란다는 냉엄한 현실을 비석의 이면에 깊고 굵게 새겨 놓은 듯하다.

박은히
(?~1954)

비문

전면

님이 가시면서 부탁한 그대로 어린것들을 나 혼자서라도 잘 키우리이다 님이여 우리 다시 만나는 영원한 나라에 빛나는 나라에 함께 만나리 다시 만나리. 갈린몸 정훈

후면

님이여 그대가 마즈막 말로 편안치 않지만 잘 터이니 깨우지 말우 하면서 곱게 자던 그 얼굴을 나는 똑똑히 이 눈으로 보았나이다. 잘 자오 님이여 아름다운 그 말이여 님이 자고 있는 이곳에 나는 님이 하시던 말을 그대로 기록하였나이다.

좌면

장남 정민 차남 정판 삼남 정현

장녀 정실 차녀 정희 삼녀 정순 사녀 정은

우면

1954년 월 일 아침 6시 10분 묘주 정훈

해설

"편안치 않지만 잘 터이니 깨우지 말우"

망우리공원에 안장된 평범한 시민의 비문碑文 내용이다. 남편은 먼저 간 아내의 마지막 말을 비석에 새겨 넣었다. 세상에 홀로 남겨진 남편은 아내의 마지막 말을 "아름다운 그 말이여!"라고 적고 있다. 묘가 만들어진 해는 1954년이다. 아내의 죽음을 슬퍼했던 남편도 세상과 작별했을 지금, 덩그러니 남겨진 묘비에 주인 없이 슬픔만이 줄줄 흐른다.

3남 4녀를 남기고 떠나는 어미의 심정은 어떠했을까? 죽음을 앞둔 아내의 걱정했던 바가 남편의 다짐으로 "… 부탁한 그대로 어린것들을 나 혼자서라도 잘 키우리이다"라고 비석에 기록하고 있다. 죽음을 앞둔 어미로서 남겨진 자식에 대한 부담을 그대로 드러낸다. 그리고 남편에게 다시 한번 간절한 부탁과 애정이 담긴 호소로 유언을 확인한다.

"… 잘 터이니 깨우지 말우"

약속을 어긴다면 깨어날 수도 있다는, 어린 자식들을 두고 떠나는 한 맺힌 어미의 절규이다. 안타깝게도 박은희의 비석은 현재 행방이 묘연한 상태이다. 70여 년이 지나 이제는 찾아볼 수 없는 비석. 지금도 어딘가에서 차가운 돌 위에 생생한 슬픔이 흐르고 있을 것이다. 무덤에 세워진 비문은 돌이 아닌 살점에 새겨 넣은, 지워지지 않을 문신과도 같다.

박춘근 (朴春根, ?~1972), 임광춘 (林光春, ?~1968)

비문

여기에 그 한평생을 근면노력 신용만으로 살아오면서 오직 자손들의 성공을 바라며 두고 온 산하와 망향의 한을 않고 돌아오지 않는 아들을 기다리는 노부부가 고히 잠들고 있노라

해설

망우리공원에 세워진 비석은 대부분 침묵과도 같이 고요하다. 표기된 인적 사항을 제외하고 공간이 넉넉한 묘비를 보며, 고인을 추억하는 한 문장 새겨 넣는 게 그리 어려운 일일까 하는 생각이 든다. 생몰 연도와 이름뿐인 묘비는 고인의 얼굴을 모르는 후손에게조차도 서먹하게 다가오지는 않을까.

여기 합장묘 비석에는 짧은 글이지만 두 부부의 삶과 맺힌 한을 또렷하게 드러낸다. "두고 온 산하와 망향"이라는 글귀를 통해 월남한 부부라는 것을 알 수 있다. 삶의 터전을 북에 남겨 두고 낯선 남쪽으로 월남한 사람들의 삶은 어떠했을까? 실향의 아픔을 딛고 살기 위해 악착같이 몸부림쳤을 것이다. 부부에게 맺힌 한은 실향만이 아니었다. 자세한 사연은 언급되지 않았지만, 그들에게는 '돌아오지 않는 아들'이 있었다. 아들은 어쩌면 일제강점기 징용에 끌려갔었을 수도, 혹은 6·25전쟁에서 국군 또는 의용군으로 징집됐을 수도 있다. 기구한 사연을 구구절절 적지 않아도 어느 가정에서나 생사가 불분명한 비극적 가족사가 만연한 시대였음을 짐작할 수 있다.

실의를 딛고 다시 본연의 삶에 충실하기란 얼마나 어려운 일인가. 두 부부는 실향의 아픔을 겪었고 어디론가 끌려가거나 떠난 아들은 돌아오지 않는다. 수난이대受難二代의 슬픔을 오롯이 가슴 속에 꾹꾹 누르고 '오직 자손들의 성공을 바라며', '한평생을 근면 노력 신용만으로 살아간' 그 부부는 얼마나 고귀하고 훌륭한 삶을 살아간 것일까. 짧은 비문이 부모에게 드리는 무한한 존경과 신뢰가 담긴 훈장처럼 느껴지는 이유이다.

박호열
(朴浩烈)

비문

전면

密陽朴公浩烈之墓(밀양박공호열지묘)

후면

여기 三八이북 고향을 애절히 그리던 분이 잠들고 있다.

戊申 秋夕日(무신 1968 추석일)

弟 澤烈 立(아우 택렬 세움)

해설

생몰년도와 가족관계도 기록되지 않은 실향민의 묘비이다. 돌비석을 파내 고인의 이름을 쓰고 뒷면에는 평생의 맺힌 한을 적었는데, 그 내용은 절규 자체이다. 비석을 세운 이는 고인의 아우인데, 아마도 형의 사후 추석에 맞춰 세운 것으로 추측된다.

글이 새겨진 비석 어디에도 삼팔 이북 고향이 어딘지 그리고 부모 형제나 아들딸의 이름도 적지 않았다. 혼인 적령기의 남성이었다면 남쪽에서도 가족이 있었을 법한데 결혼하지 않았으므로 처자妻子가 없었던 모양이다. 그렇지 않다면 북에 부모와 처자식을 모두 남겨 두고 동생과 더불어 월남한 실향민일 가능성도 있다. 개인적으로는 후자의 가능성에 무게를 둔다.

비극적인 전쟁으로 고향과 가족 그리고 삶의 터전을 북에 두고 남하한 실향민이 남쪽에서 재기할 가능성이 얼마나 있을까? 물론 북쪽 특유의 근면과 성실로 자수성가한 사람들의 사례를 접할 수 있다. 하지만 부모와 처자식을 두고 혈혈단신과 다름없이 월남한 사람이라면 이야기가 달라진다. 고향을 등진 원치 않는 이별 앞에서 타향살이는 삶의 의미와 방향을 상실할 가능성이 컸을 것이다. 처자가 멀쩡히 북에 살아 있는 상황에서 실낱같은 통일에 대한 기대로 새로운 가정을 꾸릴 수도 없는 일. 이러지도 저러지도 못할 처지의 타향에서 삶에 대한 의욕마저 잃은 사람의 경제적 수준은 또 어떠했을까. 비석의 내용처럼 오로지 자나 깨나 삼팔이북 고향을 애절하게 그리워할 뿐이다. 따라서 이 비석의 문장은 분단과 이산으로 홀로된 이의 절규 그 자체이다.

   분단이 고착되고 통일에 대한 기대가 희미해지는 21세기. 실향민의 비석은 지난 시기 이들의 슬픔과 간절한 염원을 잘 드러내고 있다.

12

백윤진
(白潤珍, ?~1968. 2. 10.)

비문

전면

水原白公潤珍文化柳氏明之墓(수원백공윤진문화류씨명지묘)

후면

스치듯 살다간 젊은 기자(記者)와 / 반세기(半世紀)를 그리워하던 / 그의 아내, 여기 눕다. 오래전 / 칼보다 날카로운 펜으로 / 시대(時代)를 가르는 울림과 / 어려운 이들의 아픔을 전하며 / 어찌 살아야 진정 사람다운 지를 / 일깨웠던 젊은 기자(記者)… 그리하여 / 그늘이 없던 그의 시간(時間) 모두를 / 따뜻함으로 가득 채웠지만 / 그런 자신(自身)의 삶은 / 참으로 아쉽도록 짧

앉습니다.

이제 반백(半白)의 시간(時間)을 건너 / 훌쩍 늙어버린 아들, 딸들이 / 기억(記憶)마저 아스라한 / 아버지의 단상(斷想)과 / 홀로 반세기(半世紀)를 이겨낸 / 어머니의 심정(心情)을 / 어찌해도 제대로 형언(形言)치 못할 / 미사여구(美辭麗句)가 못내 쑥스러워 / 그냥 이렇게 / 몇 자 적고 맙니다.

해설

반백半白의 아들과 딸들이 젊은 나이에 작고한 아버지와 50년간 홀로 자녀들을 키운 어머니의 죽음을 기리며 글을 쓰고 비석을 세웠다. 자녀들의 부친 백윤진白潤珍은 동양통신 사회부장이었다. "칼보다 날카로운 펜"이라는 문구는 어쩌면 부친의 짧은 삶을 함축적으로 드러낸 표현으로 볼 수 있다. "펜은 칼보다 강하다"라는 문장에서도 드러나듯, 서슬 퍼런 폭압적 상황에 대항하는 지식인들의 굴하지 않은 삶의 태도를 나타내는 표현이기 때문이다. 실제 부친 백윤진이 살아간 시대는 1961년 5·16 군사 쿠데타로 정권을 장악한 박정희 집권기이다. 민주주의를 말살하는 독재정권에 반대하는 시위가 확산했고 사회적 혼란이 가중되는 시기였다. 이러한 시기 부친은 "시대를 가르는 울림과 어려운 이들의 아픔을 전하며", "어찌 살아야 진정 사람다운지를 일깨웠던 젊은 기자記者"였다.

그러나 안타깝게도 너무나 짧은 생이었다. 그리고 반세기 홀로 수절하며 자녀들을 키워낸 모친마저 고인이 된다. 이제 늙어 머리가 희끗희끗한 자녀들이 모친의 혼자된 나이를 살아보니, 그 고통스러운 시절을 어찌 견디어 냈을까 형언하기조차 어려웠을 것이다. 고마움이 지극하면 미안하다고 말하게 되는 것. 하지만 부모와 자식 간이라 그마저도 말 못 하고 "못내 쑥스러워 그냥 몇 자 적고 맙니다"라고 끝을 맺는다.

송원섭
(宋元燮, 1899~?)
1950년 9월 6일 납북

비문

옆면

1950년 9월 6일 납북

후면

거치른 풍운에 실린바 되어 외로운 객향에 留(유)하시오나 같은 태양 같은 달 바라보시며 피맺힌 분열의 설움 다 잊으시고 어디에 계시든지 부디 평안하소서

해설

송원섭은 6·25전쟁기 납북된 인물이다. 묘역 발견 당시, 송원섭 아내 김창하의 묘와 묘비 그리고 송원섭 추모비 1기가 확인되었다. 생사 불명의 납북자이기에 아내의 묘만 덩그러니 쓰인 것이다.

『망우역사문화공원 101인』에 따르면 '납북인사 상세정보'에 송원섭은 전기회사 비서실장 재직 시 자택에서 납북된 것으로 알려진다. 최종 주소는 서울 성북구 성북동이며 남선전기주식회사 총무부장 겸 비서실장으로 확인된다. 당시 납북에는 송원섭 외에도 남선전기주식회사 상무 정석호, 구종태 등 7명이 포함됐다.

6·25전쟁기 인민군은 서울을 비롯한 남한 점령 지역에서 특정 전문 분야 인력 확보를 위한 조직적인 납치와 납북을 자행했다. 남한 기술자, 지식인 등을 유인하거나 강제 북송(납북)을 벌였는데, 단순히 전쟁 포로 확보를 넘어 북조선의 경제 재건과 군사력 강화 기술력 증강을 위해 저지른 전쟁범죄였다.

그렇게 홀로 지내다가 세상을 등진 어미의 묘소 곁에 세운 생사불명 아비의 추모비. 송원섭 추모비의 내용은 허무하고 쓸쓸하다. 전쟁에 따른 아비의 불행한 운명을 이해한다는 듯

"피맺힌 분열의 설움 다 잊으시고"라며 오히려 위로를 건넨다. 납북이라지만 송원섭의 가족들에게 얼마나 긴 고통의 세월이었을까? 하지만 "같은 태양 같은 달 바라보시며"라며 상봉相逢의 기대를 접고, "어디에 계시든지 부디 평안하소서"라며 오로지 살아 있기만을 바라는 달관한 자세를 보인다.

양천 허씨
(1899~1967)

비문

전면

淑夫人陽川許氏(숙부인양천허씨)

좌·후·우면

아아 어머님 어머님께서는 삼십 미만 이십팔세 때 푸른 나이 아버님을 여의고 홀로 되시었습니다. 그때 불초자의 나이 겨우 여섯살과 두살이였습니다. 청상의 몸으로 소자들을 길러주셨습니다. 길러만 노셨습니까 글을 가르쳐 주셨습니다. 늘 불초자가 사람 구실을 하게 된 것도 어머님의 백수정같이 맑으시고 난초같이 향기 높으신 그 자세로 인한 것이었습니다. 그뿐이오

이까 해방 뒤 국토가 양단되어 고향 길주를 뒤에 남기고 남으로 내려오던 그 가시밭길 아직도 눈에 삼삼 어리옵니다. 어머님 어머님께서는 춘추69세로 윤삼월 구일 합연 불초자를 남기고 이 진세(塵世)를 떠나셨습니다. 어머님 호천망극 어머님을 주소로 생각하는 지극한 정을 이 빗돌에 새겨 후에 자손에게 전합니다. 1967년 사월 일 건립/그 효심에 부쳐 월탄 박종화 지음/사자(嗣子) 김시종 김백종

해설

망우역사문화공원 순환로를 좌측으로 돌다가 동락정에 이르면, 용마산 방향의 비포장길을 만난다. 그 길은 경기도와 서울의 경계를 이루는데, 걷다 보면 산책로 곁에 양천 허씨의 묘를 확인할 수 있다.

淑夫人(숙부인)은 조선시대 정삼품 당상관의 부인에게 하사하는 작위이다. '숙부인'이라는 작위는 1897년 대한제국 선포 이후에도 유지되다가, 1910년 경술국치에 따라 조선왕조가 막을 내리면서 외명부外命婦 제도가 폐지되면서 사라진다. 1899년생인 양천 허씨가 숙부인이라는 작위를 정식으로 하사받으려면, 적어도 조선왕조가 사라지던 1910년 이내에 정삼품 이

상의 당상관과 혼인이 이뤄져야 한다. 그 나이를 양천 허씨의 나이로 환산하면 11세에서 12세에 해당한다. 조선 후기, 법으로 정한 혼인 연령은 남성이 15세 이상 그리고 여성은 14세 이상이다. 물론 그보다 어린 나이에 혼인할 수 있는 조혼早婚도 있었다. 하지만 또래와 정상적(?)인 결혼으로 남편이 정삼품 이상 당상관에 오를 가능성은 희박했을 것이다.

따라서 1910년을 끝으로 공식 폐지된 숙부인의 명칭을 나이 어린 일반 여성이 정상적으로 얻으려면, 나이 든 당상관에게 정실이 아닌 후실로 들어갈 수밖에 없다는 말이 된다. 하지만 양천 허씨의 경우, 아들의 관점으로 지은 비명碑銘에서도 김씨 성을 가진 부친의 관직이나 출신이 언급되지 않은 것으로 보아 그럴 가능성은 높지 않다. 이러한 상황을 종합해 볼 때, 숙부인은 관직의 높고 낮음과 관계없이 양반가에서 여성의 신분을 높이기 위해 사용하는 비공식적 호칭으로 보인다.

비석의 글을 지은 이는 역사 소설가로 유명한 월탄 박종화 선생이다. 글의 내용상, 양천 허씨의 큰아들인 김시종으로부터 모친의 일대기를 전해 듣고 그 효심을 갸륵하게 여겨 지어준 것이다. 1901년생인 월탄 박종화 선생과 1922년생 큰아들 김시종이 어떤 관계인지는 드러나지 않는다.

쉬운 문장의 한글로 표기돼 양천 허씨의 살아온 날들을 눈에 보이듯 읽힌다. 아들이 각각 6살과 2살에 양천 허씨는 청상靑孀이 되었고, 그녀의 나이는 고작 28살이었다. 혼자된 몸으로 자녀의 교육에 지극정성을 쏟았으며, 그 후 고인이 되기까지 40년의 세월을 "백수정같이 맑으시고 난초같이 향기 높으신 그 자세"로 일관되게 살아간다.

큰아들 김시종은 해방을 맞아 24세이던 해, 고향 길주를 등지고 모친과 함께 가시밭길을 걸어 월남했던 일이 특히 아픈 기억으로 남겨진 듯하다. 아들의 시각에선, 청상의 모친이 겪어야 했던 생존을 위한 고초 그리고 고향을 등지고 객지인 이남에서 터전을 잡아야 하는 상황이 평범하게 여겨지지 않았을 것이다. 이처럼 성장기에 겪는 불우한 환경은 자칫 부모에 대한 원망과 자신의 처지에 대한 비관으로 나타나기도 한다. 하지만 백수정같이 맑고 난초같이 향기로운, 일관된 어머니의 태도가 자녀들을 올바른 성장으로 이끌었음을 알 수 있다. 생계를 책임지는 혼자 몸의 여성이 어린 자식 둘을 건사하는 것은, 그때나 지금이나 쉬운 일이 아니다. 그러하기에 흐트러짐 없이 청아한 삶의 태도를 견지했다는 건 실로 놀랍고 특별한 일이 아닐 수 없다. 양천 허씨의 비석에 숙부인이라는 칭호는 이러한 이유에 기인하지 않을까.

양천 허씨의 사례와 별개로, 실제 세상의 일이라는 건 꼭 그렇게만 살아갈 수 없을 때가 있다. 양천 허씨에 대한 큰아들 김시종의 평가 역시, 그 시절 보편적인 어머니의 상이 아닐 수 있음을 방증한 것이기도 하다. 살다 보면 예기치 않은 상황으로 인해 좌절하거나 방황하는 모습을 자녀들에게 보여, 상처 주는 일도 생기기 마련이다. 자식을 양육하는 부모라지만, 자녀로 태어나 완벽에 가까운 부모로 성장하는 과정이기도 하니 당연히 그럴 수 있지 않을까. 물론 성장기 자녀의 관점에서 그 과정상의 오류가 쉽게 용납되지는 않을 것이다.

  결국, 현재의 부모이거나 미래의 부모가 될 사람들이 선택할 수 있는 건, 자기 부모에 대한 '존경'과 '이해' 두 가지뿐이다. 고마운 분에 대한 존경 그리고 설사 상처받은 일이 있었다면 이해가 필요하다. 두 가지의 차이가 있다면, 존경은 우러나는 것이며 이해는 노력이 필요하다. 이해가 늦어지거나 길어질수록 후회의 시간은 그에 비례한다. 이해의 결핍은 부채負債와도 같아 자신의 현재를 괴롭히며 장차 부모가 될 자녀들에게 유전遺傳처럼 상속되기 때문이다.

15

오순애
(1870 또는 1930~1954)

비문

전면

오순애 자는 곳

1954년 8월 11일 오전 8시

하날 문이 열리다.

후면

빛나는 하날나라 영원한 그의 나라 주앞에 가셨으니 영생복락 누리소서 갈린몸 하진원

해설

경오년으로 표기했는데, 1930년생으로 추측된다. 그렇다면 갓 결혼한 후 고인이 된 여성의 묘이다. 해로偕老로 사별했다면 '갈린몸'이라고 남편이 표기할 정도로 비통하지는 않았을 것이다.

죽은 자에 대한 축복과 산 자가 위로받을 수 있는 것이 종교의 품이다. 특히 기독교는 삶과 죽음에 있어서 철저하게 현실의 편에 서 있다. 죽음 앞에서 실제로 인간이 무엇을 할 수 있을까. 죽음은 슬프지만, 종교적으로는 천국으로부터 부름을 받은 것이다. 그렇게라도 떠나는 고인을 위안 삼아 산 자는 살아가야 할 길을 가야 한다.

죽음이 복되고 영광스러운 부름이라 "하날 문이 열리다"라고 애써 다짐해 보는 남편. 하지만 그 슬픔을 주체할 길이 없어 '갈린몸'이라는 이율배반적 표현과 함께 자신의 이름 석 자를 비문에 적었다.

오옥희
(吳玉姬, 1915~1956)

비문

전면
孺人海州吳氏玉姬之墓(유인해주오씨옥희지묘)

후면
불너(러)도 대답(對答)없는 가엾은 님아 눈물도 한숨도 인새(인생)의 무상(無常)이였든가. 천번(千番) 울어보고 만번(萬番) 헤여봐도 내일(來日)을 모르는 오늘의 허무(虛無)였드요. 서로 헤진 인생 고게에 별빛을 헤아리며 오늘도 그대를 찾노라. 당신의 남편 올림

좌면

夫 崔溶漢(부 최용한) 長女 貞淑(장녀 정숙)

우면

檀紀　四二四八年　一月十四日生(단기 사이사팔년 일월십사일생)

　　　四二八九年　九月二十七日　逝(사이팔구년 구월이십칠일서)

해설

1956년, 42살의 아내를 떠나보냈으니 애절한 비문을 적은 남편도 이 세상 사람은 아닐 것이다. 망우리 공동묘지에서 흔치 않은 망부가亡婦歌로서 죽음을 맞은 아내에 대한 남편의 슬픔을 묘비에 새겨 넣었다. 1950년대는 유교적 가부장 질서가 만연한 시대로, 일상에서 남녀의 유별有別로 인해 부부간의 애정조차 표현하기 어려운 시절이었을 것이다. 아내가 먼저 떠났을지라도 가장家長은 그 슬픔을 깊이 감춰야 할 시대에 이례적으로 애틋한 마음을 표기했다.

　2021년 망우리 공동묘지 전수조사 과정에서 땅속으로 묻혀가는 이 비석을 발견했다. 이장된 묘역이기에 묘비 관리가 이뤄지지 않아 조만간 매몰될 것으로 보였다. 묘비에 새긴 문장은 1956년에 지은 것이지만 세련된 느낌이 들었다. 비문에 표기된 한글은 당시 표기법에 따라 소리 나는 대로 쓰여 다소 어색한 부분이 있다. 하지만 슬픔의 표현 내용은 지금과도 정서가 다르지 않았다. 묘비의 그 지극한 내용은 '사랑'에 대해 생각지도 않았던 의문이 들 정도였다.

묘역조사를 함께한 선생님들께 묘비 내용을 보여드리며 "이미 돌아가셨겠지만(그래서 말이지만), 홀로 된 이 남자가 혼자 살아갔을까요?"라고 여쭸다. 그 자리에 계신 모든 선생님의 공통된 답변은 "아닐 것이다"라는 것이다. 사랑은 상대가 중요한 게 아니라, 스스로 만족하는 마음의 상태라는 평도 하셨다. 때문에 사랑은 이타利他를 표방하지만, 그것을 이기적 만족으로 취하는 측면이 강하다라는 이야기도 오갔다.

홀로 남은 남편이 그 각별한 애정을 쏟아야 할 대상을 다시 찾았으리라는 추측도 무리는 아닐 것이다. 그는 앞서간 아내의 죽음에 대해 다른 사람들이 그 슬픔을 인정할 정도로 세련된 문장으로 표현할 줄 아는 낭만적인 사람이 분명하다. 하지만 그게 잘못일까. 법률과 상식을 위배하지 않는 한, 사랑을 줄 수 있는 사람이 있어야 공허한 삶이 충족될 사람에게 그 대상을 찾는 건 당연한 행위인 것을. 물론 상처喪妻한 남편이 그 대상을 찾았는지는 별개의 문제다.

죽음은 모든 이가 피할 수 없는 운명이라 동등하다. 그렇지만 각각의 사람과 모든 상황에 적용될 수 있는 인생의 정답은 극히 희소하여, 없다고 단정해도 될 정도 아닐까.

원종재
(元鍾載, 1929~1957)

비문

옆면

주무신날 檀紀 四二九0年五月二十日(단기 4290년 5월 20일)
음四月二十一日하오三時당二十九세(음력 4월21일 오후 세 시 당시 29세)

후면

우리들을 사랑하는 어머니 주무시는 곳. 사랑하는 나의 아내 고히 잠든 곳. 혜경 아빠.

해설

눈에 넣어도 아프지 않을 아이들을 남기고 29세에 고인이 된 젊은 여성의 무덤이다. 자녀 중 맏이는 혜경이라는 여자아이이다. 엄마가 나이 30도 되기 전인 29세에 죽음을 맞았다면 아이는 몇 살이었을까? 1940년대 여성의 평균 결혼연령 17.5세 그리고 50년대는 20세로 나타난다. 고인이 대략 19세에 결혼했다면 혜경이라는 큰아이는 초등학교를 입학해 막 한글을 배운 10살 전후의 어린이였을 것이다.

젊은 아빠는 슬픔을 억누르며 아내에 대한 사랑을 묘비에 각인했다. 아빠는 아이들에 대한 사랑도 지극했다. 영원한 이별인 죽음으로 인해 아이들이 상처받길 원치 않았다. "엄마는 주무시는 거야"라고 다독였을 것이다. 초등학교에 입학해 한글을 익힌 큰딸아이는 아빠의 말대로 공책에 연필로 꾹꾹 눌러서 "우리들을 사랑하는 어머니 주무시는 곳"이라는 비명을 적었을 것이다.

70년 가까이 지난 젊은 엄마의 죽음. 하지만 알 수 없는 이별에 울음을 터트리며 고개만 주억였을 아이들 모습이, 생생한 아픔으로 다가온다.

18

이귀희
(李貴熙, ?~1950. 9. 28.)

비문

전면

孺人月城李氏貴熙之墓(유인월성이씨귀희지묘)

후면

出生於月城李氏之門嫁于金寧后人金元圭生三男三女而遭
六二五事變檀紀四二八三年九月二十八日於서울自宅橫被
爆禍與三男鎭植及二女敏子同時慘逝假葬於孝昌公園內
檀紀四二八八年四月六日改葬于此立碑而記之

(번역문)

월성 이씨 가문에서 태어나 김녕(金寧) 후인(后人) 김원규에게 시집가 삼남(三男) 삼녀(三女)를 두고 살다가, 6·25 사변 때, 단기 4283년(서기 1950년) 9월 28일 서울 자택에서 폭탄의 참화를 입어 셋째 아들 진식(鎭植)과 둘째 딸 민자(敏子)와 함께 동시에 비참하게 세상을 떠났다. 처음에는 효창공원 내에 가매장했다가, 단기 4288년(서기 1955년) 4월 6일에 이곳에 다시 장사 지내고 비를 세워 기록한다.

해설

묘비는 슬픔을 억누르며 건조한 어조로 사망한 가족들과 그 이유를 적었다. 6·25전쟁 중 9·28 서울 수복 전투 중 날아든 포탄에 숨진 어머니와 두 남매의 묘다. 전쟁으로 비참한 죽음이 일상화된 시대에는 묘비에 기록할 감정도 사치스러운 일일지 모른다.

1950년 9월 19일 인천상륙작전 후, 서울을 점령하려 포격과 공습을 감행했던 연합군과 이를 저지해야 했던 인민군. 누가 이 가족의 집을 오폭했을까? 하지만 그걸 따지는 건 무의미한 일이다. 전쟁에서 포탄은 적과 아군을 가리지 않고 군인과 민간인을 구분하지 않는다.

아이들 모친의 생년이 표기되지 않았기에 나이는 알 수 없다. 하지만 그녀의 이름에 주목하게 된다. 貴熙(귀희). 1950년, 이름 없이 살아가는 여성이 비일비재했던 당시에 비춰보면 이름 그 자체가 귀했을 것이다. 태어날 당시부터 그녀의 이름처럼 '귀하게 빛나는 존재'로 가족들의 사랑과 귀여움을 독차지했을 것이다. 운명으로 빛나길 바랐던 그녀의 이름도 자녀들의 목숨과 함께 전쟁 앞에서 무용지물이 되었다.

임용규
(林龍圭, ?~1968)

비문

전면

羅州林公龍圭之墓(나주임공용규지묘)

후면

西紀一九六八年七月二十七日陰七月三日別世(서기1968년 7월27일 음력 7월 3일 별세)

嗣子(사자) 鍾旭 鍾楡 子婦(자부) 李聖媛(이성원) 孫(손) 佑澤(우택) 佑漢(우한) 女(녀) 聖姬(성희) 眞姬(진희) 英姬(영희)

賢子(현자) 惠淑(혜숙)

이하 다수의 손자 손녀, 사위의 이름은 생략

우면

다정하신 우리 아버지 잠드신 곳

해설

망우산 정상 부근 등산로 옆에 세워진 묘비이다. 등산로를 오가며 볼 때마다 흐뭇한 기분이 든다. 1968년 고인이 된 아버지는 어떤 사람이었기에 자손들에게 다정하게 기억되었을까? 자식을 둔 부모로서 가장 닮고 싶은 아버지의 이미지로 '다정함'을 꼽을 수 있지 않을까 생각한다. 하지만 다정한 아버지는 가장 쉬우면서도 고도의 자기 수양을 요구받는다. 2025년을 살아가는 필자 역시 자녀를 둔 사람이기에 '과연 나는 다정한 아버지인가?'라고 스스로 질문을 던져 보지만, '아니올시다'라는 내면의 답변이 돌아온다.

 세상의 아버지들이 다정함을 간직하려면, 시대가 뒷받침되거나 주변 사람들의 도움이 있거나 아니면 험난한 시대에 대한 스스로의 이해와 인내가 요구된다. 간혹 가족들에게 해줄 수 있는 능력이 안 된다는 자괴감에 할 말을 잃은 무뚝뚝한 사람이 되기도 한다. 이러한 상황에서 다정함을 발휘하는 건 불가능에 가깝지 않을까. 설령 다정함을 베풀어도 가장으로서 자신의 무능력을 변명하려는 변덕스럽고 경솔한 처사라는 의심을 받을 수 있기 때문이다. 이처럼 다정한 사람이 되기 위해서는 구성원의 이해와 배려도 중요한 기제로 작용한다.

무덤 속 주인공인 고인 임용규는 좋은 시대를 살아갔다고 말하긴 어렵다. 하지만 적어도 험난한 시대를 살아오며 자기 수양의 인내력을 쌓은 것으로 보인다. 지금도 그리고 1968년 그 시절에는 더더욱 흔치 않았을 '다정한 아버지'. 아버지의 다정함은 그의 노력과 함께 2남 2녀 자녀들의 이해와 도움으로 만들어진 감정적 공감이 아닐까.

정경성
(鄭景成, ?~1961. 2. 22.)

비문

전면

海州鄭公景成(해주정공경성)

후면

고향에 모실 때까지 편히 계셔요

本籍 京畿道 開豊郡 南面 倉陵里(본적 경기도 개풍군 남면 창릉리)

해설

묘비 뒷면의 글귀가 인상적인 묘역이다. "고향에 모실 때까지 편히 계셔요"라는 글과 몰년이 1961년이라는 점, 그리고 본적이 경기도 서북쪽의 개풍군인 점을 종합해 볼 때, 자녀들이 고인을 북에 있는 그의 고향 땅에 모시려고 했음을 알 수 있다.

정경성 씨의 본적인 경기도 개풍군 남면은 광복 이후에는 남한지역이 되었으나, 한국전쟁 이후 1953년 휴전협정의 결과 북한 지역이 되었다. 남북분단으로 고향 땅을 밟을 수 없었던 부모의 그리움을 헤아린 자녀들이 묘비에 그 마음을 표현한 것이다. 정경성 씨의 묘비는 분단 이후 우리 사회의 아픔을 잘 보여주고 있다.

정윤옥
(~1970.06.03.)

비문

전면

수려동산(秀麗東山)

후면

엄한 위엄 속에서 섬세한 애정으로 밥알 한 톨 아껴 남의 어려움 살피시다 싱그러운 젊음으로 여기 수려동산에 편히 잠드셨네 6월 어느 날 이른 귀향길에 오르심은 훗날 저희들 마중을 위한 등불의 준비 때문 아버지의 두 귀 잡고 뽀뽀하며 안녕을 빕니다.

해설

아버지의 죽음을 추모하는 자녀들의 글이 비문에 새겨 있다. 고인이 된 정윤옥은 몰년만 표기된 관계로 향년 몇 세를 일기로 세상을 떠났는지 알 수 없다. 그러나 비문의 "싱그러운 젊음으로 여기 수려동산에 편히 잠드셨네"라는 표현을 볼 때, 젊은 나이에 세상을 등졌을 것으로 보인다. "두 귀 잡고 뽀뽀"라며 아빠에 대한 애정을 어리광처럼 표현할 만한 시기였으므로, 아마 자녀들은 중학생 나이쯤 되지 않았을까.

묘비가 세워진 시기는 아마도 고인을 안장한 직후는 아닐 것으로 보인다. 묘역을 수려동산秀麗東山이라 명명할 정도라면, 아버지를 잃은 슬픔과는 한 발짝 떨어져 묘역 주변을 정돈하는 과정으로 보인다. 비문의 내용이 슬프지만 정제돼 있고 죽음에 대한 승화를 엿볼 수 있는 점도 묘비가 세워진 시기를 뒷받침한다.

삶과 죽음에 익숙하지 않은 청소년 시기, 가족의 죽음은 크나큰 슬픔으로 오래 기억된다. 장례를 마친 후에도 문득 추억이 담긴 유품이나 사진이라도 보게 되면 더는 만날 수도, 만질 수도 없다는 상실감과 악몽 같은 현실에 몸부림칠 정도로 괴롭다. 게다가 명을 다하지 못한 채 살다 간 젊은 부모 중 한 사람의 죽음이라면 그 슬픔은 극에 달한다.

슬픔의 여운이 채 가시지 않은 어느 해, 자녀들은 아버지를 위한 동산으로 묘역을 가꾸며 의미를 부여한다. 이 묘역에서 지금, 자신들이 돌아가신 아버지를 만나는 것처럼, 아버지의 죽음은 먼 훗날 자녀들을 '마중하기 위한 등불의 준비'를 위해 먼저 떠난 것으로 승화된다. 자녀들이 등불을 든 아버지와 해후하는 미래의 장소가 수려동산이다. 자녀들은 사후 아버지와 만나게 될 수려동산을 이곳에 현실화시켰다.

가족에 대한 사랑, 돌아가신 이에 대한 애정을 느낄 수 있는 따뜻한 묘비이다. 친밀하고 소중한 사람들의 삶과 죽음을 통해 인생을 배우게 되는, 그래서 가족은 인생의 교과서이다.

조재희

(趙載熙, 1925~1962.9.8)

비문

전면

故趙載熙君記念碑(고 조재희 군 기념비)

후면

오호라 활짝 피어도 못보고 광풍에 쓰러진 님이여 얼마나 원통하게 눈을 감으셨나이까. 그러나 생자필멸은 만고불역의 진리이거든 인간의 생멸도 앞가고 뒤서는 것뿐이오이다. 혁명정부의 뜻을 받드러 청신한 역군이 되어 보려고 마치 니해를 뒤덥는 신조와도 같이 슬기롭게 분투하든 님의 기상을 우리는 영원히 아니 잊으오리다. 사바에 남은 벗들 가신 님 그리워 애곡하며 초라한 석비 세워 재천의 영을 위로하노니 님이여 유택에서 고히 잠드소서. 서기 1962년 11월 18일 벗들.

해설

고인 조재희는 1961년 8월 20일 《경향신문》의 서울시 5급 공무원 임용시험 합격자 명단에 있다. 유족들이 세운 비석과 별도로 좌측으로 벗들이 세운 기념 비석의 글로 말미암아 고인이 불과 서른여덟의 젊은 나이에 순직한 것으로 짐작된다.

유능하고 헌신적인 공무원으로서, 벗들이 따로 비석을 세워줄 정도라면 공직사회의 인간적인 유대관계에서도 흠잡을 데 없는 사람이었을 것이다. 고인이 공무원이 된 1961년 5·16 군사 쿠데타도 묘비 내용에 등장한다. "혁명정부의 뜻을 받드러 청신한 역군이 되어 보려고"라는 시대적인 상황을 드러낸 문구가 그것이다.

고인이 과연 혁명정부의 뜻을 완수하기 위해 공무에 헌신한 것인지는 모를 일이다. 하지만 사람은 본래 자신의 타고난 기질과 후천적 학습을 통해 희생과 봉사의 고귀함이 발현된다. 자신의 몸조차 돌보지 않는 상황을 통해, 이미 고인의 정신 속에는 정치적 미사여구와 상관없는 투철한 사명감과 희생이 깃들어 있음을 충분히 짐작할 수 있다.

공무원으로서의 순직 그리고 고인도 모르게 부여되는 죽음의 시대적 의미를 살펴볼 수 있는 비석이다.

23

최철우
(崔哲宇, 생몰년 미상)

비문

전면

吞無越寧崔公哲宇之墓(탄무월녕최공철우지묘)

후면

망국의 한을 품고 태어나 식민의 고통속에 신음하면서도 자유를 꿈꾸던 당신의 꿈을 뉘라서 알리요 해방의 환희도 잠깐 분단의 통분 속에서도 평화를 갈망하던 당신의 뜻을 뉘라서 알리요 이제야 당신의 큰뜻을 기리다.

좌면

西紀一九八四年八月十五日立(서기1984년8월15일세움)

우면

子 成潤(자 성윤) 子婦 李恩姬(자부 이은희)

孫女 裕炅 媛炅 世炅(손녀 유경 원경 세경)

해설

서민의 비석이지만 어떤 우국지사 못지않게 식민지 조국과 분단된 민족의 현실을 애석해하고 있다. 처음 故 최철우의 묘비를 확인했을 때, 독립운동 또는 민주화운동에 헌신했던 분이 아닐까 생각했다. 하지만 안타깝게도 고인의 이름은 역사 인물 인명사전이나 과거 신문 기사 그리고 어떤 기록에서도 확인되지 않았다.

비석은 서기 1984년 8월 15일에 세웠는데, 고인의 몰년에 맞춰 세운 것으로 보이지 않는다. 비석에 새겨진 내용처럼 평소 고인이 품고 있던 뜻을 기리기 위해 조국의 광복 39돌을 기념한 것으로 생각된다. 비석에 고인은 망국의 한을 품고 태어나 식민의 고통 속에 신음했다는 내용으로 미뤄, 일제강점기를 고스란히 겪었을 가능성이 높아 보인다. 따라서 출생 연도는 일제의 강제 병합이 이뤄진 경술국치庚戌國恥, 즉 1910년 또는 그즈음일 것으로 추정된다.

비문 내용 중 "분단의 통분 속에서도 평화를 갈망하던 당신의 뜻"이라는 내용이 눈길을 끈다. 분단과 6·25전쟁으로 적대적 체제가 된 남과 북에서 통일이란, 힘에 의한 무력으로 실현 가능한 것이었다. 평화통일을 주장한 진보당 당수 조봉암이 국가보안법상 간첩 혐의로 1959년 사형이 집행된 것을 보더라도, 당시 '평화'를 주장하는 건 이적행위와 다름없었다. 남과 북이 '평화'라는 용어를 공식화한 건 휴전 후, 19년이 지난 1972년 7·4 남북공동성명에서였다.

사회에 대한 올바른 시각과 정의감으로 실천적인 삶을 추구하는 데에는 필시 고뇌가 동반될 수밖에 없다. 깊은 고뇌를 간직한 평범한 시민들에 의해 1960년 4·19혁명에 이은 70~80년대 민주주의의 성장을 가져왔다. 故 최철우의 비석은 역경을 헤치고 살아온 평범한 사람들의 시민의식을 확인할 수 있는 소중한 자료이다.

24
해주 오씨
(?~1963)

비문

전면

海州吳氏之墓(해주오씨지묘)

후면

갈길이 바빠서 온 것은 아니련만 와노코보니 한도 많다.

좌면

一九六三年十二月三十日卒(일구육삼년십이월삼십일졸)

해설

같은 묘비라도 언제 어느 상황에서 무덤을 찾아 글귀를 읽느냐에 따라 의미가 달라지는 경우가 있다. 회한은 슬픔을 내포하기도 하지만 역으로 삶에 대한 미련이자 찬양이기도 하다. 일방적인 삶의 찬양은 도식적이고 억지스러워 받아들여지기 꺼려진다. 하지만 회한은 그 속에 내포된 완수하지 못한 미련을 통해 타인의 마음속으로 녹아 들어간다.

해주 오씨는 묘비에 몰년만 표기해 이 여성이 몇 살에 사망했는지 알 수 없다. 그리고 남편, 자녀와 관련된 인적 사항이 묘비에 기록되지 않아 결혼 여부조차 짐작할 길이 없다. 비석을 세운 이조차 알 수 없고 이름도 쓰이지 않은 서민 묘이지만, 평범한 삶을 살지는 않았으리라 추측해 본다.

해주 오씨 비석을 찾은 것은 함박눈이 내리는 1월 어느 날이었다. 망우리 공동묘지 둘레길 삼형제 바위 근처 어디라고 대략적인 위치는 알고 있었다. 눈이 펑펑 내리는 날, 굳이 그 묘비를 찾겠다고 나선 건 내 안에서 결핍된 무언가의 요구였는지도 모른다. 무턱대고 나서는 통에 겨울 등산 장비도 챙기지 못했다. 야트막한 산이지만 아이젠 없는 등산화는 무용지물이었다. 몇 번을 눈밭에 넘어지고 뒹굴면서 이 묘비 앞에 다다랐다. 비문을 읽은 후, 눈 내리는 공동묘지를 찬찬히 내려다보았다.

'그래. 번거롭고 복잡하며 골치 아픈 일이 생길 때마다 따로따로 방 안에 가둬두는 거야. 시치미 딱 떼고 오늘처럼 추운 겨울을 있는 그대로 나뒹굴면서 즐기는 거지. 지금이 소중하니까. 그리고 이 여정이 끝나면 그 방을 차례로 찾는 거다. 숨겨둔 내연의 여자 방을 찾아 기어들어 가듯. 적나라한 언어를 주고받으며 사랑을 나누는 거야. 내일 세상이 망할 것처럼.'

때로는 슬픈 현실이 삶에 대한 격정적 희망을 우회적으로 드러내는 때도 있다.

25

현익
(현요한, 1933~1950)

비문

전면

현요한 자는 곳

1932년 7월 5일 남

1950년 5월 13일 잠

후면

어여간 나의 마음 / 가르어간 나의 몸

어이고 가르니 / 가는 곳 그 어딘가

영화롭다 주 계신 곳 / 아버지 가신 곳

요한아! / 계서 편히 쉬니 / 설레던 마음 맑아지다 / 엄마

우면

언니 봉학 세움. 1950. 6. 10.

해설

18세에 사망한 현요한의 묘비이다. 우측면 "언니 봉학 세움. 1950. 6. 10."이라 새겨져 있는데, 언니는 '형'의 서울말이었다. '어이다'는 '에다'이다. 즉 '칼 따위로 도려내듯 베다, 마음을 몹시 아프게 하다'라는 말이다. '언니 봉학'은 흥남 철수 작전의 영웅 현봉학 박사(1922~2007)를 말한다. 부친은 함남 함흥의 영생녀고 교목을 지낸 현원국 목사이고 모친은 장로교 여전도회장(14대, 1946)을 지낸 신애균 여사다.

묘는 2021년 4월에 개장되어 경기도 북부의 가족묘지로 이장되었다. 비석은 그 자리에 묻고 갔다고 하여 한국내셔널트러스트가 비용을 부담하여 며칠 후 비석을 다시 파내서 그 자리에 세워 놓았다.

너무 이른 18세 나이에 고인이 된 현요한이었다. 그의 아버지는 목사이며 모친은 장로교 여전도회장을 역임했다. 독실한 신앙인 가족에게 들이닥친 급작스러운 자녀의 죽음은, 신앙을 중심으로 굳건히 뭉친 가족들의 삶을 흔들어 놓았을 것이라 충분히 예상할 수 있다. '왜 주를 믿고 따르는 우리 가족에게 이런 시련을 주시나이까?'

비록 이장되었지만 빈 묘지에 나지막이 홀로 세워진 사각 묘비에서, 차마 적지 못한 부모로서 절규와도 같은 고뇌를 읽게 된다. "영화롭다 주 계신 곳 아버지 가신 곳…"

죽음이 모든 것의 끝이라고 여기는 사람들에게 천국의 유무는 그리 중요한 문제가 아닐 수 있다. 생각해 보면, 천국이 어디 죽은 자만을 위한 공간으로 개념화된 것일까. 죽은 자로 말미암은 살아있는 사람들의 극단적 슬픔을 방지하기 위해 마련된 가상의 완충 공간이라 추측할 여지도 없지 않은가.

하지만 우리는 천국과 신의 존재에 대한 의구심을 버리고, 죽음으로 깊은 슬픔에 빠진 이들에게 침묵하며 그 믿음을 존중해야 한다. 인생에 대한 개념화된 정의는 무엇으로 시작해 어떻게 끝나는지조차 알지 못하는 불완전한 존재들의 주장에 불과하기에 그렇다.

중랑구청 제공